숙련 상담실무자를 위한

집단상담의 실제

권경인 · 성윤희 · 현은정 공저

PRACTICAL APPROACHES TO GROUP COUNSELING FOR EXPERIENCED COUNSELORS

학지사

머리말

집단상담자가 되는 과정은 개인상담자의 발달 과정보다 고단하고 어렵다는 상담실무자들의 이야기를 자주 들어왔다. 개인 역동과 대인 간 역동, 집단 전체 역동을 함께 보아야 하는 부담과 이 다양한 맥락에서의 이해를 기반으로 개입할 것을 요구받는다. 무엇보다 여러 명의 집단원을 한꺼번에 보고 연결하고 작업해야 한다. 집단상담은 과제가 많다. 그리고 숙련 전문가들은 이 과제를 집단 안에서 처리하고 성과를 이끌어 내는 일을 더 잘 수행하고 싶어 한다.

숙련 집단상담자들은 집단상담이라는 전문 분야에 깊은 관심과 헌신을 가지고 있으며, 이미 상담 현장에서 상당한 경험과 지식을 쌓아 온 사람들이다. 그럼에도 이들은 자신의 전문성을 한층 더 심화하고 발전시키고자 하는 강한 열망을 지니고 있다. 단순히 유능한 상담자에 머무르지 않고, 보다 통합적이고 정교한 개입을 실천하며, 자신의 내적 경험과 반응에 대한 깊은 성찰과 더불어 집단원과 집단의 감정, 경험, 관계 맥락을 폭넓게 이해하는 전문성을 지향한다.

숙련 집단상담자들을 위한 교육과정이라 지도자 과정은 주로 지속적인 집단원으로서 집단상담 참여로 한정되어 왔다. 그들에게 맞는 전문성 함양을 위한 교육내용 및 방법론이 제한적이었다. 숙련 집단상담자들의 요구에 맞는 보다 심화된 이론과 기법적 학습이 필요하다. 숙련 전문가들에게 묻고 개별화된 전문성을 가진 집단전문가들에게 자문을 구하고, 여러 연구과 문헌을 통한 숙련 집단상담자들을 위한 교육내용과 그들의 어려움에 대한 이해를 기반으로 이 책은 구성되었다.

이 책은 숙련 집단상담자들을 위한 심화 교육을 목적으로 한다. 이론, 실제, 성찰을 순환적으로 연결하는 학습체계를 통해, 사례를 개념화하고 집단 내 개인, 대인, 집단 전체 수준의 다차원적 상호작용을 통합적으로 이해하며, 집단에서 나타나는 어려운 정서와 복잡한 역동을 치료적으로 활용하는 역량을 개발하도록 구성되었다. 또한 상담자가 집단상담자로서의 전문성을 더욱 심화하고, 슈퍼비전을 제공할 수 있는 수준으로 성장할 수 있도록 돕고자 한다.

더불어 이 책은 자기돌봄과 윤리적 성찰, 치료적 권위의 적절한 사용, 그리고 체험적 · 통합적 학습을 중시한다. 이를 통해 숙련 집단상담자들이 이미 가지고 있는 상담 경험과 지식을 바탕으로 더욱 견고하고 통합된 집단상담 기술을 구축하고, 현장에서 보다 효과적이고 창의적으로 개입하며, 집단상담 분야의 전문성을 지속적으로 확장해 나갈 수 있기를 기대한다.

제1장에서는 숙련 집단상담자의 발달적 특성과 자기돌봄의 중요성을 다룬다. 일정 수준 이상의 유능감을 갖춘 상담자라도 지속적인 교육과 자기돌봄 없이는 소진, 자비감 피로, 대리외상, 전문적 불확실성, 모호한 종결 등으로 인해 내적 자원이 고갈될 수 있다. 전문가적 · 개인적 차원에서 자기돌봄을 실천해 회복탄력성을 높임으로써, 상담자는 내담자를 효과적으로 지원하고 자신의 전문성을 건강하게 유지 · 성장시킬 수 있다.

제2장에서는 집단상담 개념화의 정의와 필요성, 주요 모델을 다룬다. 개념화는 집단과 집단원의 문제를 이해하고, 이론을 토대로 가설을 세우고 개입을 계획하는 인지적 작업이다. 이 장에서는 대표적인 개념화 모델을 심도 있게 살펴봄으로써, 집단상담자가 집단 내에서 '지금 무엇이 일어나고 있는가'를 명확히 파악하고 치료적 개입의 정밀도를 높일 수 있도록 한다.

제3장에서는 집단역동에 대한 이해를 심화하는 목적으로 전체로서 집단 역동에 대한 이해를 주요한 내용으로 다룬다. 특별히 Bion의 '전체로서의 집단(group-as-a-whole)' 개념을 중심으로, 집단을 단순한 개인들의 모임이 아닌 하나의 유기체로 바라보는 관점을 다룬다. 작업집단은 현실 과제를 해결하기 위한 이성적 · 협력적 기능 상태이며, 기본 가정집단은 불안과 위협을 다루기 위해 의존, 투쟁-도피, 페어링 같은 무의식적 방어를 보이는 상태를 뜻한다. 이러한 관점은 집단 수준의 불안, 회피, 방어를 이해하고 개입 방향을 설정하는 데 중요한 이론적 틀을 제공한다.

제4장에서는 집단 내 공격성과 적대감의 발달과 개입을 살펴본다. 분노와 공격성을

효과적으로 다루는 것은 숙련된 상담자에게도 결코 쉽지 않지만, 이를 치료적으로 활용할 수 있을 때 집단의 변화와 치유에 강력한 힘을 발휘한다. 이 장에서는 집단 발달 단계에 따른 공격성의 양상을 살펴보고, 언어적 공격이 발생했을 때 공격자–피해자–방관자의 삼각 구조 관점에서 이해하고 개입하는 방향을 제시한다.

제5장에서는 집단상담 기법에 대한 것으로 숙련 집단상담자들이 활용할 수 있는 여러 기법 중 매우 복합적이고 난이도가 어려운 집단상담 탈출법의 이론, 치료적 원리, 실제를 다룬다. 탈출법은 집단원이 자신을 억압하는 내적 · 외적 통제로부터 벗어나는 상징적 체험을 통해 심리적 갈등을 마주하고 해소하도록 돕는 강력한 기법이다. 이 장에서는 탈출법을 8단계로 나누어 상세히 설명하고, 자발성 확보, 적절 대상 선정, 정서적 카타르시스와 인지적 통찰의 결합 등 상담자가 유의해야 할 실천 지침을 제시한다.

제6장에서는 집단상담 슈퍼비전의 모델과 실제, 그리고 슈퍼바이저의 과제를 다룬다. 숙련 집단상담자가 다른 수준의 전문가 가장 차별점을 가지는 것은 슈퍼바이저로서의 역할을 감당할 수 있는 역량을 함양하는 것이다. 슈퍼바이저의 교사, 상담자, 전문가로서의 역할과 개입 · 개념화 · 개인화 기술을 설명하며, 개인, 대인, 집단 차원의 상호작용 이해의 중요성을 강조한다. 또한 슈퍼비전 준비와 실시 단계, 초심 슈퍼바이저의 불안, 문지기 역할, 역전이, 비윤리적 개입, 소수 집단원 운영 등 실제적 이슈를 구체적 사례와 함께 다룬다.

제7장에서는 어려운 집단원에 대한 영역으로 숙련 집단상담자들이 맞닥뜨리고 다루는 어려운 집단원의 범주 중에 성격장애와 관련 영역을 다루었다. 경계선, 자기애성 등 성격장애적 특성을 보이는 어려운 집단원의 심리역동과 개입에 초점을 두었다. 이들의 내적 역동과 집단 내 역할을 이해하고, 공감, 현실적 목표 설정, 균형 잡힌 피드백, 변증법적 행동치료(DBT) 등의 적절한 개입을 통해 집단 전체의 안전과 개인의 변화를 조율하는 것이 상담자의 과제이다.

제8장에서는 비구조화 집단의 개념과 운영을 다룬다. 숙련 집단상담자들이 가장 많이 수행하는 집단상담 형태로 비구조화 집단에 초점을 두었다. 비구조화 집단은 지금–여기의 상호작용을 통해 대인관계 문제의 재현과 통찰을 촉진하며, 상담자는 솔직함, 정서 수용, 규범 설정, 자기개방, 유머, 공감적 이해, 유연성 등 다양한 자질을 발휘해야 한

다. 이를 통해 집단원들은 자신의 감정과 관계 패턴을 탐색하고 변화를 경험할 수 있다. 비구조화 집단에서 상호작용을 촉진하고 집단의 역동을 이해하고 활용하는 영역에 대한 부분을 살펴보았다.

제9장에서는 집단 종결의 개념과 과제를 다룬다. 발달 단계와 관련해서 초심 집단상자들을 시작 단계와 과도기 단계에 대한 어려움을 호소하지만 숙련 집단상담자들을 종결을 매우 주요한 단계라고 보고하고, 어려움을 경험하는 경향이 있다. 종결은 단순한 종료가 아니라 변화와 통합의 과정으로, 매 회기와 전체 종결에서 요약, 실천 의지 강화, 미결 과제 확인, 소원 활동 등을 통해 경험을 정리하고 책임감을 높인다. 또한 상담자는 종결 시 나타나는 자신의 역전이 반응을 인식하고 활용하여, 집단원들이 이별을 성장적으로 경험하고 배움을 일상에 통합할 수 있도록 지원해야 한다.

집단상담과 함께 해 온 시간이 30년하고 몇 년이 더 되어 간다. 집단이 주는 효과를 목격했고, 다른 방법론으로 할 수 없는 일을 집단상담이 한다는 것을 신뢰하게 되었다. 한편 한 사람의 좋은 집단상담자를 키워내는 일이 얼마나 어려운 일인지 알기에 이 책이 충분히 좋은 집단상담 전문가를 키워내는 일에 조금이라도 도움이 되길 기대한다. 초심과 중간 숙련 집단상담 실무자들을 위한 집단 지도자 교육과정을 만들어야겠다고 꿈꾸고 첫 작업을 시작한 지 10여 년이 훌쩍 넘어 이제야 책을 정리해 낸다. 하지만 아직도 아쉬움이 군데 군데 많이 남는다. 여러 과정을 밟아 나가면서 계속적인 진보를 약속하며 두려운 마음을 딛고 책을 내어놓는다. 집단상담을 하고 나서 사람이 살아나는 것을 보고 마음이 먹먹했던 기억의 파편을 만지며 이런 일들이 지금 보다 자주 일어나기를 바라고 이 책이 그 일에 사용되기를 소망한다.

이 책은 성윤희 교수, 현은정 선생이 함께했다. 많은 것을 함께 나누고 공유해서 만든 결과이다. 책을 만드는 데는 좋은 집단상담자가 되고 싶은 수많은 집단상담자들이 함께 했다. 그리고 집단원들이 있어 가능했다. 책을 모양새 있게 만들어 주신 학지사 김진환 대표님께도 감사의 마음을 전한다.

2026년 1월

대표 저자 권경인

차례

제1장

숙련 집단상담자의 자기돌봄

학습목표

1. 숙련 집단상담자의 발달적 특성을 이해한다.
2. 회복탄력성을 지닌 집단상담자가 되는 데 있어 자기돌봄의 가치를 이해한다.
3. 자기돌봄을 실천하기 위한 심리적 지지와 동기를 경험한다.

들어가며

- 초심, 중급 단계였을 때와 비교해서 집단상담자로서 현재 나의 고민은 무엇인가?
- 이전과 비교하여 내가 성장한 부분은 무엇이고, 앞으로 계속 성장해야 가야 할 부분은 무엇인가?
- 내가 집단상담자로서 현재 수준의 유능성을 갖기까지 가장 도움이 되었던 경험, 배움은 무엇인가?

숙련 집단상담자들은 집단상담에 필요한 일정 수준 이상의 지식과 경험을 보유하여 상담 현장에서 실질적인 성과를 만들어 내는 중요한 주체이다. 또한 초심과 중급 단계의 집단상담자들에게 교육과 슈퍼비전을 제공하여 초심자부터 숙련전문가, 그리고 원로전문가로의 발달 과정에서 가교 역할을 수행한다. 숙련 집단상담자들은 집단상담자로서의 유능감과 안정감을 가지고 있으나 여전히 자신의 상담 스타일을 찾고 정교화할 필요를 느끼는 시기로, 집단상담자로서의 배움과 성장에 대한 내재적 동기가 높다. 하지만 이러한 높은 성장에 대한 동기에도 불구하고 숙련 집단상담자들을 대상으로 하는 교육 프로그램은 많이 부족하다.

1. 숙련 집단상담자의 집단상담 교육 요구

권경인, 현은정과 성윤희(2020)는 숙련 집단상담자들에 대한 지속적 교육 기회 제공의 중요성에도 불구하고 이들을 대상으로 하는 체계적인 교육 프로그램은 부족하다는 문제의식을 토대로, 숙련 집단상담자들의 집단상담 교육 요구를 분석한 바 있다. 이들의 연구에서는 총 51명의 숙련 집단상담자(여성 39명, 남성 12명)를 대상으로 반구조화된 개방형 질문지를 사용하여 집단상담 교육 요구와 관련된 내용을 자유롭게 기술하도록 했고, 그 결과를 CQR-M을 활용하여 분석을 실시하였다. 숙련 집단상담자를 위한 교육과 훈련의 방향성을 이해하기 위해 이들의 연구 결과를 소개한다.

1) 누가 숙련 집단상담자인가

숙련 집단상담자에 대한 교육과 연구에서 고려해야 하는 첫 번째 질문은 누가 숙련 집단상담자인가이다. 집단상담의 경험과 지식이 이미 충분히 풍부하고, 교육을 받는 대상이기보다는 제공하는 주체로서가 적절한 상담자라면 본 교육이 목표로 하는 숙련 집단상담자에 해당하지는 않는다. 이 책이 대상으로 하는 숙련 집단상담자의 특징은 안정된 수준의 유능감이다. 이 책은 권경인 등(2020)의 연구에서 숙련 집단상담자에 대한 정의와 일관되게, "독립된 집단상담자로서 기능할 수 있는 능력을 가졌으나 전문성의 내재화를 위해 아직은 교육이 필요한 상태"로 정의한다. 권경인 등(2020)의 연구에서는 국내외 숙련 집단상담자에 대한 문헌 및 국내 학회 기준을 검토한 후 다음과 같이 숙련 집단상담자의 기준을 정리하였다.

숙련 집단상담자의 기준

- 학력: 상담 관련 전공 석사학위 이상의 학력 소지자
- 집단상담 운영 경력: 리더, 코리더로 10시간 이상으로 구성된 집단을 6개 이상 운영한 자
- 자격증 요건: 상담심리사 또는 전문상담사 2급 취득 후 5년 이상 경과한 자, 또는 상담심리사 또는 전문상담사 1급을 소지한 자
- 슈퍼비전 경험: 집단상담 관련 슈퍼비전을 3회 이상 받은 자

☞ 숙련 집단상담자는 기본적으로 위의 조건을 모두 충족한 경우를 원칙으로 하나, 1~2개 요건에서 다소 기준에 부합하지 않더라도, 예를 들어 상담심리사 2급 취득 후 4년 경과, 박사과정 재학, 집단상담 180시간 운영 등의 경우 연구자의 판단에 따라 유연하게 선정하였다고 언급하고 있다(권경인, 현은정, 성윤희, 2020).

2) 숙련 집단상담자들의 교육 요구

집단상담 교육에 대한 숙련 집단상담자의 인식을 탐색한 결과 다음과 같은 교육 요구를 발견했다.

(1) 전반적인 지식과 기술에 대한 교육 요구

숙련된 집단상담자들은 상담자로서 기본적 지식과 기술 이상의 깊이와 폭을 갖춘 전문성을 추구한다. 이들은 특히 최신 집단상담 이론이나 DBT와 같은 심화된 내용을 학습하고, 이를 실질적인 상담 과정에서 능숙하게 활용하기를 희망한다. 따라서 숙련 집단상

담자들은 이미 익숙한 기본적 접근법에서 벗어나 지속적으로 새로운 이론과 기법을 배우고 내면화하는 데 높은 욕구를 보인다. 이런 경향은 집단상담자로서 자신만의 전문적인 영역을 확보하고 발전시키려는 강력한 동기에서 비롯된다.

표 1-1 숙련 집단상담자 교육 요구 일반 영역

상위 범주	범주	빈도 (%)	핵심 주제
집단 관련 지식	집단에 대한 최신 이론 및 심화 내용	25 (49.1)	-집단을 이해할 수 있는 심화 수준의 이론적 모델 -DBT, ACT, 정서 중심 등의 최신 이론과 연구 -집단상담에 대한 다양한 이론 교육 -집단원 탈락과 관련된 이론과 연구 결과, 예방 방법
	집단상담 윤리	22 (43.2)	-윤리 및 법적 문제가 되는 상황 및 규정 -집단상담 윤리 -윤리 딜레마 다루기
	구체적인 집단 상황에서의 치료적 요인	19 (37.3)	-이론별 치료적 요인 -발달 단계별 치료적 요인 -치료적 요인이 드러나는 구체적인 집단 상황 및 집단원의 경험
	이론별 사례개념화	13 (25.5)	-집단상담 이론에 근거한 사례개념화 -스크리닝(또는 초기) 시기의 집단원 사례개념화
	리더와 집단원의 역할	11 (21.6)	-집단원의 역할 -리더의 역할, 역량
집단 개입 기술	심화된 새로운 접근과 기법의 내재화	23 (45.1)	-집단상담 이론에 근거한 개입 기술 -집단과정 개입 기술의 심화 -즉시성을 활용한 개입 -익숙한 기법 외에 새로운 접근과 기법 -실질적이고 구체적인 기법
	지금 여기의 내적 경험을 자각하게 하는 기법 배우기	14 (27.5)	-게슈탈트, 마음챙김, 심리극, 감수성 훈련 등 정서 유발 및 조절에 관련한 내용 -지금 여기에 초점을 맞추고 머무르기 -지금 여기의 느낌을 인식하고 표현하기

프로그램 내용 및 개발 방법	다양한 집단 프로그램 내용	16 (31.4)	-이론별(NLP, T-집단 등) 집단상담 프로그램 -대상별(군인, 병리 성향 등) 집단상담 프로그램 -외국에서 검증된 최신의 프로그램
	집단 프로그램 개발 방법	7 (13.8)	-집단 프로그램을 개발하는 방법 및 훈련 -내용 요소를 구성하는 법 -집단상담 프로그램의 대중화를 위한 다양한 주제의 집단 기획하기 -특정 영역 집단(애도, 트라우마, 학업 저성취) 프로그램 기획을 위한 지식
	집단 프로그램 활동 및 근거	4 (7.9)	-주제별 집단에서 활용할 수 있는 다양한 도구, 검사, 활동 -구조화 집단 프로그램의 내용이나 활동에 대한 근거 -다양한 체험적 활동에 관한 내용 -웜업 활동
비구조화 집단 교육	비구조화 집단 교육	7 (13.8)	-비구조화 집단에서 필요한 리더의 자질 -비구조화 집단을 정해진 시간 안에 마무리까지 자연스럽게 운영하는 방법 -비구조화 집단에서 집단 역동에 따라 예기치 못한 상황 발생(액팅 아웃) 대처 방법 -비구조화 집단을 경험하기
집단상담 슈퍼바이저 교육	집단상담 슈퍼바이저 교육	5 (9.9)	-효과적인 집단상담 슈퍼비전을 하는 법 -집단상담 슈퍼비전에 대한 교육 -집단상담 슈퍼비전 보고서 쓰는 법
특수 집단별 독특한 어려움 다루기	군인 대상 집단	1 (2.0)	-비밀보장의 어려움 -계급 차이로 인한 자유로운 표현의 어려움 -상호작용 촉진의 어려움
	외국인 대상 집단	1 (2.0)	-해당 문화에서 일반적인 것과 그렇지 않은 것의 구분 어려움
	청소년 대상 집단	1 (2.0)	-청소년 집단-청소년을 집중하게 하고 교육이 아닌 상담으로서 참여하게 되는 기술

또한 숙련된 상담자들은 기존 프로그램을 단순히 운영하는 것에서 나아가, 대상에 따라 다양하고 구체적인 프로그램을 직접 개발하는 능력에도 관심이 많다. 이들은 프로그램의 이론적 근거와 활동 개발 방법에 대한 교육을 통해 자신들의 역량을 높이고, 상담 현장에서 보다 창의적이고 효과적으로 접근할 수 있는 방안을 모색하고자 한다.

숙련 집단상담자의 전문성은 비구조화된 집단운영에 대한 요구에서 더욱 뚜렷이 나타난다. 그러나 현실적으로 비구조화된 집단상담을 운영하고 경험할 수 있는 기회는 매우 제한적이다. 초심자 대상의 구조화된 집단상담 교육이 강의, 워크숍, 집단 참여 등 다양한 방법으로 풍부하게 제공되는 데 비해, 비구조화된 집단 교육은 대부분 간접적인 집단 참여 방식으로만 이루어지고 있어, 체계적이고 충분한 경험을 쌓기 어렵다. 따라서 숙련 상담자들은 실제적인 비구조화 집단 실습의 확대를 절실히 요구하고 있었다.

숙련된 상담자들이 지닌 또 다른 중요한 요구는 집단상담 슈퍼바이저로서의 전문성 개발이다. 집단상담은 개인상담과 달리 복잡한 역동을 내포하며, 이러한 복합성을 이해하고 관리할 수 있는 슈퍼비전 역량이 필요하다. 그러나 국내 대학 및 대학원의 집단상담 교육은 아직 슈퍼비전 체계가 충분히 구축되지 않은 상태이다. 숙련된 집단상담자들은 이러한 교육적 공백을 메울 수 있는 슈퍼바이저로서의 체계적 훈련 과정이 반드시 마련되어야 한다고 느낀다.

더불어 숙련된 집단상담자들은 실제 집단을 구성하고 운영하는 과정에서 구체적인 어려움을 겪는다. 이들은 집단원을 모집하거나 집단상담 프로그램을 효과적으로 홍보하는 방법에 대한 구체적이고 실질적인 교육이 부족하다고 느끼며, 기관과의 협력이나 의뢰 기관과의 갈등 관리에 대해서도 더욱 효과적인 전략과 기술을 배우고자 한다.

(2) 집단준비 과정에 대한 교육 요구

숙련 집단상담자들은 집단상담을 계획하고 준비하는 과정에서 나타나는 어려움을 다루는 방법에 대한 교육 요구를 표현했다. 가령, 집단을 시작하기에 앞서 집단원을 모집하고 스크리닝하는 과정에서 발생하는 어려움과 집단을 요구한 기관과의 조율을 어떻게 해야 하는지와 관련된 교육 요구가 있었다.

표 1-2 집단 준비 과정에서 나타나는 어려움 다루기 영역

상위 범주	범주	빈도 (%)	핵심 주제
집단 구성과 관련된 어려움 대처	집단 구성과 관련된 어려움 대처	34 (66.7)	–집단 홍보와 집단원 모집하기 –집단 유형/주제에 맞지 않는 집단원을 선별 시 대처 방법 –집단이 스크리닝이 제대로 안 되어 있거나 집단을 하기 어려운 집단원으로 구성된 경우 –이상적인 집단과 달리 너무 적은 집단원 수
집단을 요구한 기관과의 조율	집단을 요구한 기관과의 조율	5 (9.9)	–교육이나 활동으로 갈 수 있는 기관의 요구 조율하기 –기관과의 갈등 다루기: 예산, 시간 등 정해진 자원 내에서 해결하지 못하게 되는 경우 –집단을 의뢰하는 기관이 집단운영 목적과 맞지 않게 집단원을 구성 –집단운영자와 리더가 달라 의사소통의 문제 해결

(3) 집단과정 및 역동에 대한 교육 요구

숙련된 상담자들은 집단의 과정과 역동을 세부적으로 이해하고 다룰 수 있는 고도의 역량을 필요로 한다. 이들은 집단 개입의 시점과 수준을 적절히 판단하고 조절하는 능력, 심리 내적 역동, 대인 간 역동, 집단 전체의 역동을 동시에 고려하고 통합하여 다룰 수 있는 기술을 원하는 것으로 나타났다. 특히, 어려운 집단원을 다루거나, 집단원 개인의 목표와 전체 집단 역동을 연결시키는 정교한 기술의 습득을 매우 중요하게 인식하고 있다.

숙련 집단상담자들은 또한 집단의 종결 과정에서 나타나는 미흡한 마무리나 이별과 관련된 정서적 이슈를 처리하고, 집단의 성과를 평가하여 현실에서의 적용을 도울 수 있는 보다 전문적인 역량을 희망한다. 이들은 집단의 과정뿐 아니라 집단 이후의 효과성 평가를 강조하며, 종결 이후에도 집단원들이 배운 내용을 실제 삶에 잘 통합하도록 지원하는 방법을 배우는 것이 필수적이라고 느낀다.

표 1-3 집단과정에 대한 접근법 영역

상위 범주	범주	빈도 (%)	핵심 주제
리더의 집단운영 관리	적합한 개입 방식과 시점, 수준 선택하기	20 (39.3)	–구체적인 집단 상황에서 리더의 치료적 개입과 그에 대한 의도, 기대 효과와 주의할 점 –개별 집단원에게 맞는 효과적인 개입 기술 –직접 개입할 때와 집단원 간 상호작용하는 사이에서 판단하기 –개별 집단원 및 집단 전체의 준비도, 저항 및 노출 의도를 고려하여 개입 속도, 깊이 조절하기 –개인상담에서 다루어야 할 내용인지 집단에서 다루기 적절한 내용인지에 대해 판단하기 –개인상담 병행 시 개인상담자와 접근의 방향이 다를 때 판단하기
	균형 있게 집단 운영하기	19 (37.3)	–운영에 대한 전반적 이해와 주의 사항 –참여도가 낮은 집단원과 다른 집단원과의 균형 잡힌 마무리 –시간에 맞춰 회기 내 활동 운영 –심각하거나 적극적인 집단원에게 치우치지 않기 –소외되는 집단원이 없도록 두루 살핌
	목표 설정과 구조화에 있어서의 어려움 다루기	18 (35.3)	–집단원의 기대와 실제 집단 내용에 있어서의 간극 대처 –집단상담에 대한 인식이 없는 집단원 교육 –구조화하는 것에 대한 집단원의 반발 대처 –집단원, 집단 전체의 목표를 설정하고 평가 –현실적인 수준으로 기대 조정
	집단 내 상호작용 촉진하기	10 (19.7)	–상호작용을 촉진하면서도 방향을 잃지 않고 운영하기 –침묵이 많거나 자기개방을 어려워하는 집단원들이 많은 집단에서 상호작용을 활발히 할 수 있는 방법
	코리더와 소통하고 교육하기	9 (17.7)	–리더 또는 코리더와의 적절한 관계와 역할 분배 –코리더의 불성실한 태도 다루기 –코리더 발달 수준 고려하여 교육

집단 역동 다루기	대인 간 역동에서 나타나는 어려움 다루기	44 (86.3)	–집단원 간의 갈등 –집단원 간 갈등에 대한 리더의 개입을 편향적이라고 경험함 –집단원이 리더의 반응을 오해하고 상처받았다고 말할 때 –상대방에 대한 지적이나 상황으로 귀인하는 패턴의 지속
	어려운 집단원 다루기	40 (78.5)	–특별한 과거력을 가져와 상담 시간을 독점 –사회적 기술이 많이 부족한 집단원 –병적인 증상을 가지고 참여한 집단원 –방어가 완고한 집단원 –감정 접촉이 어렵고 자기개방이 어려운 집단원 –지속적으로 불신과 불만을 드러내는 집단원 –공격적 · 반항적이고 비협조적인 집단원 –인정받고 힘을 행사하고 싶은 집단원 –관찰자의 위치에만 있는 집단원 –너무 빠르게 개방하는 집단원
	세 수준의 집단 역동을 이해하고 이를 결합하여 다루기	38 (74.6)	–집단 역동(심리 내적, 대인 간, 전체) 역동을 파악하고 개입하기 –전체 역동이나 집단원 간 연결짓기를 통해 각 집단원의 목표에 맞는 개입하기 –집단 역동을 활용해서 정서적 접촉을 깊게 하는 방법 –개별 집단원에 집중하는 것과 전체 집단 역동을 다루는 것 사이에서 판단하기
	비참여적 태도 다루기	24 (47.1)	–집단원의 결석으로 인한 진행의 어려움 –집단원들의 동기 관리 –과제를 해 오지 않음 –적극적 집단원이 없을 때 집단 분위기 만들기 –중간에 돌아가면서 결석하는 집단 분위기 –비자발적인 내담자 집단상담

집단 역동 다루기	응집력 형성과 치료적 집단 분위기를 만들 때 있어 어려움 다루기	23 (45.1)	–응집력의 형성 및 강화 –친밀감 형성을 실패했을 때의 어려움 –발전이 정체되고 사교모임 같은 느낌 –집단 규칙 만들기 –수위 높은 자기개방을 했을 때 준비되지 않은 집단원들의 미숙한 반응이나 공격을 막아내고 보호하기 –집단원들의 자기개방의 두려움 및 저항 다루기 –피상적인 이야기만 하기
	전체 집단 역동에서 나타나는 어려움 다루기	13 (25.5)	–집단원이 연합하여 리더에 저항 –집단이 한 사람을 너무 공격하듯 몰아가기 –하위 집단 만들기
	중도 탈락	13 (25.5)	–참여를 많이 못하거나 지나치게 노출했다고 느낀 집단원 중도탈락 –구조화 과정에서 탈락되는 인원이 생기는 어려움
	개인 작업을 할 때 어려움 다루기	4 (7.9)	–개별 집단원의 과제가 공감 가기 어려운 문제일 때 전체 집단에서 다루기 –작업과 직면이 필요한 집단원을 집단원들이 감싸주기 등으로 방해
발달 단계별 고려	발달 단계에 대한 구체적 이해	20 (39.3)	–집단 및 집단원의 발달 단계를 이해할 수 있는 객관적 지표 –발달 단계에 따른 집단원의 경험 변화 –발달 과정에서 나타날 수 있는 어려움 다루기 –대가들이 집단운영 단계별로 실제로 고려하는 것 –발달 단계별 목표 및 과업 수행을 위한 리더의 역할
	발달 단계별 개입 기술	18 (35.3)	–발달 단계에 따라 나타날 수 있는 상황별 개입 기술 –회기별 개입 전략

집단 종결 및 평가	미흡한 마무리와 성과 다루기	18 (35.3)	–집단원이 나아진 점을 발견하지 못함 –집단원이 집단 안에서 경험했던 것을 실제 삶에 적용하는 데 어려움 –개인 이슈, 집단원 간 갈등이나 상처, 약한 부분이 제대로 다루어지지 않은 채 집단이 정리됨 –작업이 충분히 이루어지지 않을 때 종결됨
	종결 단계에서 나타나는 이별과 관련된 이슈 다루기	7 (13.8)	–집단에 대한 아쉬움을 다루는 방법 –집단원들이 집단을 떠나지 못함 –자조집단을 만들고 싶은 집단원의 기대 –리더와의 개인상담을 원하는 집단원 –리더가 집단원과의 이별에 어려움을 겪음 –집단원이 종결에 대한 아쉬움과 걱정으로 집단에 대해 거리를 두거나 참여하지 않음 –짧은 시간 내에 효율적으로 정리하는 방법 –집단 종료 이후 관계 설정
	집단의 성과 평가 및 반영하기	6 (11.8)	–집단운영이나 자신의 기법에 대한 효과성 반성 및 평가 –과정 내 치료적 요인을 찾고 분석하기 –효과 모니터링을 위한 전략 및 도구 사용법 –리더의 반성과 성찰(평가)을 집단 진행 중 반영하기 –집단원의 만족도 조사과정에 대한 이해

(4) 집단상담자 관리에 대한 교육 요구

리더의 내적 반응과 관련하여, 숙련 상담자들은 특히 자신 내면에서 일어나는 역전이를 관리하고, 집단성과에 대한 부담감을 효과적으로 다루는 것이 매우 중요하다고 인식한다. 숙련 상담자들이 더욱 유능한 상담자가 되기 위해서는 자신의 내적 경험과 반응을 끊임없이 성찰하고 관리할 수 있는 능력을 강화할 필요가 있다.

표 1-4 리더 관리 영역

상위 범주	범주	빈도 (%)	핵심 주제
리더의 내적 반응	역전이	21 (41.2)	–역전이를 일으키는 집단원에 대처하기 –특정 집단원에 대해 거리감이나 미운 마음이 들어 이해가 어렵고 개입을 꺼리게 됨 –집단원이 불편해하면 질문을 철회함 –갈등을 회피하여 묻거나 표면적으로 다룸 –직면하기가 어려움 –조급함 다루기 –의존적인 집단원이 부담스러움 –리더의 권위에 도전하거나 따돌리는 등 특정 분위기를 만드는 집단원에 대한 화를 다스리기
	집단의 성과에 대한 리더의 부담	14 (27.5)	–집단 목표가 달성되었는지에 대한 부담 –집단 안에서 나왔던 갈등과 역동이 충분히 다루어졌는지 걱정됨 –집단원의 중도 탈락이 우려됨 –집단원이 재미없어하고 지루해할까 봐 걱정됨 –집단원이 소득이 없다고 느낄까 봐 불안함 –잘하고 싶은 마음이 커서 불안함
	리더의 개인 특성	6 (11.8)	–리더로서의 강점과 약점에 대한 이해와 보완 –리더의 개인적 특성이 집단 역동 또는 특정 집단원에게 미칠 수 있는 영향과 다루는 실제적인 방법
리더의 자질 및 태도	리더의 자질 및 태도	24 (47.1)	–리더의 자질과 태도 –리더의 인간적 자질 함양 –문화적 민감성 –집단을 좋아하는 마음 –예상 밖의 흐름과 낯섦에 대한 유연함

(5) 방법적 측면에서의 교육 요구

숙련된 집단상담자의 교육은 단순히 이론이나 실제 참여 경험만으로는 부족하며, 간접 및 직접 실습, 피드백 공유, 슈퍼비전 등을 종합적으로 활용하는 통합적인 교육 방식

표 1-5 숙련 집단상담자 교육 요구의 방법적 요소 영역

상위 범주	범주	빈도 (%)	핵심 주제
간접실습 방법	실제와 이론을 연결하는 시연	11 (21.6)	-교육 후 집단 시연과 해설 -이론 기반 개입 시연 -어려운 집단원에 대한 개입 방법 시연 -실제 집단 장면을 구상해 보고 집단과 리더의 반응에 대해 함께 토의하고 시연하는 과정
	사례를 통한 학습	8 (15.7)	-이론이 실제에서 어떻게 구현되는지를 예를 들어 설명하기 -다양한 예시와 그에 따른 개입 방법 해설 -집단상담 사례 분석
	동영상 시청하기	5 (9.9)	-동영상 시청하기 -동영상 보고 피드백하기
	대가를 모델링하기	4 (7.9)	-대가들의 집단을 관찰하고 모델링하기 -Corey 등 대가의 집단을 영상으로 보기
	집단상담 관찰	3 (5.9)	-조를 나누어 관찰-실습하기
	축어록 활용하기	2 (4.0)	-회기 진행 맥락에 맞는 축어록 대안 반응 찾기 -일반인 대상 집단 축어록을 보며 배우기
직접실습 방법	집단원 경험	22 (43.2)	-실제 집단상담을 경험 -다양한 집단상담(마음챙김, 명상)의 집단원 경험 -집단 안에서 정서를 접촉하고, 머물러 있도록 하는 기술에 대해 체험적으로 배우기
	연습하기	20 (39.3)	-다양하고 구체적인 상황 혹은 자주 발생하는 상황에 대한 반응 훈련 -어려운 집단원 및 갈등 상황 개입 방법 연습 -단계별, 구체적인 상황에 대한 역할연습 -집단에서 다루기 힘든 집단원 역할을 하면서 직접 연습하기 -시나리오를 가지고 역할극하기

직접실습 방법	이론 학습과 집단의 실제를 접목함	13 (25.5)	–이론을 배우고 실제 집단경험 –집단상담을 실제로 하면서 쉬는 시간에 그 전 집단에서 일어난 상황에 대해서 이론적으로 설명 –전문 이론을 간략히 배우고 실습 위주의 교육
	집단운영 경험	10 (15.7)	–모의 집단 리더 경험 –집단상담을 운영해 보는 경험 –후배를 대상으로 집단상담 교육
	성찰 보고서 작성	5 (9.9)	–집단원과 역동을 어떻게 다룰지 짚어 주는 성찰 보고서의 피드백 –성찰 보고서를 통해 집단 회기 이해
	프로그램 개발	1 (2.0)	–프로그램 개발의 프로젝트 식의 수업
피드백 및 경험 나누기	실습 후 피드백	16 (31.4)	–모의집단 운영 후 집단원, 코리더의 피드백 –한 세션을 직접 운영해 보고 그것에 대해 피드백을 받는 것 –참여자의 시연 후 피드백하기 –스크립트를 읽고 개입 후 교육자에게 피드백 받기 –집단원들을 활용한 다양한 개입 기술을 연습 후 피드백 받기 –특정 기법을 실습해 보고 피드백을 주고받기 –집단을 진행하며 동료와 교육자에게 라이브 슈퍼비전받기 –학습자가 개입을 한 뒤, 이에 대해 교육자가 즉각적으로 피드백을 주어 수정
	집단경험에 대해 논의	11 (21.6)	–숙련 집단상담자 간 충분한 토론과 논의하기 –숙련 집단상담자 간 기술/노하우 공유 –운영했던 집단에서의 경험, 운영 방향과 개입 의도, 어려움 등을 공유하고 논의함 –딜레마에 대해 심도 있는 지도와 토의하기

피드백 및 경험 나누기	교육자의 집단 운영에 대한 질의응답 및 피드백	2 (4.0)	–리더가 집단운영에 대해 성찰한 내용을 말하고 질의응답을 받는 시간 –집단의 한 장면을 실제로 경험해 보고, 그 장이 끝나면 리더의 반응이나 집단원들의 반응에 대해 피드백을 주고받음 –작업 후 리더의 개입 의도, 해당 집단원과 다른 집단원의 느낌을 공유함
슈퍼비전	슈퍼비전	5 (9.9)	–실시해 본 집단에 대한 슈퍼비전 –실제 진행했던 집단 장면을 녹화한 영상을 보면서 적절한 개입에 대해 논의하고 피드백
기타	발달 수준을 고려한 집단교육	4 (7.9)	–발달 수준이 비슷한 사람들(숙련 집단상담자)로 구성
	강사의 태도 및 자질	2 (4.0)	–자신의 어려움에 대해 개방하는 태도 –전문성

으로 구성되어야 한다. 숙련 상담자들은 자신이 운영했던 집단경험을 동료와 공유하고 토론함으로써 피드백을 얻고, 실제 상담 장면을 이론과 접목하여 분석하고, 이를 다시 실제 상담에 적용하는 구체적인 교육 방법을 원한다. 이런 방식은 숙련 상담자들의 지속적인 전문성 발달과 성장을 위한 효과적이고 필수적인 과정이 될 것이다.

2. 애착 형성과 분리의 과정으로서의 상담

Frank(1993)는 상담, 목회자, 교사 등 타인을 돕는 다양한 방법들은 공통 요인으로 인해 효과성을 띤다고 주장하였다. 그가 말한 가장 중요한 공통 요인은 “조력자와의 정서적이고, 마음을 털어놓을 수 있는 솔직한 관계”이다(Wampold & Weinberger, 2010). 상담성과연구 역시 이와 일관된 연구 결과를 보이는데, 상담자 유능성의 핵심은 다양한 유형의 내담자와 치료적 동맹을 맺을 수 있는 능력인 것으로 나타났다. 상담에서 치료적 관계를 통해 긍정적 성과가 나타나는 이러한 과정을 Skovholt(2004)는 돌봄의 주기 모델

(cycle of caring)을 통해 설명하고 있다.

1) 공감적 연결

돌봄 주기의 첫 단계는 공감적 연결의 단계이다. 이 단계는 깊은 공감과 이해를 통해 강한 상담적 동맹을 구축하는 데 중점을 둔다. 상담자는 탈중심화를 통해 상담자 자신을 내려놓고 내담자의 경험에 온전히 집중하며, 그들의 관점에서 세상을 이해하려고 노력한다. 즉, 관찰자에 머무르지 않고 내담자의 내적 세계에 들어가서 내부에서 이해하려는 것이다.

공감적 연결(empathetic attachment) 단계는 목표와 경계를 명확히 하는 계약을 설정하는 것으로 시작한다. Skovholt(2005)는 상담자와 내담자 간의 계약을 명시적 계약과 암묵적 계약으로 구분하고 있다. 명시적 계약은 내담자가 직접적으로 "분노를 조절하는 데 도움이 필요해요"라고 말하는 것처럼, 명확하게 표현된 목표나 바람이다. 반면에, 암묵적 계약은 내담자가 말로 표현하지는 않지만, 내면적으로 "이 관계가 끝나는 것이 내 잘못이 아니었으면 좋겠어요"라고 느끼는 것과 같은 암묵적인 기대나 바람이다.

상담자는 내담자에게 필요한 것이 무엇인지를 깊이 있게 생각하면서도 감정적으로 너무 많이 들어가지 않고 적절하게 분리 수준을 유지해야 한다. Skovholt(2005)는 내담자에게 감정적으로 다가갈 때 상담자의 취약성을 '거북이 배'에 비유하고 있다. 거북이의 단단한 껍질을 사용하면 상처를 피할 수 있지만, 이를 통해 내담자와의 연결이 어려워진다. 상담자는 내담자와 애착을 형성하기 위해 취약한 거북이의 배를 드러내야 하고 이는 상처를 받을 수 있는 위험도 수반한다.

공감적 연결 단계에서는 상담자의 감정적 경계 조절 능력이 매우 중요하다. 상담자는 내담자와의 관계에서 감정적으로 너무 멀어지거나 과잉 감정에 빠지지 않도록 적절한 경계를 설정해야 한다. 지나치게 감정이입을 하게 되면 내담자의 고통, 즉 슬픔, 두려움, 수치심, 불안, 절망을 계속 마음에 떠올리게 되고, 마치 자신의 감정처럼 느끼게 되는 위험이 있다. 이를 방지하기 위해 감정적 거리를 두면서도 베풂을 유지하는 것이 필요하다.

감정 연결에서 상담자는 경계가 있는 베풂(Boundaried Generosity)을 갖는 것이 필요하

내담자의 내면세계 이해를 위한 상담 접근

Skovholt와 Rivers(2004)는 상담자가 내담자의 내면의 세계에 몰입하는 과정을 바다의 비유를 통해 설명하고 있다. 다이버가 바닷속 깊은 곳을 잠수하는 것처럼, 상담자가 내담자 내면의 모호하고 복잡한 세계로 들어가서 다양한 층위, 감정, 미묘함을 친밀하게 경험하는 몰입적 접근을 말한다. 현미경으로 잎사귀를 관찰하듯이, 내담자의 내면세계에 집중하는 이 과정은 내담자의 내면에 깊은 몰입이 필요하고 따라서 감정적으로 힘든 과정일 수밖에 없다. Skovholt와 Rivers는 이러한 내담자 내면세계에 대한 몰입적 접근을 세 가지 요소로 정리하였다.

1. 공감적 몰입(Empathic Engagement)

- 정의: 상담자가 내담자의 경험과 완전히 연결되어 마치 자신의 경험인 것처럼 깊이 느끼고 공감하는 것.
- 예시: 내담자가 이혼 후 텅 빈 집에서 느낀 외로움과 절망을 이야기할 때, 상담자도 마치 그 자리에 함께 있는 듯 감정을 깊이 느끼며 공감한다. "모든 것이 끝난 것 같아요"라는 말에 상담자도 그 막막함을 함께 경험하고, "저도 그 절망이 얼마나 깊었을지 느껴져요"라고 진심으로 반응하며 깊은 공감적 몰입이 이루어진다.

2. 개방적 마음(Open-mindedness)

- 정의: 상담자가 내담자의 관점, 가치, 생각을 열린 태도로 이해하려고 노력하는 것으로, 이는 반드시 내담자의 모든 가치관을 동의하거나 수용해야 한다는 것을 의미하지는 않는다.
- 예시: 내담자가 갑작스러운 장기 여행 계획을 이야기했을 때, 상담자는 그것이 충동적이거나 위험할 수 있다고 느꼈지만 곧바로 평가하거나 조언하지 않았다. 대신, 내담자의 관점과 결정을 이해하려는 열린 태도로 "지금 이 시점에 여행을 떠나고 싶은 이유와 그 의미가 무엇인지 궁금하다"고 물으며, 자신의 판단을 내려놓고 내담자의 선택을 진심으로 이해하려는 자세를 유지했다.

3. 감각적 몰입(Sensory Dwelling)

- 정의: 상담자가 내담자에게 집중하며 마치 느린 영화를 감상하듯 상담 과정을 천천히 진행, 한 사람으로서 내담자의 인간성과 이야기에 감각적으로 몰입하는 것. 상담자는 내담자의 말과 표정, 몸짓, 목소리 톤, 감정 표현 등 감각적으로 드러나는 모든 측면에 세심히 주의를 기울이며, 이를 통해 내담자의 인간성과 내면 세계에 온전히 빠져든다.

• 예시: 내담자가 어린 시절 어머니와 함께 바닷가에서 놀던 따뜻한 기억을 떠올리며 말을 꺼냈다. 상담자는 급하게 다음 이야기를 묻거나 해석하지 않고 내담자의 표정, 목소리 톤, 제스처 등을 주의 깊게 관찰했다. 마치 상담자는 내담자의 이야기를 영화의 한 장면처럼 천천히 보고 듣고 느끼면서 내담자의 기억 속에 함께 머물렀다. 상담자는 부드러운 목소리로 내담자에게 물었다. "그때 바닷가에서 가장 기억에 남는 장면, 소리, 향기 같은 것들이 더 있으시면 조금 더 들려주시겠어요? 함께 천천히 느껴 보면 좋겠습니다." 상담자는 내담자의 이야기 와 감정에 감각적으로 깊게 몰입하며 내담자와의 연결감을 더 풍부하게 경험하였다.

다. 경계가 있는 베품이란 내담자와의 연결을 유지하면서도 필요한 내적 및 외적 경계를 설정하여 상담자가 소진되지 않도록 하는 것이다. 이를 통해 상담자는 책임의 경계를 명확히 하고, 자신의 역할과 내담자의 역할을 구분하여 지속 가능한 베품을 유지할 수 있다.

2) 적극적 참여

돌봄의 주기 모델의 두 번째 단계는 적극적 참여(active involvement)이다. 이 단계에서 상담자들은 내담자와 깊고 지속적인 관계를 유지하면서 내담자의 심리적 여정에 온전히 함께 한다. 적극적 참여의 과정은 단순한 지적인 헌신을 넘어 정서적 헌신과 몰입을 필요로 한다. 내담자의 경험에 적극적으로 참여하는 과정에서 상담자들은 자신에게 초점을 두는 경향성을 극복하는 것이 중요하다. 즉, 상담을 하고 있는 순간에는 상담자 자신의 필요보다 내담자의 필요를 우선시해야 한다.

의사소통은 적극적 참여의 과정에서 핵심적인 역할을 한다. 내담자 경험, 상담자 경험, 상담 과정의 복잡성으로 인해 상담자가 생각하는 것, 말하고자 하는 것, 내담자가 궁극적으로 듣고 이해한 것에 차이가 있을 수 있다. 따라서 이러한 복잡한 의사소통의 과정을 신중하고 민감하게 다루는 것이 중요하다.

적극적 참여 단계에서 상담자는 심도 있는 경청(intensive listening)을 해야 한다. 심도 있는 경청이란 내담자가 말하는 내용을 듣는 것 이상으로, 내담자와 온전히 함께 존재하고 내담자에게 민감하게 반응하는 것을 의미한다. 효과적인 상담자는 이전 회기에서 나누었던 상담의 중요 주제와 통찰력을 노트를 보지 않고도 기억할 수 있어야 한다.

동시에 상담자는 상담 과정의 복잡성과 모호성을 수용하는 것이 필요하다. 상담자는 종종 상담자 자신의 내적 경험과 상담 이론을 활용하여 내담자의 복잡한 감정의 결을 탐색해야 한다. 상담 이론은 혼란 속에서 명확성과 방향성을 제공하여, 상담자가 상담 시간 중에 무엇에 집중해야 할지를 결정하는 데 도움을 줄 수 있다.

적극적 참여 단계에서의 중요한 과제는 내담자를 지지하는 것과 도전을 제공하는 것 사이의 균형을 유지하는 것이다. 상담자는 내담자에게 자신이 소중하게 여겨지고 지지를 받을 수 있는 안전한 공간을 제공하는 동시에, 내담자가 성장하고 변화할 수 있도록 도전적인 환경을 조성해야 한다. 이러한 이중성은 반드시 필요하다. 지지적인 환경이 안전감을 제공한다면 도전적인 환경은 의미 있는 발전과 성장을 촉진한다.

3) 분리의 인식

돌봄 주기의 마지막 단계는 분리, 헤어짐에 대한 인식(felt separation)이다. 분리 인식의 단계는 상담 관계에서 형성된 정서적 애착과 풍부한 경험을 정리하는 과정으로, 상담이 종결될 때 필연적으로 나타나는 정서적 반응을 의식적으로 인식할 필요가 있다. 상담자는 상담이 종결에 가까워짐에 따라 내담자와의 깊은 몰입 상태에서 나와 한 발짝 물러서게 되고 내담자와 좀 더 분리되고 반성적인 상태로 전환하게 된다.

이 단계에서 상담자는 관계의 종결을 받아들이고 관계의 상실에 대한 슬픔을 느끼는 애도의 작업을 다룰 수 있어야 한다. 애도 작업의 강도는 상담자가 내담자와 얼마나 깊이 관여했는지에 따라 달라질 수 있다. 애도는 부정적인 감정이 아니라, 상담자가 스스로 회복하고 새로운 내담자와 다시 연결할 준비를 하기 위해 필요한 자연스럽고 회복적인 과정이다.

상담자는 상담 관계의 종결을 인식함으로써 미리 심리적 준비를 할 수 있다. 일부 상담자는 이러한 과정을 돕기 위해 자신만의 소소한 개인적 의식을 시행한다. 예를 들어, 내담자와의 관계에 대해 조용히 회고하는 시간을 갖거나, 내담자가 했던 말 중 의미 있던 말들을 적어 둔 노트를 넘겨보는 것과 같이 상징적인 행동을 통해 종결에 대한 감정을 처리하거나 상담 관계를 정리하기도 한다. 이러한 의식들은 한 내담자와의 관계를 정리하고 다음 내담자로 전환할 수 있는 정신적 · 감정적 준비를 할 수 있도록 돕는다.

분리 인식의 단계에서 가장 중요한 과제는 상담자의 소진 예방이다. 상담의 성공을 내담자의 현재 상태나 슈퍼바이저의 평가에 의존하여 판단할 경우 상담자는 쉽게 소진될 위험이 있다. 대신 자신의 전문성과 내담자와의 관계에서 느낀 상담 관계와 참여의 질을 토대로 성공을 판단하는 것이 중요하다. 내담자를 돌보는 것과 자신을 돌보는 것 사이의 균형을 잘 맞추는 것은 장기적으로 상담자가 직업적 활력을 유지하는 데 필수적이다. 이처럼 분리의 경험 단계는 상담자에게 소진을 예방하고, 새로운 내담자와의 관계를 준비하는 데 필요한 감정적 안정감을 제공하는 중요한 과정에 해당한다.

3. 돌보는 자기의 손상(caring self-injury)

상담은 자기(self)를 활용하여 내담자를 돌보는 과정으로 상담자는 내담자의 증상 이면에 있는 심리적 고통과 정서적 참조체계를 깊이 이해하고 따라가야 한다(장채원, 정인숙, 유성경, 2022). 상담자는 치료적 도구로서 자기, 돌봄의 자아가 건강할 때 내담자를 가장 잘 도울 수 있다. 상담자의 건강한 돌봄 자아는 상담자가 내담자의 고통과 어려운 상황에 공감하며, 유연하고 안정적인 지지를 제공하는 데 중요하다. 그러나 상담의 과정에는 상담자의 돌봄의 자아를 약화시키는 여러 장애물들이 존재한다. Skovholt는 돌봄의 자기를 손상시키는 원천으로 다음의 다섯 가지, 소진, 자비감의 피로, 대리외상, 모호한 종결, 전문적 불확실성을 꼽고 있다(Skovholt & Trotter-Mathison, 2016).

1) 소진

소진(Burnout)은 내담자와의 반복적인 감정적 소모와 과중한 업무로 인해 신체적 · 정서적 · 정신적으로 에너지가 고갈되는 상태를 의미한다. 상담자는 내담자의 고통을 공감하고 돕는 과정에서 정서적 부담을 자주 경험하게 되며, 이러한 과정이 장기화되면 피로감과 냉소, 무력감을 느끼며 소진 상태에 이르게 될 수 있다. 소진이 심화되면 내담자를 대하는 태도에서도 감정적 둔감이나 흥미 상실이 나타나며, 이는 상담자가 내담자와 관계를 맺고 상담을 지속하는 데 어려움을 겪게 만든다.

상담자의 소진은 주로 과도한 공감 요구, 경계 설정의 어려움, 높은 업무량과 제한된 시간, 변화의 어려움, 정서적 지지 부족 등으로 인해 발생한다. 상담자는 내담자의 고통을 공감하고 감정적 지지를 제공하는 과정에서 큰 정서적 에너지를 사용하게 되며, 이러한 과정이 반복되면 감정적 소모가 누적된다. 또한 내담자와의 관계에서 심리적 경계를 설정하지 못할 경우, 내담자의 문제를 지나치게 자신의 것으로 받아들이게 되어 소진이 가중될 수 있다. 많은 내담자를 상담해야 하는 상황에서 충분한 시간을 할애하지 못하는 경우나, 내담자의 변화가 느리게 진행될 때 무력감을 느끼는 것도 소진의 주요 원인이 된다.

소진은 크게 두 가지로 구분할 수 있다(Skovholt & Trotter-Mathison, 2016). 첫째는 의미 소진이다. 의미 소진은 상담자가 자신의 일이 더 이상 충분한 의미와 목적을 제공하지 못할 때 발생하는 소진 상태다. 돌봄 직업 종사자들은 타인을 돕는 일에서 보람과 성취감을 느끼며 일의 가치를 찾지만, 시간이 지나며 그 보람이 줄어들거나, 자신이 하는 일이 가치 있지 않다고 느끼게 될 때 의미 소진이 일어난다. 반복적인 업무나 변화를 이루기 어려운 상황, 자신의 개인적 필요가 충족된 경우가 주요 원인이 된다. 의미 소진은 상담자가 자신의 일에 대해 무의미함을 느끼고, 보람을 잃게 만들어, 궁극적으로 일에 대한 존재적 회의감을 일으킬 수 있다. 다른 하나는 돌봄 소진이다. 돌봄 직업에서는 내담자의 고통에 깊이 공감하고 감정적으로 관여해야 하는 경우가 많아, 이러한 반복적인 과정이 정서적 에너지를 소모하게 만든다. 돌봄 소진은 특히 상담자가 내담자와의 애착-개입-분리-재창조 과정을 반복하면서 정서적 에너지가 고갈될 때 발생하며, 내담자와의 관계에서 거리감을 느끼거나 감정적으로 둔화되는 결과를 초래할 수 있다.

소진 발생 시 상담자는 정서적 탈진, 냉소적 태도, 성취감 부족, 신체적 증상 등을 경험하게 된다. 정서적 탈진은 내담자와의 상담 과정에서 에너지를 과도하게 소모하며 느끼는 극도의 피로감과 무기력감을 포함한다. 냉소적 태도는 내담자나 동료, 업무에 대한 부정적이고 비관적인 태도로 나타나며, 상담자가 내담자와 감정적으로 거리를 두거나 회피하는 경향으로 이어진다. 성취감 부족은 상담 과정에서 보람을 느끼지 못하고 자신이 무의미한 일을 하고 있다는 생각에 사로잡히게 만드는 증상이다. 이와 더불어 두통, 수면 장애, 만성 피로와 같은 신체적 증상도 소진 상태에서 자주 동반된다.

상담자 소진이 지속되면 상담의 질과 개인 생활에 여러 부정적인 영향을 미친다. 상담자는 소진 상태에서 내담자와의 관계에 몰입하기 어려워지고, 공감과 지지를 제공하는 능력도 저하될 수 있다. 이는 상담의 효과성을 떨어뜨리며, 내담자가 상담자로부터 필요한 정서적 지지를 충분히 받지 못하게 만든다. 또한 소진 상태는 상담자의 개인 생활에서도 부정적 영향을 미치는데, 가족이나 친구와의 관계에서 무기력함과 감정적 둔감을 느낄 수 있다. 이로 인해 전반적인 삶의 질이 저하되고, 심각한 경우 이직을 고려하게 되는 상황으로 이어질 수 있다.

2) 자비감 피로

상담자의 자비감 피로(compassion fatigue)는 지속적으로 내담자의 고통과 외상 사건에 노출되어 공감하는 과정에서 발생하는 정서적 소모와 고갈을 말한다. 이는 소진과 유사한 개념이지만, 타인의 고통에 대한 강한 공감과 돕고자 하는 마음에서 비롯된 피로로, Figley(1995)는 이를 "타인이 겪은 고통스러운 사건을 알게 되었을 때 생기는 자연스러운 반응과 감정"이라고 정의했다. 특히, 상담자가 내담자와 감정적으로 깊이 연결되어 그들의 이야기를 반복적으로 듣게 될 때 자비감 피로가 발생하기 쉽다.

자비감 피로는 상담자와 내담자 간의 유사한 경험이 있을 때 더욱 심화된다. 예를 들어, 어린 자녀를 둔 상담자가 아동 관련 외상 사건을 다룰 때 개인적 공감과 보호 본능이 발동되어 정서적 피로가 더 커질 수 있다. 또한 경력 초기의 상담자나 충분한 자기돌봄이 이루어지지 않는 상태에서 과도한 외상 사례를 다룰 경우, 자비감 피로가 더 쉽게 발생하고 심화된다.

자비감 피로는 상담자의 정서적 고갈로 이어져, 내담자와의 관계에서 감정적으로 둔화되거나 냉소적인 태도를 갖게 만들 수 있다. 이로 인해 상담의 질이 저하되고 내담자에게 충분히 몰입하기 어려워질 수 있으며, 궁극적으로는 무력감과 고립감이 증가해 지지망에서 멀어진 느낌을 경험하게 된다. 심화된 자비감 피로는 상담자가 재충전과 자기돌봄을 하지 못하게 하고, 장기적으로는 소진 위험을 높여 상담자로서의 역량과 심리적 건강에 부정적인 영향을 미칠 수 있다.

3) 대리외상

상담자 대리외상(vicarious trauma)은 상담자가 내담자의 외상 경험을 반복적으로 듣는 과정에서 자신의 세계관과 내적 인지 체계가 변화하는 현상을 말한다. Hernández, Engstrom, 그리고 Gangsei(2010)에 따르면, 대리외상은 내담자의 외상에 장기적으로 노출됨에 따라 상담자의 감정, 인지 구조, 기억, 자존감, 그리고 안전감에 부정적인 영향을 미친다. 이는 내담자의 주관적 경험을 이해하려고 애쓰는 과정에서 상담자가 그들의 고통을 목격하고 공감하면서 발생하기 쉽다. 특히, 전쟁 참전 용사, 난민, 무의미한 폭력 사건으로 가족을 잃은 사람들과 같은 심각한 외상을 경험한 내담자들을 지속적으로 만나는 경우 대리외상의 위험은 더 커진다.

대리외상은 소진과 자비감 피로와 밀접하게 관련되어 있다. 세 가지 모두 상담자가 내담자와의 관계에서 정서적 소모와 고통을 경험한다는 점에서 공통적이다. 그러나 대리외상은 자비감 피로나 소진과 달리 상담자의 세계관이나 내적 신념에 변화를 일으킨다. 소진은 주로 업무 전반의 과중함에서, 자비감 피로는 타인의 고통에 대한 지속적인 공감에서 발생하는 반면, 대리외상은 내담자의 외상에 감정적으로 몰입하면서 생기는 내면의 깊은 변화가 특징이다.

4) 모호한 종결

모호한 종결(ambiguous endings)은 상담자와 내담자 사이의 관계가 예기치 않게, 명확한 종결 없이 종료되는 상황을 의미하며, 이는 상담자의 정서적 건강, 즉 돌봄의 자기(Caring Self)에 큰 영향을 미칠 수 있다. 상담자는 내담자와 공감적 연결을 맺고 그들의 고통을 이해하며 돕는 과정을 통해 돌봄의 순환(Cycle of Caring)을 완성해 나간다. 이상적인 경우에는 상담이 마무리되는 단계에서 작별이 명확히 이루어지면서 상담자는 재충전(re-creation)을 거쳐 다음 내담자를 만날 준비를 하게 된다. 그러나 애매한 종결은 이 순환 과정에서 이별 단계가 이루어지지 않고 흐지부지 끝나기 때문에, 상담자가 마음의 준비를 할 시간조차 없이 관계가 중단된다. 이는 결국 상담자의 돌봄 자기의 생명력을 서서히 소진시키고, 그들의 정서적 건강과 상담 업무의 지속 가능성에도 부정적인 영향을 미칠 수 있다.

예를 들어, 어느 날 갑자기 내담자가 방문을 중단하면 상담자는 "내담자가 상담에서 도움을 받았을까?", "상담이 유익했을까?", "내가 잘못한 것은 없었을까?"와 같은 끝나지 않은 질문들 속에 갇힐 수 있다. 이처럼 미해결의 감정과 불확실성은 상담자의 정서적 에너지를 소모하게 하며, 다음 내담자와의 관계에서 온전한 몰입을 방해한다.

5) 전문적 불확실성

전문적 불확실성(professional uncertainties)은 상담자들이 내담자를 돕는 과정에서 직면하는 여러 형태의 불확실성과 혼란을 의미한다. 상담자들은 내담자의 고유한 삶과 문제를 대할 때마다 다양한 질문에 부딪히게 된다. 무엇을 어떻게 해야 하는지, 어떤 방법이 최선인지에 대한 확신을 갖기 어려운 상황이 자주 발생하며, 이러한 불확실성은 상담자에게 큰 스트레스가 될 수 있다. 상담자는 자신이 불충분하다는 느낌을 받을 수 있고, 내담자를 제대로 돕지 못할 수도 있다는 두려움에 휩싸이게 된다. 이러한 지속적인 불확실성은 상담자의 정서적 에너지를 소모하고 돌봄의 능력을 약화시키는 요인으로 작용한다.

인간의 복잡성도 상담자에게 불확실성을 증가시키며, 돌봄 자기를 손상시키는 주요 요인 중 하나다. 인간은 고정된 형태가 아닌 끊임없이 변화하는 복잡한 존재로, 개별 내담자마다 다른 배경과 이야기를 가지고 있다. 상담자는 내담자가 겪는 고통과 문제의 원인을 파악하고 이를 돕기 위한 방법을 찾기 위해 내담자의 삶을 이해하려 노력하지만, 모든 상황을 정확하게 파악하고 예측하는 것은 불가능하다. 이러한 복잡성에 대해 불확실성을 참을 수 있는 능력은 필수적이지만, 지속적으로 모호한 문제를 해결하려 노력하는 과정에서 상담자는 심리적 에너지를 크게 소진하게 된다.

인간을 이해하는 데 있어 다양한 접근 방식과 지식 체계가 존재해, 상담자는 서로 경쟁하는 이론과 관점 속에서 갈등을 겪게 될 수도 있다. 과학적 연구나 경험적 지혜, 개인적 통찰 등 서로 다른 방식들이 제시하는 해답은 각기 다를 수 있다. 이렇듯 상충하는 지식 체계는 상담자에게 혼란을 주며, 최선의 결정을 내리는 데 있어 불확실성을 더하게 된다. 이러한 불확실성 속에서 상담자는 돌봄 자기의 에너지를 유지하기 어려워지며, 자신이 제시하는 상담이 적절한지에 대해 끊임없는 의문을 가지게 된다. 결국 이는 상담자로서의 자신감과 정서적 안정감을 약화시켜 돌봄 자기를 손상시키게 된다.

끝으로, 상담자는 내담자와의 관계에서 얻는 미시적 정보를 처리하는 데 어려움을 겪는다. 내담자의 말, 정서, 몸짓, 환경적 요인 등 모든 요소가 상담자에게는 중요한 정보로 작용하며, 이러한 방대한 정보를 신속하게 처리하는 것은 쉽지 않다. 이러한 과정에서 상담자는 방향감을 잃을 수 있으며, 돌봄 자기를 다시 재충전하는 데 어려움을 겪게 된다. 이렇듯 전문적 불확실성은 상담자의 정서적 에너지를 점차 소진시키며, 결과적으로 상담자가 내담자에게 충분한 돌봄을 제공하는 데 방해가 된다.

4. 상담자 자기돌봄과 회복탄력성

1) 상담자의 심리적 체력, 회복탄력성

운동선수가 경기에 나가 계속해서 강도 높은 신체적 부담을 견디기 위해 매일 꾸준한 훈련으로 체력을 관리하는 것처럼 상담자는 내담자의 어려움과 고통을 함께하는 과정에서 받게 되는 정서적 · 심리적 부담을 잘 견디고 극복하기 위해 지속적인 자기돌봄으로 내적 체력을 관리해야 한다. 이러한 심리 내적 체력의 지표는 회복탄력성의 개념으로 설명할 수 있다. 회복탄력성(resilience) 이란 삶에서 만나는 역경이나 스트레스, 트라우마와 같은 어려운 상황에서도 빠르게 회복하거나, 그 어려움 속에서도 잘 적응하고 성장할 수 있는 내면의 힘 또는 능력을 의미한다. 회복탄력성이 높은 사람은 힘든 일이 있어도 쉽게 무너지지 않고, 이를 극복할 방법을 찾아내고, 어려움과 역경을 견디면서도 다시 일어날 수 있는 심리적이고 정서적인 자원을 가지고 있다. 상담자에게 회복탄력성이란 상담자가 내담자의 고통과 이야기를 지속적으로 들어야 하는 어려움과 부담 속에서도 지치거나 소진되지 않고, 자신의 심리적 건강을 유지하면서 계속해서 효과적으로 내담자를 돕고, 자신도 성장할 수 있는 능력이라고 하겠다.

2) 자기돌봄을 통한 심리탄력성 높이기

그렇다면 어떻게 상담자의 회복탄력성을 높일 수 있을까? 회복탄력성은 상담자가 평소 자기돌봄(self-care) 활동을 얼마나 꾸준히 하고 있는지에 달려 있다. 회복탄력성이 있는 상담자는 상담 업무에서 발생하는 스트레스와 개인 생활에서 발생하는 스트레스가 있음에도 불구하고, 꾸준한 자기돌봄 활동을 통해 자신을 건강하게 유지한다. 이를 통해 치료적 자아(therapeutic self), 즉 상담자로서의 건강한 마음 상태와 전문가로서의 활력을 지속적으로 유지한다. 결과적으로 건강한 자기 상태에서 내담자를 더욱 효과적으로 돌볼 수 있게 되고, 다시 긍정적 피드백을 얻어 더 건강해지는 돌봄의 선순환을 경험하게 된다.

Skovholt는 상담자의 회복탄력성을 연못의 비유로 표현하는 데, 상담자라는 연못이 마르지 않도록 계속해서 물을 채우듯이 자기 자신에게 자원을 제공하고, 지속적으로 쇄신하는 적극적 활동을 강조한다((Skovholt & Trotter-Mathison, 2016). 자기돌봄 없이 상담을 계속 하는 것은 체력 증진 없이 운동 경기만 계속 나가는 것과 같다고 할 수 있다.

3) 전문가적 영역과 개인적 삶의 영역에서 자기돌봄 실천하기

(1) 전문가적 영역에서 자기돌봄

① **전문가로서의 의미와 동기 유지:** 전문가가 직업을 지속하는 데 가장 중요한 요소는 '의미 있는 일'이다. 그러나 자신의 노력이 효과가 없다고 느끼는 순간 '의미 소진'이

발생할 수 있다. 전문가들은 자신의 내면적 동기를 성찰하는 과정이 필요하며, 단순히 타인을 돕는 것이 아니라 자신의 인정 욕구를 충족하기 위해 이 직업을 선택했을 가능성도 인식해야 한다. 자기 직업에 대한 의미를 지속적으로 탐색하고, 동기 부여를 유지하는 것이 장기적인 전문적 성장의 핵심이다.

② **현실적인 기대와 지속 가능한 목표 설정**: 현실적인 기대를 설정하고 지속 가능한 목표를 유지하는 것도 중요하다. 내담자의 변화는 전문가가 완전히 통제할 수 없지만, 전문적 지식과 치료적 관계의 질은 스스로 개발할 수 있다. 내담자의 삶을 완전히 바꾸려는 비현실적인 목표보다, 작은 변화를 인정하고 성취감을 느끼는 것이 더욱 효과적이다. 또한, 완벽한 성과를 추구하기보다 '충분히 좋은' 전문가가 되는 것이 바람직하다. 지속 가능한 수준에서 최선을 다하는 것이 장기적으로 직업적 만족도를 높이고 소진을 예방하는 데 도움이 된다.

③ **장기적인 성장과 학습 태도**: 전문가는 단기간의 성과에 연연하기보다 장기적인 관점에서 성장해야 한다. 전문가의 역량은 하루아침에 형성되는 것이 아니라 오랜 시간 동안 경험을 축적하며 발전하는 과정이다. 단순히 경험이 많다고 해서 자동으로 전문가가 되는 것은 아니며, 지속적으로 새로운 지식과 기술을 습득하고 학습을 이어가는 태도가 필수적이다. 변화하는 환경 속에서 끊임없이 학습하고, 최신 연구와 실천적 경험을 결합하여 발전하는 자세가 필요하다.

④ **건강한 일 환경 구축**: 건강한 일 환경을 조성하는 것도 자기돌봄의 중요한 요소이다. 지속적인 학습이 장려되는 환경을 구축하고, 동료 및 멘토의 사회적 지원을 적극 활용하며, 유머와 놀이를 통해 정서적 균형을 유지하는 것이 필요하다. 또한, 감정을 억누르기보다는 동료들과 공유하거나 글쓰기를 통해 해소하는 방식이 효과적이다. 마지막으로, 자기 자신을 희생하는 태도에서 벗어나 필요할 때 '아니요'라고 말할 수 있는 경계 설정이 중요하다. 건강한 직업적 삶을 유지하기 위해서는 자기돌봄과 업무 사이의 균형을 맞추는 것이 필수적이다.

(2) 개인적 영역에서 자기돌봄

개인적 자기돌봄은 개인의 삶의 질을 유지하고, 감정적 · 신체적 건강을 증진하는 데 중점을 둔다. 이는 전문가적 역할과 분리하여 자신을 온전히 돌보는 과정이다.

① **정서적 자기돌봄**: 자신의 감정을 이해하고 돌보는 것은 전문가로서의 역량을 유지하는 데 필수적이다. 상담자가 상담을 받는 것은 자기돌봄의 효과적인 방법으로 감정적 균형을 유지하는 데 도움이 된다. 또한, 자기자비를 실천하고, 스스로를 비난하는 태도를 줄이는 것이 중요하다.

② **재정적 자기돌봄**: 돌봄 직종의 전문가들은 상대적으로 낮은 수입으로 인해 스트레스를 경험할 수 있다. 장기적인 재정적 안정을 위해 지출을 조절하고 저축 및 투자 전략을 수립하는 것이 필요하다.

③ **신체적 자기돌봄**: 운동과 건강한 식습관은 신체뿐만 아니라 정신건강에도 큰 영향을 미친다. 규칙적인 운동은 스트레스 해소와 기분 개선에 도움이 되며, 충분한 수면은 신체적 · 정신적 회복을 돕는다.

④ **유머와 놀이의 중요성**: 유머 감각을 유지하고 놀이 활동을 포함하는 것은 심리적 안정과 스트레스 완화에 중요한 요소이다. 전문가로서의 진지한 역할 속에서도 즐거움을 찾고 웃음을 유지하는 것이 중요하다.

⑤ **영적 또는 철학적 자기돌봄**: 삶의 의미를 찾고 내적 평화를 유지하는 것은 장기적인 직업적 지속 가능성을 높이는 데 중요한 요소이다. 이는 종교적 신념을 포함할 수도 있고, 개인적인 명상이나 철학적 성찰을 통해 이루어질 수도 있다.

⑥ **혼자 있는 시간**: 사람들과의 관계 속에서 지친 전문가들은 일정한 시간 동안 혼자 있는 시간을 통해 스스로를 재충전하는 것이 필요하다. 이는 자기성찰과 내면의 평온을 유지하는 데 도움을 줄 수 있다.

한국판 상담자 회복탄력성 척도

참고 자료로 소개하는 한국판 상담자 회복탄력성 척도는 상담자의 회복탄력성을 측정하기 위해 Skovholt(2012)가 개발한 SPPRSI를 한국 상담자들에게 맞게 타당화한 척도이다(장채원, 정인숙, 유성경, 2022). 상담자 회복탄력성 척도는 상담자가 상담 과정에서 경험하는 심리적 부담과 소진을 예방하고, 지속적인 전문적 성장을 가능하게 하는 내적 회복력을 평가하기 위해 사용할 수 있다.

초기 SPPRSI는 전문가적 활력(Professional Vitality), 개인적 활력(Personal Vitality), 전문가적 스트레스(Professional Stress), 개인적 스트레스(Personal Stress)의 4개 요인으로 총 38문항으로 구성되어 있었다. 하지만 한국판(K-SPPRSI)은 타당화 과정에서 '전문가적 활력'(12문항), '지지적 관계'(5문항), '개인적 활력'(7문항)의 3요인, 총 24문항 구조가 더 적합한 것으로 나타났다. 이는 회복탄력성이 단순히 스트레스를 견디는 것이 아니라, 개인적인 내적 자원과 관계적 자원을 바탕으로 상담자가 전문가적 활력을 유지하는 과정임을 보여 준다.

4) 자기돌봄과 타인돌봄 사이의 균형

자기돌봄과 타인돌봄의 균형을 맞추는 것은 상담자에게 있어 중요한 과제이다. 과도한 타인돌봄도 과도한 자기돌봄도 둘 다 문제가 될 수 있다.

(1) 과도한 자기몰두의 문제

일부 상담자는 타인에 대한 관심보다 자기돌봄의 욕구가 강할 수 있으며, 이로 인해 내담자에게 충분한 관심을 제공하지 못할 수 있다. 과도한 자기몰두는 여러 가지 이유로 나타날 수 있다. 소진과 자비감 피로는 상담자들이 내담자와의 관계보다 자기보호에 집중하게 만들며, 이로 인해 내담자에게서 감정적으로 거리를 두게 되고 상담에 덜 몰입하게 된다. 미해결된 상담자 개인의 이슈는 상담자의 전문가적 삶에도 영향을 미치며, 내담자와의 관계에서 자신의 감정이나 경험에 기반한 반응을 보이게 하여 상담의 초점을 흐리게 한다. 경계 설정이 불명확할 경우 상담자는 내담자에게서 감정적 만족을 찾으려 하여 역할 혼란이 발생하고, 치료 과정이 왜곡될 수 있다. 상담자가 내담자의 긍정적인 피드백을 통해 자신의 자존감을 높이려는 욕구가 클 경우에도 진정한 공감보다는 개인적 만족을 추구하게 되어 치료의 깊이가 손상될 수 있다. 마지막으로, 상담자가 자기만족이나 존재감을 찾기 위해 상담자가 된 경우 상담이 상담자의 의미 추구를 위한 공간으로 변질되어 내담자의 필요보다 상담자의 자기중심적 동기가 우선하게 된다. 이러한 모든 요소는 상담의 전반적인 효과를 감소시킬 수 있다.

(2) 과도한 타인돌봄의 문제

상담자는 상담이라는 직업의 특성상 일방적이고 과도한 타인돌봄에 몰두할 가능성이 높다. 많은 상담자들은 타인에게 도움이 되고자 하는 강한 욕구를 가지고 있는데 이것도 과도한 타인돌봄을 부추기는 요인이 된다. 타인돌봄이 상담자 자신의 문제로부터의 회피 수단이 되는 경우도 있으며, 이러한 경향은 '중독적 돌봄'이라도 불린다. 소진, 정서적, 어려움, 손상을 예방하기 위해 자기돌봄은 필수적이며, 이는 상담자의 윤리적 책무에 해당한다. 상담자 자기돌봄은 전문가로서의 정체성을 유지하기 위해 필수적이며 이를 소홀히 할 경우 내담자와의 관계에 영향을 미칠 수 있고, 이는 상담의 낮은 성과로 이어질 수 있음을 유의해야 한다.

참고 자료: 한국판 상담자 회복탄력성 척도

다음 문항을 읽고, 5점 척도(1 = 전혀 그렇지 않다, 5 = 매우 그렇다)를 사용하여 자신의 경험에 일치하는 것에 체크하십시오.

	전문가적 활력					
1	나는 실무자로서 나의 일이 의미 있다고 생각한다.	1	2	3	4	5
2	나는 내담자와 긍정적 애착을 맺을 수 있는 에너지를 가지고 있다.	1	2	3	4	5
3	나는 방향성과 진실성을 갖게 하는 윤리 강령을 가지고 있다.	1	2	3	4	5
4	나는 자기돌봄을 실천하는 것과 유능한 상담자가 되는 것 사이의 상충되는 메시지를 해결하는 방법을 찾기 위해 노력한다.	1	2	3	4	5
5	나는 내담자들과의 작업에서 적절한 경계 설정을 할 수 있다.	1	2	3	4	5
6	나는 내담자와 고통을 함께할 수 있지만, 그의 고통에 압도되지는 않는다.	1	2	3	4	5
7	나는 일에 있어 높은 기준을 가지고 있지만 도달할 수 없는 완벽주의에 빠지지 않는다.	1	2	3	4	5
8	돌봄 직업에서 성공을 판단한다는 것이 종종 혼란스럽지만, 나는 내 직업적 성공을 판단하는 효과적인 방법을 알고 있다.	1	2	3	4	5
9	나는 적어도 한 명 이상의 슈퍼바이저와 긍정적 관계를 맺고 있다.	1	2	3	4	5
10	나는 내 분야에서 새로운 아이디어, 방법, 이론, 기술을 배우는 것에 흥미를 느낀다.	1	2	3	4	5
11	나는 삶에서 주요한 상실에 대해 대처할 수 있다.	1	2	3	4	5
12	나는 성찰적 활동을 위한 시간을 가진다.	1	2	3	4	5
	전문가적 활력 하위 영역 점수(범위: 12~60점): (　　　)					

개인적 활력						
1	나의 삶은 유머와 웃음으로 가득하다.	1	2	3	4	5
2	나는 신체적으로 활동적이며, 운동의 혜택을 누리고 있다.	1	2	3	4	5
3	나의 재정상태는 균형이 잡혀 있다.	1	2	3	4	5
4	나의 삶에는 즐거움이 가득하다.	1	2	3	4	5
5	나는 돌봄 직업이 갖는 모호성에 대처하기 위해 뚜렷한 결과를 즐길 수 있는 구체적인 활동들을 한다(예: 화초 가꾸기, 뜨개질, 요리 등).	1	2	3	4	5
6	나는 건강한 식습관을 갖고 있다.	1	2	3	4	5
7	나는 스트레스에서 벗어나 휴식을 취할 수 있는 다양한 방법들을 알고 있다.	1	2	3	4	5
8	내 분야에서 새로운 생각, 방법, 이론, 기법을 배우는 것이 즐겁다.	1	2	3	4	5
9	직장 내 인간관계에서 갈등 수준이 낮다.	1	2	3	4	5
개인적 활력 하위 영역 점수(범의: 9~45점): ( )						

지지적 관계						
1	나는 친밀한 사람들로부터 사랑받고 있다고 느낀다.	1	2	3	4	5
2	나는 긍정적이고 친밀한 친구 관계를 갖고 있다.	1	2	3	4	5
3	나의 가족 관계는 만족스럽다.	1	2	3	4	5
4	나는 서로 교감하는 하나 이상의 지지적인 공동체를 갖고 있다.	1	2	3	4	5
5	나는 도움이 필요하다고 느낄 때 도움을 받을 수 있다.	1	2	3	4	5
지지적 관계 하위 영역 점수(넘위: 5~25점): ( )						

출처: 장채원, 정인숙, 유성경(2022). 상담자 회복탄력성 척도의 타당화: K-SPPRSI 개발 연구. 한국상담학회지, 23(2), 121-145.

자기점검: 돌봄의 자기(caring self) 손상 영역 체크하기

상담자로서 우리는 내담자를 돌보고, 그들의 이야기를 경청하며 공감하는 역할을 수행한다. 하지만 이 과정에서 상담자인 우리가 돌봄의 도구로서 손상되거나 소진되는 경험을 하기도 한다. 이제 잠시 자신의 경험을 천천히 돌아보며 다음 질문에 답해 본다.

상담자나 돌봄 제공자로서 자신이 손상되었던 경험이 있었는가?
(상담 과정 중 힘들거나 고통스럽게 느꼈던 순간을 구체적으로 떠올려 본다.)

____

____

____

____

____

____

만약 그런 경험이 있었다면, 다음 중 무엇이 가장 큰 영향을 미쳤다고 생각하는가?

아래 항목을 천천히 읽고 당시의 경험과 연결해 본다.

① 소진(Burnout): 지속적인 감정적 요구로 인한 피로, 냉소감, 성취감의 저하

② 자비감 피로(Compassion Fatigue): 내담자의 고통에 깊이 공감하면서 함께 느끼다 생긴 정서적 고갈

③ 대리외상(Vicarious Trauma): 내담자의 외상 관련 이야기가 자신의 세계관이나 내적 신념에 끼친 부정적 영향

④ 모호한 종결(Ambiguous Endings): 상담 관계가 명확한 작별 없이 갑자기 끝나면서 남겨진 미해결된 감정이나 의문

⑤ 전문적 불확실성(Professional Uncertainty): 상담 과정에서 자신의 대응이 적절했는지 확신하기 어려운 불확실함과 복잡성에서 느낀 어려움

앞의 영역 중 당시 자신의 경험을 가장 잘 설명하는 것은 무엇이라고 생각하는가? 그렇게 생각하는 이유는 무엇인가?

실습 1

비구조화 집단상담: 당신의 자기돌봄은 안녕한가요?

상담자로서 경험과 지식이 쌓이고 성장해 가면서 우리는 더 많은 역할을 수행하게 된다. 나에게 어떤 역할이 요구되는지, 역할을 어떻게 수행해야 하는지 잘 알고 있지만 이러한 역할 수행에 집중하다 보면 상담의 도구로서 내 자신이 지치는 경우, 소진되는 경우가 종종 있다. 상담을 하는 것이 더 이상 그다지 즐겁지 않고 진정한 나로 내담자들과 관계 맺기보다는 주어진 역할을 잘 수행하고 있는 자신을 바라보게 된다. 좋은 상담자이기 위해서는 건강한 자기를 잘 지킬 필요가 있다. 내담자에게 좋은 돌봄의 관계를 제공하기 위해서는 상담의 도구로서 자기를 잘 보살펴야 한다. 이 시간에는 상담의 도구로서 나의 자기(self)가 어떠한지 함께 살펴보는 시간을 갖도록 하겠다. 현재 나의 자기돌봄은 안녕한가 스스로에게 물어보자.

자기돌봄에 관한 주제로 비구조화 집단 회기를 실시한다.

촉진적 질문 예시

1. 상담의 도구로서 당신의 self는 현재 얼마나 건강한가? 10점 척도로 표현해 보자(1=매우 건강하지 못함, 10=매우 건강)

2. 당신이 바라는 상태는 어떤 상태인가? 그 상태와 나의 현재 모습은 얼마나 비슷한가? 도구의 상태가 나빠지게 하는 요인은 무엇인가? 좋아지게 하는 요인은 무엇인가?

3. 도구로서 자신의 상태가 좋아지게 하는 혹은 나빠지게 하는 요인은 무엇인가?

4. 도구의 상태가 나빠지고 있음을 알려 주는 지표는 무엇인가?

제2장

집단상담 개념화

학습목표

1. 집단상담 개념화의 정의와 필요성을 설명할 수 있다.
2. 집단상담에서 적용 가능한 주요 개념화 모델을 이해하고 활용할 수 있다.
3. 집단상담 개입의 기초가 되는 세 수준의 정보를 구분하여 해석할 수 있다.
4. 집단에서 발생하는 역동을 이론적 개념을 통해 설명하고 가설을 설정할 수 있다.

들어가며

- 집단상담 장면에서 "지금 이 집단에서 무슨 일이 벌어지고 있는가?"를 어떻게 파악하고 있는가?
- 집단상담 중 혼란스럽거나 이해하기 어려운 상황을 경험한 적이 있는가? 그때 당신은 어떤 기준이나 틀을 사용했는가?
- 개별 집단원과 집단 전체를 동시에 이해한다는 것은 어떤 의미일까?
- 같은 집단 상황을 상담자마다 다르게 해석할 수 있는 이유는 무엇이라고 생각하는가?

1. 집단상담 개념화

개념화 기술은 효과적인 상담을 위해 필수적인 요소이다. 물론 개념화 능력이 좋다고 해서 반드시 좋은 상담 결과를 보장하는 것은 아니다(Bernard, 1997). 그러나 상담사가 내담자의 문제를 이해하지 못한다면, 체계적인 계획을 세우거나 근거 있는 개입을 수행할 수 없다. 전문 상담자와 일반인 조력자의 차이는 조력적 개입이 과학적이고 전문적인 지식을 기반으로 이루어지는지 여부에 있다. 이러한 이유로 개념화 기술은 상담자 발달과 슈퍼퍼비전 문헌에서 핵심 역량 영역 중 하나로 자주 언급된다(Bernard, 1997; Holloway, 1987; Stoltenberg, McNeil, & Delworth, 1998).

집단상담의 복잡성을 고려할 때, 개념화 기술은 집단상담자에게도 필수적이다(Brown, Spenser, & Dlin, 1990). 집단상담자는 개별 집단원뿐만 아니라 집단 내 대인관계 및 집단 전체에서 형성되는 역동을 동시에 이해해야 한다. 집단에서 발생하는 사건의 의미를 이해하지 못할 경우 집단상담자는 혼란감, 무력감을 느낄 수 있으며, 이에 따라 필요한 개입을 하지 못하고 급기야는 파괴적인 집단 역동이 집단을 지배하도록 방치할 위험이 있다(Motherwell & Shay, 2005).

1) 개념화의 정의

심리상담의 많은 개념과 마찬가지로 개념화는 주로 개인상담의 맥락에서 주로 논의되어 왔다. 집단상담 연구자들은 개인상담의 개념을 집단상담에 적용할 때 집단상담만의 독특한 맥락과 과제를 고려해야 한다고 지적한다(Donigian & Hulse-Killacky, 1999). 실제로 집단상담에서 '개념화'라는 용어 자체의 분명하지 않은 문제가 있다. 개인상담에서 통용되는 '사례개념화'는 비교적 일관된 의미를 갖는다. 예를 들어, Eells(2007)는 사례개념화를 "개인의 심리적, 대인관계 및 행동적 문제의 원인, 촉진 요인 및 유지 요인에 대한 가설"이라고 정의한다(p. 4).

개인상담에서 사례개념화는 내담자의 문제, 기능 수준 및 문제에 기여하는 요인들에 대한 추론 과정이며, 여기서 '사례'는 곧 내담자를 의미한다. 그러나 집단상담에서 '사례 개념화'라는 용어를 사용할 경우, '사례'가 무엇을 가리키는지 명확하지 않다. 이론적으로는 사례가 집단을 의미하지만, 집단상담의 궁극적인 목표가 집단원들의 변화, 성장 및 개선이기 때문에 집단 자체를 사례로 삼으면 개념화가 지나치게 협소해질 수 있다.

Sung과 Skovholt(2019)는 개인상담의 사례개념화에 상응하는 개념으로 집단상담 개념화라는 용어를 사용한다. 개념화가 상담자의 상담 과정 및 문제에 대한 인지적 이해의 측면을 강조한다면 사례개념화 혹은 집단상담 개념화는 개념화의 대상, 무엇을 개념화하는가에 초점을 둔다. 집단상담 개념화의 대상은 개별 집단원, 집단 상호작용, 전체로서의 집단으로 나뉘며, 이때 개별 집단원에 대한 사례개념화는 집단상담 개념화의 중요한 구성 요소이다. 또 다른 관점에서 보면 집단상담 개념화는 개인에 대한 사례개념화와 집단에 대한 개념화를 포함한다.

2) 개념화의 특징

개인상담의 사례개념화와 집단상담의 개념화는 개념화의 대상에서는 차이가 있지만, 개념화의 기본적인 특징에서는 공통점이 있다. 따라서 개인상담 문헌에서 논의되는 사례개념화의 특징을 살펴보는 것은 집단상담에서의 개념화를 이해하는 데에도 유용한 통찰을 제공한다.

① **선별된 핵심 정보 활용**: 사례개념화는 이용 가능한 모든 정보를 활용하는 것이 아니라, 중요한 정보를 선별하여 활용한다. 이를 통해 상담사는 무엇이 핵심적인 정보인지 구별할 수 있으며, 보다 효과적인 개입을 수행할 수 있다(Bernard, 1997; Sim et al., 2005). 이를 집단상담에 적용해 본다면, 집단상담자는 집단에 관한 무수한 정보 가운데서도 집단의 효과적 운용, 집단원의 의미 있는 변화라는 목적을 달성하는 데 필요한 핵심 정보를 파악하여 활용할 수 있어야 한다.

② **상담자의 관점**: 사례개념화는 내담자의 관점이 아니라 상담자의 관점에서 이루어진다. 물론 내담자는 자신의 견해를 제공하고 상담사의 관점을 확인하거나 반박하는

과정에서 개념화에 기여할 수 있지만, 사례개념화는 궁극적으로 상담자의 전문적 지식에 기반을 둔다.

③ **검증되어야 할 가설**: 사례개념화는 검증되어야 할 가설이다. 많은 연구자들이 작업 모델, 잠정적 설명, 가설 형성 및 검증이라는 용어를 사용한 것에서 알 수 있듯이 사례개념화는 상담이 진행되는 과정에서 지속적으로 변화 가능하다. 집단상담에서 개념화 역시 집단과정 및 집단원에 대한 현재까지 축적된 지식을 통해 상담자가 갖는 작업가설이라고 할 수 있다.

④ **추론적 설명의 과정**: 사례개념화는 단순한 사실 기록이 아니라, 상담사가 특정한 주제와 패턴을 도출하는 추론적 과정이다. 즉, 사례개념화는 단순한 사례 노트와는 다르며, 단순한 정보의 기술이 아니라 의미를 해석하고 통합하는 과정이다. 사례개념화는 내담자가 언어적·비언어적으로 제시하는 정보를 토대로 내담자의 핵심 문제가 무엇인지를 해석, 추론, 설명하는 것이다. 가령, 내담자가 우울증 증상을 호소하면 상담자는 내담자의 관계 욕구가 미충족된 결과라거나, 부정적응적 인지 도식의 결과라는 것과 같이 우울증 증상이 왜 나타나는지에 대한 원인을 규명한다. 집단상담자 역시 집단 문제에 대한 작업가설을 세울 때 집단에서 발생하는 자료에 기초하여 집단원의 기능, 집단의 기능에 대한 추론과 해석을 하는 과정이라고 할 수 있다. 이러한 추론의 과정은 상담자의 직관에만 의지해서는 안 되고 집단에서 실제로 발생한 정보를 통해 뒷받침되어야 한다.

⑤ **사례별 맞춤형 개념화**: 사례개념화는 특정 사례에 이론적 지식을 적용하는 과정이다. 이론은 개념화 과정에서 중요한 역할을 하지만, 이론 자체가 개념화인 것은 아니다. 즉, 사례개념화는 일반적인 원칙과 개별적인 적용을 동시에 포함하며, 각 내담자가 처한 독특한 상황과 문제를 분석하고 이해하는 과정이다. 심리치료 이론은 심리적 문제의 발생 원인과 변화의 기제를 설명하며 사례개념화와 유사한 점이 있지만, 보다 일반화된 설명을 제공한다. 반면, 사례개념화는 상담자가 특정 내담자의 문제를 구체적으로 분석하고 이해하는 과정에 초점을 둔다. 집단상담 개념화 또한 특정 집단의 특성과 역동을 개별적으로 분석하는 과정이라 할 수 있다. 사례개념화를 돕기 위해 다양한 사례개념화 모델이 개발되었지만, 이는 도구일 뿐 사례개

념화 자체를 의미하지 않는다. Pearson(2006)은 이러한 일반적 이론과 개별적 분석의 차이를 정언명제적 템플릿(nomothetic template)과 개별기술적 이론(idiographic formulation)이라는 용어로 구분하며, 사례개념화의 궁극적인 목표는 정언명제적 템플릿을 활용하여 개별기술적 사례개념화를 구축하는 것이라고 설명한다.

앞의 내용을 종합해 보면 사례개념화는, ① 사례에 대한 구체적인 데이터에 근거하여, ② 이론적 개념을 활용하고, ③ 상담자가 이를 토대로 의미를 추론해가는 과정이자 결과물이라고 할 수 있다. 이론과 추론이 빠진 사례개념화는 단순한 기술적 정보(descriptive data)에 불과하다. 반대로, 구체적인 데이터 없이 이론과 추론만으로 구성된 사례개념화는 특정 사례에 대한 맞춤형 이해와 설명이라는 본래의 목적을 상실하게 된다. 따라서 좋은 사례개념화는 데이터가 적절하게 뒷받침된 이론적 추론이라고 하겠다.

2. Brown 등(1990)의 집단 개념화 모델

개념화의 주요 목적은 명확한 계획된 개입을 개발하는 것으로, 이는 단순한 직관이나 즉흥적 개입이 아니라 명확한 사고와 이론적 개념을 실천적 개입과 통합하는 과정이다. 집단 개입은 기술과 직관이 결합된 형태로 이루어지며, 개념화는 이를 보다 체계적이고 효과적으로 수행할 수 있도록 돕는다. 특히, 개념적 틀의 활용은 집단 개입의 인지적 측면에서 중요한 요소로 작용하며, 집단 리더가 단순히 감정과 직관에 의존하지 않고 체계적인 개입을 계획할 수 있도록 한다. 다음은 집단상담에서 개념화를 돕는 인지적 틀로서 개념화 모델을 소개한다.

Brown 등(1990)은 집단상담 개념화 과정 관리에 대한 보다 정확한 지침을 찾고 있던 학생들을 위해 교육 도구로 집단상담 개념화 모델을 개발했다(Brown, Spenser, & Dlin, 1990). Brown의 집단상담 개념화 양식은 지각, 감정, 인지, 확인, 개입, 평가의 여섯 가지 요소를 포함한다.

① **지각**(Perception): 지각 요소는 집단상담의 기능을 평가하는 데 있어서 필수적이라고 여겨지는 데이터를 수집하는 것이다. 가령, 집단 전체(group-as-a-whole)의 맥락에서 의사소통 패턴을 위해 누가 누구에게 어떤 상황에서 말을 하는지 등을 분석한다. 집단상담자는 개별 집단원, 집단 수준에서 발생하는 명시적 · 비명시적인 내용을 관찰한다.

② **정서**(Affect): 집단상담자는 집단의 정서적 분위기와 역동을 체험적으로 알아차리고 이를 개념화에 활용할 수 있어야 한다. 자신을 집단의 온도계로 활용하여 집단 내에서 발생하는 감정과 상호작용을 감지하고 적절히 반응할 수 있어야 한다. 상담자는 내담자나 집단 전체에 대해 특정한 감정과 환상을 가질 수 있으며, 이는 집단원의 행동과 역동에 영향을 미칠 수 있다. 따라서 집단상담자는 자신의 감정을 살펴보면서 집단의 기능과 발전을 방해할 수 있는 감정적 요소나 저항, 역전이를 인식할 필요가 있다.

③ **인지**(Cognition): 인지는 집단 내에서 발생하는 다양한 현상을 해석하고 효과적인 개입을 결정하는 것으로 개념화 과정의 핵심에 해당된다. 집단상담자는 집단이 목표를 달성하도록 돕기 위해 가설을 세우고, 이를 바탕으로 개입 전략을 수립해야 한다. 상담자는 집단 내 의사소통 패턴, 역할, 주제 등을 분석하고, 자신이 지각한 정보와 감정을 이론적 지식과 통합하는 과정이 필요하다. 이 과정에서 집단 기능 모델, 권위, 권력, 리더십, 집단규범과 경계, 발달 단계 등의 개념을 적용하며, 치료적 요인을 집단 내 상호작용을 촉진할 수 있다. 또한, 상담자는 집단의 목적과 과업을 명확히 이해하고, 집단이 목표를 향해 나아가고 있는지, 그리고 어떠한 장애물이 존재하는지를 지속적으로 평가해야 한다. 특히, 이 과정에서 집단 내 무의식적 기제와 개인 및 집단 수준의 저항을 분석하고, 집단의 역동이 어떻게 전개되고 있는지를 파악해야 한다.

④ **검증**(Validation): 집단상담자는 초기 가설을 설정한 후, 이를 실제 집단 내 역동과 비교하여 검증하는 과정을 거쳐야 한다. 단순한 추측이 아니라, 집단 내에서 관찰된 객관적인 증거를 바탕으로 가설의 타당성을 평가해야 한다. 이를 위해, 상담자는 다음과 같은 핵심 질문을 고려할 수 있다. 첫째, 집단 내에서 어떤 증거가 내 개념

화를 뒷받침하는가? 즉, 상담자가 세운 가설이 실제 집단 내에서 나타나는 현상과 일치하는지를 확인해야 한다. 둘째, 집단의 반응이나 새로운 정보에 따라 개념화를 조정해야 하는가? 즉, 상담자는 집단이 변화하는 과정에서 기존의 가설이 여전히 유효한지 지속적으로 점검하고 필요하면 수정해야 한다. 가설 검증 과정에서 집단 상담자의 유연한 태도가 필수적이다. 새로운 정보가 발견되면 초기 가설을 고집하기보다는, 집단의 흐름과 변화에 맞춰 개념화를 수정하고 발전시켜 나가는 과정이 필요하다. 상담자는 개념화가 정적인 것이 아니라, 지속적으로 조정될 수 있는 역동적인 과정임을 인식해야 한다.

⑤ **개입**(Intervention): 개입 과정은 상담자가 설정한 개념화를 실제 상담 과정에서 적용하여 검증하는 단계이다. 즉, 상담자는 자신이 세운 가설을 바탕으로 적절한 개입을 수행하고, 그 결과를 통해 가설이 유효한지 확인하거나 필요하면 수정할 수 있다. 개입이 효과적이려면, 상담자는 "내 개입이 간결하고, 명확하며, 핵심적인가?"라는 질문을 스스로에게 던지며 개입의 질을 점검해야 한다. 또한, 단순한 개입이 아니라 집단의 목적과 과업에 부합하는 개입 모델을 선택하여 적용하는 것이 중요하다. 이를 통해 상담자는 개입이 집단에 미치는 영향을 분석하고, 보다 정교한 개념화를 발전시킬 수 있다.

⑥ **평가**(Evaluation): 평가는 개입의 효과성을 분석하고 향후 개입 방향을 조정하는 과정이다. 상담자는 "내 개입이 집단이 목표를 달성하는 데 실제로 도움이 되었는가?"라는 핵심 질문을 고려해야 한다. 또한, 집단이 개입을 어떻게 수용하고 반응했는지를 분석하여 개입의 적절성을 평가한다. 만약 집단이 개입을 거부하거나 기대한 반응이 나타나지 않았다면, 개입의 시기가 부적절했거나 개입 방향이 잘못되었을 가능성을 검토해야 한다. 이를 통해 상담자는 자신의 개입을 조정하고, 보다 효과적인 개입 전략을 개발할 수 있다.

집단상담 회기 기록지 예시

<table>
<tr><th colspan="2">집단상담 회기 기록지</th></tr>
<tr><td>집단명: 청소년 자존감 향상 집단</td><td>집단 회기: 3회기</td></tr>
<tr><td>집단상담자: 김상담</td><td>날짜: 2025년 ○월 ○○일</td></tr>
<tr><th colspan="2">참가 집단원</th></tr>
<tr><td colspan="2">소나기, 모래시계, 결, 담연, 은하수, 숲, 물고기</td></tr>
<tr><th colspan="2">집단상담 주제/내용</th></tr>
<tr><td colspan="2">‘자신의 강점 찾기’ 활동 진행. 집단원들은 자신의 강점을 3가지 이상 적고, 다른 집단원들이 추가 의견을 주는 방식으로 진행.</td></tr>
<tr><th colspan="2">집단상담 과정 정보</th></tr>
<tr><td colspan="2">초반에는 다소 조용하고 수동적인 분위기가 형성되었으나, 피드백을 주고받는 과정에서 점차 활발해짐. 소나기는 본인의 강점을 이야기할 때 감정적으로 흔들리는 모습을 보였고, 이후 다른 집단원들이 지지적인 반응을 보이며 격려하는 분위기가 형성됨. 담연은 자기 강점을 표현하는 데 어려움을 보이며 “잘하는 것이 없다”는 말 반복</td></tr>
<tr><th colspan="2">역할</th></tr>
<tr><td colspan="2">모래시계: 리더 역할
결, 은하수, 숲: 촉진자 역할
소나기: 감정 표현자 역할
담연: 소극적 참여</td></tr>
<tr><th colspan="2">개별 집단원 이슈/문제</th></tr>
<tr><td colspan="2">소나기: 낮은 자존감이 어린 시절부터 지속된 부정적 피드백 경험과 관련이 있을 가능성이 있음.
모래시계: 비교적 높은 자존감을 지니며, 집단 내에서 자연스럽게 지지적인 리더 역할을 수행하는 것으로 보임.
일부 집단원: 강점을 찾기보다 단점을 먼저 떠올리는 경향이 있으며, 이는 자기 개념 형성과 연관될 가능성이 있음.</td></tr>
<tr><th colspan="2">개념화</th></tr>
<tr><td colspan="2">자존감 향상을 위해서는 단순한 칭찬보다는 구체적이고 근거 있는 긍정적 피드백이 필요함. 피드백을 주고받는 과정에서 자기인식이 증진될 수 있음.
담연은 자기비하적 사고 패턴이 강하여 개별적인 개입이 필요할 가능성이 있음. 향후 회기에서는 자기 비하적 사고를 수정하는 개입을 추가하는 것이 효과적일 것으로 보임.</td></tr>
</table>

집단상담 개념화 모델

지각	**무엇을 보았는가?** 비언어적 행동(자리 배치, 결석 또는 지각한 집단원) 무엇을 들었는가? 언어적 행동, 관찰, 또는 전체로서 집단 현상 파악 • 의사소통 패턴 • 역할 • 내용 • 주제 • 무의식적 기제 • 집단 작업에 접근 또는 회피
감정	**무엇을 느끼는가?** 정서에 초점 두기, 공감, 집단 내 정서적 분위기, 집단상담자에게 미치는 영향
인지	**이 모든 것들이 무엇을 의미하는가?** 가설 생성, 지각, 정서, 경험을 이론적 지식의 맥락 안에서 통합하기 • 무엇이 집단의 주요 과업과 목표를 촉진 또는 방해하는가? • 집단 전체의 저항을 포함해서 무의식적 기제가 어떻게 표현되는가? • 왜 어떤 집단원은 특정 역할을 하고 있는가? 이들이 집단을 위해 하고 있는 역할은 무엇인가? 전체로서의 집단에 그러한 역할은 어떤 기능을 하는가?
확인	**나의 가설이 정확한가?** 가설을 지지해 주는 집단 내 증거. 가설을 수정할 필요가 있는가?
개입	**나의 개입은 가설과 관련이 있는가?**
평가	**나의 개입은 효과적인가?** 개입은 집단의 목표 및 목적과 관련이 있는가? 개입은 집단에 의해 수용되는가?

출처: Brown, R. A., Spenser, A., & Dlin, R. (1990). Formulation in groups, or understanding what is going on. *Group, 14*(2), 69-79.

3. Sung(2013)의 집단상담 개념화 연구

Sung(2013)은 13인의 미국 집단상담 대가들을 대상으로 이들이 어떻게 집단상담을 개념화하는지, 이들의 집단상담 개념화는 어떤 특성을 갖는지, 집단을 개념화하기 위해 어떤 요소들이 포함되는지를 정리하였다. 다음에서는 Sung(2013)의 연구 결과를 중심으로 집단상담 개념화의 과정 및 내용을 살펴보겠다.

1) 집단상담 개념화 과정

(1) 개념화의 초점: 이 집단의 문제는 무엇인가

Sung은 개인상담에서 사례개념화가 '내담자 및 내담자의 문제'를 분석하는 것에 초점을 둔다면, 집단상담에서는 이 집단의 문제가 무엇인가, 좀 더 구체적으로는 현재 이 집단에서 작업의 초점이 되어야 할 문제가 무엇인가를 중심으로 개념화를 한다고 설명한다. 이러한 문제에 대한 정의는 두 가지 측면에서 접근할 수 있다. 하나는 현재 나타나는 현상 자체에 대한 정의이고, 다른 하나는 이 문제가 왜 발생하고 유지되는지를 설명하는 기능적 · 인과적 관점이다. 문제에 대한 정의는 문제가 무엇인가(what is the problem?)를 답하는 것으로 예를 들어, 집단원들이 자기 개방을 잘하지 않거나, 집단원 간 상호작용이 활발하지 않은 것이 관찰되는 문제라면, 이것은 문제 자체의 정의에 해당한다. 기능적 · 인과적 설명은 왜 이러한 문제가 발생하는가(Why is it happening?)에 대한 설명의 예시로는 '집단 내 신뢰감이 충분히 형성되지 않았기 때문'일 수도 있고, '과거 세션에서 있었던 부정적 반응으로 인해 자기 표현에 대한 두려움이 생겼기 때문'이다와 같은 설명을 들 수 있다.

(2) 집단상담 개념화에서 문제를 정의하는 과정

① 신호 포착과 정보 수집

집단상담자는 먼저 집단 안에 문제가 있다는 신호를 감지한다. 전반적인 분위기가 무겁거나, 대화가 끊기는 느낌이 들거나, 특정 집단원의 행동이 눈에 띄게 달라지는 순간이 그 신호가 된다. 회기가 진행되면서 집단원들의 발언이 줄어들고 시선을 피하거나, 두 집단원이 반복해서 충돌하거나, 모두가 특정 인물의 발언에 긴장하는 장면이 관찰될 수 있다. 이때 집단상담자는 집단원들의 행동과 감정 반응, 상호작용의 흐름, 표정 · 자세 · 시선과 같은 비언어적 분위기를 차분히 살펴 무엇이 유의한 정보인지를 파악한다. 이렇게 모은 관찰 정보는 이후의 해석과 개입의 방향에 대한 기초 자료가 된다.

② 작업 문제 진술 수립

자료가 모이면 집단상담자는 현재 회기에서 다룰 핵심 문제를 한두 문장으로 분명히 정리한다. 이는 단순히 현상에 대한 기술이 아니라, 관찰된 자료를 상담이론과 지식에 비추어 해석하고 설명하는 작업이다. 예를 들어, 집단원들이 감정을 돌려 말하고 주제를 자주 우회한다면 “이 집단은 정서 표현을 회피하고 있다”라는 가설을, 집단원 간 갈등이 반복된다면 단순한 의견 차이가 아니라 “누가 주도권을 갖고 이끌 것인가”의 이슈가 있다고 문제를 규정할 수 있다. 적절한 시점에 집단 앞에서 이 문제를 조심스럽게 명명하는 것만으로도 개입이 될 수 있으므로, 무엇을 어떻게 말할지와 어느 회기에서 말할지를 신중히 결정한다.

③ 왜 그런가를 간단히 가설 세우기

작업의 초점이 되는 문제가 규정되면, 왜 이런 현상이 생기고 유지되는지에 대한 가설을 만든다. 가설은 개인, 상호작용, 집단 수준에서 생각해 볼 수 있다. 예컨대, “어려운 대화를 회피한다”는 현상에는 일부 집단원의 친밀감에 대한 두려움(개인), 특정 집단원의 적대적 반응에 대한 예기 불안(상호작용), 집단 전반의 심리적 안전 부족(집단)이 함께 얽혀 있을 수 있다. 이때 가설은 이론 용어를 늘어놓기보다 “신뢰 형성 활동을 늘리면 자발적 자기개방이 늘어난다", "피드백 규약을 합의하면 특정 인물의 발언에 대한 긴장이 줄어든다"처럼 관찰로 확인 가능한 예측을 포함하면 좋다. 이렇게 세운 가설은 곧바로 개입 방향으로 이어지고, 회기 중에 작은 실험을 해 보며(예: 발화 균형 맞추기, 감정 명명 라운드) 변화가 나타나는지 점검한다. 점검 결과는 다시 자료로 돌아와 문제 진술과 가설, 개입을 필요한 만큼 간단히 수정한다.

(3) 개념화 과정에서의 추론의 중요성

집단상담자의 추론 능력은 전 과정에 걸쳐 핵심적 기능을 한다. 개념화는 관찰된 데이터를 선별하고, 그 의미를 문제로 분명히 규정하며, 발생과 유지의 요인을 가설화하는 일련의 절차를 임상적 직관과 이론적 추론으로 통합하는 과정이다. 유의미한 단서를 가려내는 판단, 관찰을 바탕으로 한 문제의 명료화, 그리고 그 문제의 원인과 기능을 설명하는 인과적 추론이 긴밀히 맞물릴 때, 집단상담자는 현상을 실천 가능한 개입으로 전환하는 견고한 임상적 토대를 마련할 수 있다.

2) 집단 개념화의 내용/구성 요소

연구 결과, 이론적 배경과 상관없이 집단상담 대가들은 집단상담을 개념화할 때 집단의 기능과 개별 집단원의 기능에 모두 초점을 맞추고 있는 것으로 나타났다. 이는 사례개념화에서 '사례'란 단지 개인만이 아니라 집단 전체와 개별 집단원 모두를 포함한다는 것을 시사한다.

한 참여자는 집단상담이 집단원들의 변화를 촉진하는 치료적 매개체이므로, 집단의 기능 장애는 근본적인 문제라고 설명했다. 그녀는 집단을 가족에 비유하며, 기능하지 못하는 가족은 자녀를 제대로 양육할 수 없다고 말했다. 또 다른 참여자는 집단상담자가 맺는 계약은 항상 내담자와의 계약이며, 집단은 개인이 변화를 일으킬 수 있도록 돕는 맥락으로 활용된다고 설명했다. 이러한 집단 기능과 개인 기능에 대한 통합적 시각은 숙련된 상담자들의 인지적 특성을 반영하는 것으로, 이는 Rønnestad와 Skovholt(2013)의 전문성 연구에서도 언급된다. 경험이 쌓일수록 집단상담자들은 집단과 집단원을 보다 포괄적이고 통합적인 방식으로 바라보게 된다.

(1) 집단의 기능(group functioning)에 대한 개념화

집단 기능 개념화는 총 7개의 범주를 포함한다. 이 영역은 집단 안에서 어떤 문제가 발생하고 있는지를 파악하고, 그 원인이 무엇인지 설명하는 데 중점을 둔다. 즉, "이 집단에서 무슨 일이 벌어지고 있는가?", "왜 그런 일이 일어나는가?"라는 질문에 답하려는 것이다. 집단 기능(Group Functioning)과 관련해 도출된 범주는, ① 집단의 공동 행동 식과 해석, ② 대인 상호작용의 식별과 해석, ③ 집단의 분위기/ 정서, ④ 보편적문제/주제, ⑤ 집단 집단원의 역할, ⑥ 치료적 조건으로서의 집단 변수, ⑦ 집단의 배경 정보로 총 7개이다. 이 가운데 처음 세 요인(집단의 공동 행동, 대인 상호작용, 집단의 분위기/정서), 보편적 문제/주제는 문제가 무엇인가를 개념화하는 것과 관련이 있고, 나머지 세 요인은 문제가 왜 발생하는지, 문제의 원인과 기능에 대한 설명과 관련된다. 각각의 요인들을 자세히 살펴보자.

① 집단의 공동 행동(Collective Behavior) 식별과 해석

본 범주는 집단 전체가 공통적으로 보이는 문제행동(예: 침묵, 회피 등)을 지칭한다. 특정한 부적응적 행동이 집단 전체에 공통적으로 나타날 경우, 이는 집단기능에 문제가 있음을 나타내는 신호라고 볼 수 있다. 집단 전체가 부적응적 행동을 보일 때 이를 조절하거나 변화시킬 수 있는 사람은 집단상담자뿐이다. 상담자가 개입하지 않으면 집단은 치료적 기능을 잃고, 집단원들도 목표를 달성할 수 없다. 본 범주는 문제행동을 식별하는 과정, 식별된 행동의 의미 해석이라는 두 단계의 인지적 과정을 포함한다. 전원이 침묵하거나, 의미 없는 긍정적 말만 반복하는 경우, "무슨 말을 해야 할지 모르겠다", "왜 여기 있는지 모르겠다"는 식의 분위기가 있을 경우 이러한 집단의 공동 행동을 집단상담자가 알아차리는 것이 필요하다. 그리고 이러한 집단행동이 집단 상담의 맥락에 따라 '회피', '저항', "주의 돌리기'와 같은 의미로 해석하게 된다. 가령, 한 집단원이 다른 집단원에게 공격적인 발언을 한 이후 그에 대한 특별한 언급 없이 모두가 다른 주제로 넘어가는 행동을 집단상담자는 주의 깊게 알아차리고 이에 대해 불안을 회피하고자 하는 집단의 저항일 수 있다고 개념화한다.

② 대인 상호작용(Interpersonal Interaction)의 식별과 해석

이 범주는 집단원 각자의 서로 다른 대인관계 스타일, 개별성, 고유한 너적 속성이 만들어 내는 대인 상호작용에 초점을 둔다. 집단원들이 다른 사람의 감정 표현이나 행동에 어떻게 반응하는지, 누가 누구에게 연결되어 있는지, 그리고 서로 다른 성향을 지닌 집단원들이 어떤 방식으로 상호작용하는지를 포함하는 것으로, 대인 상호작용은 집단의 역동을 파악하고 문제를 진단하는 핵심 자료에 해당한다. 예를 들어, 과거에 학대당한 사람과 학대한 경험이 있는 사람이 한 집단 안에 있을 때 두 사람 사이에 긴장된 상호작용이 나타날 수 있다. 또한, 특정 구성원이 감정이 고조될 때 같은 이야기를 반복하거나, 한 구성원이 발언할 때 다른 구성원이 눈을 돌리고 팔짱을 끼는 비언어적 저항 행동을 보이는 경우도 있다. 어떤 집단원은 누군가의 눈물을 보고 곧장 위로의 말을 건네지만, 또 다른 집단원은 불편함을 느껴 자리를 피하거나 주제를 바꾸려고 할 수도 있다. 이 외에도, 집단 내에서 한 사람이 유머를 던질 때 모두가 웃는 것이 아니라 일부는 웃고 일부는 표정을 굳히는 반응 차이 역시 중요한 상호작용의 예시이다. 이러한 상호작용은 구성원 간의 친밀감, 갈등, 연대감, 불안, 권력관계 등을 드러내며, 집단상담자가 개입 방향을 설정하는 데 중요한 단서를 제공한다.

③ 집단의 분위기/정서(Mood/Climate)

이 범주는 집단원 각자의 서로 다른 대인관계 스타일, 개별성, 고유한 내적 속성이 만들어내는 대인 상호작용에 초점을 둔다. 집단원들이 다른 사람의 감정 표현이나 행동에 어떻게 반응하는지, 누가 누구에게 연결되어 있는지, 그리고 서로 다른 성향을 지닌 집단원들이 어떤 방식으로 상호작용하는지를 포함하는 것으로, 대인 상호작용은 집단의 역동을 파악하고 문제를 진단하는 핵심 자료에 해당한다. 예를 들어, 과거에 학대당한 사람과 학대한 경험이 있는 사람이 한 집단 안에 있을 때 두 사람 사이에 긴장된 상호작용이 나타날 수 있다. 또한, 특정 구성원이 감정이 고조될 때 같은 이야기를 반복하거나, 한 구성원이 발언할 때 다른 구성원이 눈을 돌리고 팔짱을 끼는 비언어적 저항 행동을 보이는 경우도 있다. 어떤 집단원은 누군가의 눈물을 보고 곧장 위로의 말을 건네지만, 또 다른 집단원은 불편함을 느껴 자리를 피하거나 주제를 바꾸려고 할 수도 있다. 이 외에도, 집단 내에서 한 사람이 유머를 던질 때 모두가 웃는 것이 아니라 일부는 웃고 일부는 표정을 굳히는 반응 차이 역시 중요한 상호작용의 예시이다. 이러한 상호작용은 구성원 간의 친밀감, 갈등, 연대감, 불안, 권력관계 등을 드러내며, 집단상담자가 개입 방향을 설정하는 데 중요한 단서를 제공한다.

④ 보편적 문제/주제(Universal Issues/Themes)

보편적 문제와 주제는 집단에서 다수의 구성원들이 공통적으로 경험하거나 이야기하는 개인 이슈(common topical themes)와, 집단 상호작용 과정에서 자연스럽게 형성되는 집단적 보편 주제(group-based universal themes)를 모두 포함한다. 공유된 개인 이슈는 한 구성원의 발화에서 시작되어 다른 구성원들도 유사한 경험과 감정을 꺼내어 집단이 특정 주제를 중심으로 움직이게 되는 경우이다. 예를 들어, 한 구성원이 가족과의 단절로 인한 외로움을 이야기했을 때, 다른 구성원들도 부모와의 갈등이나 인정받지 못한 경험을 공유하며 '가족관계'라는 공통된 주제가 형성된다. 반면, 집단적 보편 주제는 집단의 구조와 발달 단계에서 자연스럽게 나타나는 주제로, 집단 전체가 특정 정서를 공유하거나 특정 역동을 경험하는 것이다. 예를 들어, 집단 초기에 나타나는 친밀감에 대한 두려움, 또는 종결을 앞둔 시점에서 집단 전체가 말수가 줄고 위축되는 현상 등이 있다. 이러한 보편적 문제와 주제는 집단원 간의 연결감을 강화하고, 상담자가 치료적 개입의 초점을 설정하는 중요한 단서가 된다.

⑤ 집단원의 역할(Members' Role)

본 범주는 개별 구성원이 집단에서 수행하는 역할을 지칭한다. 집단 구성원의 역할은 개인이 집단 내에서 수행하는 기능과 위치를 의미하는 것으로, 이는 집단의 역동과 과정에 중요한 영향을 미친다. 각 구성원은 자신의 성격 특성, 발달사, 방어기제, 현재의 대인관계 패턴을 바탕으로 집단 내에서 독특한 역할을 형성한다. 예를 들어, 한 구성원이 반복적으로 주제를 전환하거나 다른 구성원의 말을 끊을 경우, 이는 자신의 불안을 피하려는 방어일 수도 있고, 집단의 심층 탐색을 방해하는 역할을 하여 집단 진행에 저해 요인이 될 수 있다. 반면, 집단의 긴장된 순간에 적절한 질문을 던지거나 솔직한 감정을 표현함으로써 탐색을 촉진하는 구성원은 촉진자의 역할을 수행한다고 볼 수 있다. 또한, '형'과 같은 성숙하고 보호적인 역할을 하는 구성원은 다른 구성원들에게 심리적 안전감을 제공하며, 일부는 이를 모델링하여 '동생'처럼 따르는 관계를 형성하기도 한다. 또 다른 예로, 집단에서 거의 말하지 않는 조용한 구성원은 표면적으로는 수동적이나, 실제로는 집단 전체의 긴장과 억제된 감정을 드러내는 매개체(mediator) 역할을 할 수 있다. 이처럼 구성원 역할의 분석은 집단 역동을 이해하고, 집단 내 상호작용 패턴을 변화시키기 위한 개입 방향을 설정하는 데 핵심적인 자료가 된다.

⑥ 치료적 조건으로서의 집단 변수(Therapeutic Variables of the Group)

집단이 치료적 장으로 작동하기 위해서는 여러 필수적 집단 변수가 적절히 조성되어야 한다. 이러한 변수에는 응집력, 심리적 안전감, 규범, 경계, 개방성, 그리고 적절한 불안 수준 등이 포함된다. 응집력은 구성원들이 집단에 소속감을 느끼고 서로 신뢰하며 정서적 지지를 경험하는 정도로, 치료적 변화를 위한 핵심 요소이다. 안전감은 구성원이 부끄러움, 두려움, 수치심, 실패감 등 내적 경험을 자유롭게 표현할 수 있는 기반을 제공한다. 규범과 경계는 집단 내 상호작용의 허용 범위와 한계를 설정하여 예측 가능성을 높이고 불안을 완화시킨다. 예를 들어, 비밀보장 규범은 자기노출을 촉진하고, 시간과 참여 규범은 책임감을 강화한다. 개방성은 구성원들이 서로의 경험을 진정성 있게 듣고 반응할 수 있는 분위기를 형성하며, 이는 자기개방과 직면을 가능하게 한다. 또한, 불안 수준은 치료적 긴장감을 유지하는 데 중요한 역할을 하며, 불안이 너무 낮으면 집단이 정체되고, 너무 높으면 회피와 후퇴가 발생할 수 있다. 예를 들어, 안전한 분위기 속에서만 구성원들은 부끄러움이나 두려움을 표현할 수 있고, 개방적인 규범이 형성될 때 자발적인 자기개방이 촉진된다. 이러한 변수들은 특히 집단 초기 단계에서 상담자가 의도적이고 적극적으로 조성해야 하며, 이러한 조건이 부족하면 집단 내 정서적 표현과 상호작용이 제한되어 치료적 효과를 얻기 어렵다.

⑦ 집단의 배경 정보(Background Information of the Group)

본 범주는 집단의 유형과 집단원들의 특성에 관한 정보에 해당한다. 집단이 주제 중심인지, 치료 중심인지에 따라 집단상담의 접근이 달라지기도 하고, 집단원들의 정치적 신념이나 사회문화적 배경도 집단 분위기에 영향을 줄 수 있다. 따라서 이러한 집단의 유형에 대한 정보, 집단원들의 특성에 관한 정보는 집단의 기능을 개념화하는 데 중요하게 고려해야 할 정보이다.

예를 들어, 스트레스 관리나 의사소통 기술 훈련을 목적으로 하는 교육 · 훈련 집단은 비교적 구조화된 활동과 정보 제공을 중심으로 진행되는 반면, 치료 중심 집단은 구성원의 정서적 경험과 대인관계 패턴을 탐색하고 변화시키는 데 초점을 둔다. 또한, 구성원의 연령, 성별, 사회문화적 배경, 종교, 정치적 신념, 가치관, 발달 단계 등도 집단의 분위기와 상호작용 패턴에 큰 영향을 미친다. 예를 들어, 우울증 환자만 모인 집단에서는 부정적 정서와 무력감이 상호 강화되어 우울감이 더 심화될 수 있으며, 다양한 정치적 · 사회적 이념을 가진 구성원들이 모인 집단에서는 의견 충돌과 긴장이 잦아질 수 있다.

(2) 집단원의 기능에 대한 개념화

개별 집단원의 기능 개념화는 총 5개의 범주를 포함한다. 이 영역은 집단상담 과정에서 개별 집단원을 어떻게 이해하고 해석할 것인지에 초점을 둔다. 즉, 집단이라는 맥락 안에서 각 집단원이 어떤 사람인지, 어떤 방식으로 작용하는지를 파악하려는 것이다. 전문가 집단상담자들은 집단의 기능뿐만 아니라, 개별 집단원의 기능에도 주목하여 집단을 개념화한다.

개별 기능(Individual Functioning)과 관련해 도출된 범주는 다음과 같다. ① 집단원의 배경 정보, ② 집단 내 집단원의 행동 패턴, ③ 집단원에 대한 다른 집단원들의 반응, ④ 집단원의 심리 경험, ⑤ 이론적 틀을 활용한 핵심 문제 개념화이다.

① 집단원의 배경 정보(Background Information)

집단원의 배경 정보는 상담자가 집단 내에서 관찰되는 구성원의 행동을 이해하고 개입 방향을 설정하는 데 필수적인 기초 자료이다. 이러한 정보에는 개인의 가족사, 진단,

발달 이력, 생애사, 트라우마 경험, 자살 시도 경험, 의학적 상태, 현재의 생활 환경 등이 포함된다. 일반적으로 이러한 정보는 집단 시작 전에 개인 면접, 사전 심리검사, 의뢰 기록 검토 등을 통해 수집되며, 상담자는 이를 바탕으로 각 구성원의 강점과 취약점, 위험 요인을 사전에 파악할 수 있다. 예를 들어, 한 구성원이 어린 시절 반복적인 학대를 받았고 현재도 타인과의 신뢰 관계 형성에 어려움을 보인다면, 집단 내에서 친밀한 상호작용을 회피하거나 방어적으로 반응하는 행동을 보다 정확히 해석할 수 있다. 또 다른 예로, 최근 자살 시도가 있었던 구성원이 분리 상황에서 극심한 불안을 보인다면, 집단의 종결 과정이나 휴회 상황에서 그 불안을 완화하기 위한 사전 개입이 필요하다는 것을 상담자가 인식할 수 있다. 이러한 배경 정보는 상담자가 집단 내 행동을 단순히 표면적으로 해석하는 것을 넘어, 각 구성원의 생애 맥락과 내적 경험을 이해하여 보다 민감하고 효과적인 개입을 계획하도록 돕는다. 특히, 자살위험, 자해 이력, 심각한 트라우마 경험 등은 집단 진행 전 반드시 평가되고 관리계획이 수립되어야 할 중요한 요소이다.

② 집단 내 집단원의 행동 패턴(In-Group Behavioral Patterns)

집단 내에서 구성원이 반복적으로 보이는 언어적 · 비언어적 행동 패턴은 개인의 내면 갈등, 대인관계 문제, 방어기제를 반영한다. 이러한 행동에는 말투, 발화 내용, 참여 방식, 회피, 침묵, 감정 표현, 좌석 배치 선택, 시선 처리, 표정, 몸짓 등이 포함된다. 예를 들어, 어떤 구성원이 매번 자신의 이야기를 할 차례가 되면 주제를 바꾸거나 침묵하는 경우, 이는 자기개방에 대한 두려움과 불안을 드러내는 것으로 해석될 수 있다. 또 다른 구성원이 집단에서 과도한 유머를 사용하거나 지각을 반복한다면, 이는 긴장과 불안을 회피하기 위한 방어적 행동일 가능성이 있다. 이러한 패턴은 외형상 문제가 없어 보이더라도, 집단 내 상호작용에서 반복적으로 나타난다면 중요한 '비문제(non-problem)'로 간주되며, 개입의 초점이 될 수 있다. 예를 들어, 늘 경청만 하고 자신의 감정을 전혀 표현하지 않는 구성원은 표면적으로는 문제를 일으키지 않지만, 내면의 두려움, 평가 불안, 거절 공포가 작동하고 있을 수 있다. 상담자는 이러한 반복적 행동 패턴을 민감하게 관찰하고, 개인의 내적 경험과 연계하여 해석함으로써 집단 내에서의 치료적 변화를 촉진할 수 있다.

③ 다른 집단원의 반응(Reactions from Others)

집단에서 특정 집단원에게 다른 집단원들이 보이는 반응은 그 집단원의 대인관계 양상과 집단 내에서의 위치를 이해하는 데 중요한 자료가 된다. 이러한 반응에는 비판, 무시, 수용, 공감, 회피, 과도한 보호, 동조 등이 있다. 다른 집단 구성원의 반응은 특정 집단원이 집단 내에서 유발하는 실제 반응일 수도 있고, 반응자의 내적 문제나 투사 결과일 수도 있다. 예를 들어, 한 집단원이 눈물을 흘릴 때 다른 집단원들이 외면한다면, 이는 표면적으로는 무관심처럼 보이지만, 실제로는 그 구성원이 발산하고 있는 무의식적 적대감이나 불편한 감정에 대한 회피일 수 있다. 혹은 한 집단원이 반복적으로 비판받는 경우, 이는 그 구성원의 대인관계 방식이 타인에게 방어적이거나 거슬리는 반응을 유발하는지 탐색할 필요가 있음을 시사한다. 이러한 반응 분석은 집단 역동을 파악하고, 상담자가 개입의 초점을 어디에 두어야 할지 결정하는 데 중요한 역할을 한다.

④ 집단 내 집단원의 내면의 경험(Internal Experience)

본 범주는 집단원이 집단 안에서 느끼는 감정, 생각, 연상, 혼란 등을 지칭하는 것으로, 집단원의 내면의 경험은 문제의 근본 원인을 이해하고 개입의 방향을 설정하는 유용한 정보가 된다. 감정은 인지적 해석보다 더 빠르고 직접적으로 개인의 내면 상태를 반영하므로, 상담자는 '지금-여기(here-and-now)'에서 드러나는 감정을 통해 구성원의 전이, 방어, 그리고 욕구를 추론할 수 있다. 예를 들어, 한 집단원이 집단에서 말을 아꼈지만 끝나고 나서 "이 방에 있는 게 아버지 옆에 있는 것 같았다"고 말한 것은, 해당 집단원이 느낀 전이 감정을 드러내는 것으로 해석할 수 있다. 또 다른 예로, 자기 이야기를 할 때마다 손이 떨리고 말이 끊기는 구성원은 표면적으로는 단순히 긴장된 것으로 보일 수 있지만, 실제로는 불안과 자기 노출에 대한 두려움이 작동하고 있는 것으로 이해될 수 있다. 이처럼 집단원의 내면 경험을 민감하게 탐색하는 것은 상담자가 보다 깊이 있는 개입을 하기 위한 핵심적 단서가 된다.

⑤ 이론적 틀을 활용한 핵심 문제의 개념화(Theoretical Framework)

이 범주는 집단원의 행동과 경험을 심리치료 이론적 틀을 통해 해석하고 그 기능과 원인을 설명하는 것을 지칭한다. 집단원의 기능에 대한 개념화는 관찰적 정보를 설명하는 것에 그치는 것이 아니라 정신역동, 발달이론, 전이, 투사 등의 이론적 개념을 적용하여 문제의 본질을 분석하고 해석하는 것을 포함한다. 예를 들어, 한 집단원이 집단상담자를 반복적으로 공격하는 행동을 보일 때, 이를 단순한 저항으로 보기보다는 권위에 대한 미해결된 분노와 아버지에 대한 전이로 해석할 수 있다. 또 다른 예로, 집단 내에서 자기개방을 지속적으로 회피하는 구성원이 있다면, 이는 과거 친밀한 관계에서 상처받았던 경험과 연결되어 있음을 이론적으로 개념화할 수 있다. 이처럼 이론적 틀을 활용한 해석은 집단원의 행동을 보다 심층적으로 이해하고, 치료적 개입의 방향성을 설정하는 데 필수적인 과정이다.

3) 집단상담 개념화에서 다양한 상호작용 수준의 통합

집단상담 대가들의 개념화는 집단 내 상호작용을 다양한 수준에서 통합적으로 이해하는 것을 강조한다. 특히, 이러한 통합은 세 가지 주요 방식에서 강조되고 있다.

(1) 세 수준(개인–대인–집단 전체)의 통합

집단상담자는 개인 수준, 대인관계 수준, 그리고 집단 전체 수준을 각각 분리해서 보지 않고 통합적으로 고려해야 하며, 이들 간의 상호작용을 유연하게 분석해야 한다. 특정 개인의 행동은 개인의 내면적 문제에서 비롯될 수 있지만, 그 행동이 다른 집단원들과 어떤 상호작용을 일으키는지를 파악하고, 나아가 이러한 상호작용이 전체 집단 분위기와 어떤 연결을 이루는지를 동시에 분석하는 것이 중요하다. 개입은 어느 한 수준에서 시작되더라도 결국 세 수준 모두에 영향을 미치기 때문에, 상담자는 개입의 중심을 상황에 따라 조정하며 통합적 사고를 유지해야 한다. 예를 들어, 한 집단원이 계속해서 말을 독점하는 상황에서는 그 행동을 개인의 불안이나 주목 욕구라는 개인 수준의 문제로만 해석하지 않고, 다른 집단원들이 그 상황을 어떻게 받아들이고 있는지(대인 수준), 그리고 집단 전체가 왜 침묵하거나 그 행동을 묵인하고 있는지(집단 전체 수준)를 함께 분석해야 한다. 또한, 침묵이 많은 집단에서는 특정 개인의 침묵만을 문제 삼기보다, 그 침묵이 대인관계 갈등을 회피하려는 결과인지, 아니면 집단 전체가 침묵을 유지하도록 만드는 긴장 구조가 작동하고 있는지를 함께 고려하는 것이 필요하다.

(2) 개인–집단 전체 수준의 통합

개인의 문제는 집단이라는 환경 안에서 의미가 구성되기 때문에, 개별 행동을 집단 전체의 역동과 연결 지어 이해하는 것이 필요하다. 한 사람의 행동이 집단 전체에 어떤 영향을 미치는지, 그리고 반대로 집단의 분위기나 규범이 개인의 행동에 어떤 영향을 주는지를 함께 분석해야 한다. 집단은 단순히 개인들의 모임이 아니라 상호작용 속에서 형성되는 심리적 실체이므로, 개별 문제를 개입할 때에도 집단 전체의 흐름과 구조를 함께 고려해야 효과적인 개입이 가능하다. 예를 들어, 어떤 구성원이 반복적으로 말을 하지 않는다면, 단순히 왜 이 사람이 침묵하는가를 분석하는 데 그치지 않고, 왜 집단은 그 침묵을 계속 허용하고 있는가를 함께 살펴보아야 한다. 또한 상담자가 개인을 대상으로 작업하던 중, 그 내용이 집단 전체가 공유하는 주제(예: 친밀감 회피)와 연결된다면, 이를 집단 수준의 개입으로 확장할 필요가 있다. 집단 작업의 흐름은 집단 차원의 상호작용에서 개인 개입으로, 그리고 다시 집단 상호작용으로 이어지는 순환적 구조를 가지며, 이를 통해 개인과 집단 문제를 동시에 다룰 수 있다.

(3) 개인–대인관계 수준의 통합

개인의 심리적 이슈는 대인관계 속에서 드러나기 때문에, 개인의 문제를 대인관계 수준에서 분석하고 해석하는 것이 필요하다. 개인이 반복하는 대인관계 패턴은 집단 내 특정 인물과의 상호작용을 통해 재현되며, 이러한 상호작용을 탐색함으로써 내면의 문제를 보다 구체적이고 생생하게 다룰 수 있다. 개인 작업이 대인 수준의 피드백과 연결될 때 치료 효과는 더욱 높아지며, 한 사람의 작업은 다른 사람의 내면 경험을 자극하여 집단 전체의 역동을 심화시키기도 한다. 예를 들어, 누군가의 가족 문제 이야기가 다른 사람의 유사한 경험을 자극해 자연스럽게 그 주제로 집단의 초점이 옮겨지는 피기백(piggyback) 현상이 일어날 수 있다. 또한, 친밀감에 어려움을 가진 집단원이 어떤 사람과는 마음을 열면서도 다른 사람과는 철저히 거리를 두는 방식으로 상호작용할 때, 이러한 차이를 분석함으로써 개인의 대인관계 패턴을 드러낼 수 있다. 결국 모든 개입은 2~3인 간의 상호작용 속에서 발생하기 때문에, 개인 작업도 반드시 그 안에 포함된 대인 역동을 중심으로 수행해야 한다.

4) 집단상담 대가들의 개념화를 위한 조언

(1) 개방성을 유지하라

집단상담자는 자신의 이론적 틀에 갇히지 않고, 내담자와 집단이 가진 고유한 이야기에 마음을 열고, 순간순간 변화하는 과정을 민감하게 수용할 수 있어야 한다. 이미 알고 있는 지식이나 개념에만 의존하기보다는, 각 집단과 집단원이 처한 독특한 맥락을 열린 태도로 받아들이며 유연하게 사고하는 것이 중요하다. 특히, 내담자의 이야기를 하나의 고정된 진실로 규정하기보다, 시간과 상황에 따라 계속해서 구성되고 변화하는 의미로 이해하려는 태도가 요구된다. 이는 '무엇이 일어나야 하는가'라는 정답 중심의 접근보다는, '지금 이 순간 무엇이 일어나고 있는가'에 주의를 기울이는 자세로 연결된다.

☞ 집단상담 대가들의 조언

- 큰 틀의 구상은 있으나, 실제 집단에 들어가면 매 순간 상황에 따라 유연하고 자발적으로 반응해야 한다.
- 상담 초기에 이론대로 되지 않는 상황에 실망하거나 방향을 정하려고 했지만, 이후에는 과정 자체를 신뢰하고 그 안에서 의미를 찾아가게 되었다.
- 내담자 각자의 이야기에 집중하며, 그 이야기가 어떤 식으로 반복되고 해석되고 있는지 민감하게 개입한다.
- 이론적 필터를 제거하고 사람의 말과 감정 그 자체를 듣는 것이 중요하다.

(2) 집단의 흐름을 추척하라

집단상담자는 집단 내에서 벌어지는 일들을 지속적으로 추적하고 감지하며, 집단 전체의 분위기, 관계의 변화, 상호작용의 흐름 등을 민감하게 파악할 수 있어야 한다. 집단

환경을 안정적으로 유지하고 긍정적인 흐름을 형성하기 위해서는, 현재 집단에서 어떤 일이 일어나고 있는지를 끊임없이 관찰하고 주의 깊게 따라가는 자세가 필요하다. 집단은 여러 명의 참여자가 함께하는 구조이기 때문에 예측 불가능한 요소가 많으며, 그만큼 상담자는 늘 깨어 있어야 하고, 변화의 흐름을 빠르게 감지하여 적절한 시점에 명확하고 안정적인 구조를 제시할 수 있어야 한다.

☞ 집단상담 대가들의 조언

- 집단 내 분위기를 파악하고, 변화하는 흐름을 놓치지 않도록 계속 추적해야 한다. 그렇지 않으면 아무도 집단 전체를 인식해 주지 못한다.
- 지도자가 지나치게 개입하거나 자기중심적으로 행동할 경우, 집단은 쉽게 손상될 수 있으므로, 자기를 절제하면서도 계속 흐름을 관찰해야 한다.
- 개인이 아닌 다수의 예측 불가능한 발언과 감정이 오가기 때문에, 개별상담과는 다른 방식으로 긴장감을 유지하고, 즉각적 반응을 준비해야 한다.

(3) 자기 자신을 활용하라

집단상담자는 자신의 감정, 반응, 직관을 중요한 자료로 삼아 집단 내에서 벌어지는 일들을 이해하고, 개입의 실마리를 찾아야 한다. 단순한 관찰자가 아니라 '참여하는 관찰자(participant-observer)'로서 집단에 함께 존재하며, 자신의 내면에서 일어나는 미묘한 반응들을 민감하게 감지하는 태도가 필요하다. 때로는 상담자의 내면에서 일어나는 저항이나 감정 반응이 개입을 방해할 수 있기 때문에, 이러한 감정을 분별하고 필요할 경우 상담적 감수성으로 환원해 활용해야 한다. 직관 또한 집단의 정서를 감지하거나 개입 시점을 판단하는 데 유용한 도구가 될 수 있다.

☞ 집단상담 대가들의 조언

- 상담자는 집단 내에서 자신이 느끼는 감정을 통해 지금 이 집단에서 어떤 일이 벌어지고 있는지를 파악할 수 있다.
- 지도자로서 느끼는 감정과 내담자가 나에게 떠맡긴 감정을 구분해야 한다. 예를 들

어, 내가 분노 표현을 막고 있었다면, 그것은 내 저항일 수 있다.

- 감정적 혼란이 생겼을 때, 왜 그런지, 그 안에서 내가 무엇을 회피하고 있는지를 자문하며 자기점검이 필요하다.
- 누군가의 이야기를 들었을 때, 내가 어떤 느낌을 받는지, 그 감정이 진짜 집단 정서인지, 나만의 반응인지 분별하고 활용한다.
- 무언가 개입해야 할 시점인지 판단이 서지 않을 때는, 내 감정을 따라가며 개입의 타이밍을 잡는다.

집단상담 상호작용의 3수준

'집단에서 지금 무슨 일이 일어나고 있는지'를 개념화하는 방법으로 가장 보편적으로 사용되는 접근은 집단상담 상호작용의 3수준을 활용하는 것이다. 개인 수준(individual level, or intrapsychic level), 대인 간 수준(interpersonal level), 집단 전체 수준(group-as-a-whole level)으로 구성되는 3수준은 많은 집단상담자들에게 익숙한 이름일 것이다. 본 교육에서는 이러한 3수준을 활용하여 집단상담을 사례개념화해 보는 시간을 가질 것이다.

1. 개인 수준

- 정의: 개별 집단원의 심리적 특성에 관한 정보
- 예시: 집단원의 의사소통 경계, 집단원이 개인 목표를 향해 나아가는 진행 상황 평가, 집단원의 자살 위험, 개인의 사회문화적 정체성 발달 수준, 가족 배경 문제 측면에서 집단원의 행동 이해
- 특징: 집단원의 참여 유도, 지지를 위해 부득이하게 사용할 수 있으나 과도한 사용은 집단의 치료적 효과의 가장 중요한 원천인 집단원들의 상호작용을 방해하고 집단상담자를 전문가 역할에 고착시킬 가능성

2. 대인 간 수준

- 정의: 집단원 간 상호작용에 관한 정보
- 예시: 갈등이 있는 두 사람 간 상호작용 패턴, 비슷한 특성을 지닌 두 사람 간의 상호작용, 집단원 간 또는 하위 시스템 간의 의사소통을 방해하는 문화적 요인 파악, 하위 체계 기능
- 집단상담에서 가장 중요한 수준의 개입으로 간주됨(Kline, 2003; Yalom, 1985)
- 집단원간 상호작용 촉진, 피드백 교환 촉진, 열린 대인 간 경계, 습관적인 대인관계 문제행동 패턴 변화, 대인관계 학습 촉진

3. 전체로의 집단 수준

- 정의: 전체로서의 집단에 관한 정보, 전체 집단 현상
- 예시: 모두 침묵하는 경우, 독점적 집단원과 그것을 용인하는 집단 전체, 희생양
- 집단의 모든 집단원들에게 해당되는 이슈를 다룰 때

- 과도한 사용은 집단경험을 지나치게 객관적이고 비인간화 시킴(Yalom, 1985). 이 수준의 개입을 과도하게 사용할 경우 집단원들의 분노, 집단상담자에 대한 적대감 발생 가능
- 효과적인 사용 시 집단의 학습, 집단 효과성을 크게 높일 수 있음

☞ 집단상담 상호작용의 3수준에서 각 수준을 강조하는 정도는 이론에 따라 조금씩 차이가 있다. 가령, 정신분석적 집단상담에서 개인의 심리 내적 수준을 강조했다면, Bion 이론의 등장과 함께 전체로서의 집단이 강조되던 시기가 있었고, Yalom에 와서는 대인관계 수준이 크게 강조된다.

실습 1

집단상담 개념화 연습

- **활동 목표**: 사례 분석을 통해 집단상담 상황에서 집단 역동과 개별 집단원의 문제를 개념화하고, 각 사례에 대한 집단 개입 전략을 논의하여 집단원 간 상호작용을 이해하고 적절한 개입 방안을 탐색한다.
- **활동 방법**: 주어진 사례를 읽고 '집단상담 사례개념화 연습 활동지를 활용하여 사례를 개념화한다. 이후 각 수준에서의 개입 방안'을 논의하며, 집단 역동을 이해하고 적절한 개입을 찾는다.

[사례 1]

집단원 A는 다른 집단원들의 이야기를 들은 후 집단원들의 행동을 판단하거나 비평하는 피드백을 자주 한다. 다른 집단원들이 어려움을 표현하면 자신도 그러한 어려움이 있었는데 극복했다며 어떻게 어려움을 극복했는지 설명하고 이젠 큰 어려움이 없다고 하였다. 집단원 A의 반응에 점차 집단원들이 자신의 이야기를 꺼내는 것을 주저하는 것이 보인다. 그중 한명이 '당신이 불편하다라고 표현하기 시작하면서 집단 전체가 집단원 A를 비난하는 분위기가 되었다. "당신은 항상 가면 뒤에 숨어 있고 고상한 척을 한다."라고 말며 집단원 A에 대한 공격이 이루어진다. 집단원 A는 자신은 이 집단과 맞지 않다며, 지금 당장 집단을 떠나고 싶다고 말을 한다.

1) 집단 역동 개념화: 문제가 되는 집단 상호작용 수준은 무엇입니까? 이러한 상호작용은 왜 발생할까요? 이러한 상호작용의 의미는 무엇입니까?

___

___

___

2) 집단원에 대한 개념화: 초점이 되는 집단원의 문제는 무엇입니까? 이러한 문제의 원인에 대한 당신의 가설은 무엇입니까?

___

___

___

[사례 2]

집단원 B는 학업에 대한 낮은 동기, 사회적 교류의 부족 등 최근 동향을 이야기하다가 어린 시절 부모님의 이혼, 아버지의 재혼, 새엄마의 정서적 학대와 관련된 이야기를 시작한다. B는 초등학교 때부터 항상 우울하였고, 중고등학생 시기에도 자해와 자살 시도를 여러 번 했다고 말한다. 성인이 돼서는 심리적으로 많이 안정되었으나, 여전히 무엇을 해야 할지에 대해서는 잘 모르겠다고 말을 한다. 집단에서 B는 상당히 조용한 편이었고, 타인에 대한 피드백을 해 줄 때도 이성적인 입장을 고수하는 경향이 있으며, 타인의 돌봄의 표시에 대해서 고맙다는 말을 하지만 큰 심리적 동요를 보이지는 않는다.

1) 집단 역동 개념화: 문제가 되는 집단 상호작용 수준은 무엇입니까? 이러한 상호작용은 왜 발생할까요? 이러한 상호작용의 의미는 무엇입니까?

2) 집단원에 대한 개념화: 초점이 되는 집단원의 문제는 무엇입니까? 이러한 문제의 원인에 대한 당신의 가설은 무엇입니까?

[사례 3]

지난 몇 주 동안 집단원들이 돌아가면서 집단을 빠졌다. 급기야 지난주에는 세 명이 동시에 빠졌다. 다행히 지난 시간에는 한 집단원이 어린 시절 어머니의 정서적 방임과 학대로 항상 갈등이 있었고, 현재 암으로 시간이 얼마 남지 않았는데 어머니에게 다가가고 싶으나 망설여지는 자신의 복합적인 마음에 대해 솔직하게 이야기를 하며 의미 있는 집단 작업을 가졌다. 지난주 상담에 참여했던 집단원들은 지난 상담 이후 들었던 생각들을 나누는 반면, 결석했던 집단원들은 적극적으로 질문하지 못하고 듣는 입장만 취하고 있다.

1) 집단 역동 개념화: 문제가 되는 집단 상호작용 수준은 무엇인가? 이러한 상호작용은 왜 발생할까? 이러한 상호작용의 의미는 무엇인가?

2) 집단원에 대한 개념화: 초점이 되는 집단원의 문제는 무엇인가? 이러한 문제의 원인에 대한 당신의 가설은 무엇인가?

실습 2

모의집단상담 실시

■ **활동 목표**: 모의집단상담을 통해 집단상담자로서의 개입 능력과 집단원으로서의 경험을 나누며, 집단상담 상황에서의 역할과 개입 전략을 실제로 적용하고 분석한다. 사례개념화 연습을 통해 집단 역동을 이해하고 적절한 개입 방안을 탐색하며, 집단 내 상호작용에 대한 통찰을 얻는다.

■ **활동 방법**: 앞서 논의한 상담 사례 중 하나를 선택해 모의집단상담을 진행한다. 집단상담자, 대표 집단원, 관찰자를 각각 선정한다. 모의집단상담 후, 경험을 나누고 사례개념화 활동지를 작성한 뒤, 각 수준에서 느낀 점을 토대로 토론을 진행한다.

1) 집단상담자로서 당신은 무엇을 보고 느꼈습니까? 당신의 실시한 개입에 대해 그 이유를 설명해 봅시다.

2) 집단원으로서 당신은 무엇을 보고 느꼈습니까? 세 수준의 관점에서 당신이 보고 느낀 것은 무엇입니까?

3) 주어진 사례개념화 연습 활동지를 작성해 보고, 가장 인상적인 부분 두 세 가지를 함께 나누어 봅시다.

집단 개념화 연습 활동지

관찰 내용

- 특징적인 상호작용의 수준 및 내용

- 집단 대화의 주제

- 집단 역동의 주제

- 집단 역동 관찰 사항: 비언어적 행동/의사소통 패턴/특정 집단원의 역할, 생산적 혹은 회피적 작업의 정도

정서

- 집단상담자로서 나의 반응

- 집단의 정서

가설

- 인상적인 집단 역동은 무엇입니까? 그것이 발생하는 이유에 대한 가설은 무엇입니까?

개입 방향

- 이러한 가설을 토대로 할 때 어떤 개입이 필요한가?

집단원 개념화 연습 활동지

집단원을 한 명 골라 그 집단원에 대한 사례개념화를 다음을 참조하여 실시하십시오.

■ 집단원의 집단 내 행동 패턴

■ 다른 집단원들의 집단원에 대한 반응 및 그것의 의미

■ 내담자의 내적 경험

■ 내담자 배경 정보

■ 핵심 문제에 대한 가설

제3장

전체로서의 집단 역동

작업 집단과 기본 가정 집단

학습목표

1. 집단을 하나의 심리적 실체로 인식하는 감수성을 기른다.
2. Bion의 '전체로서의 집단' 개념과 기본 가정 이론을 설명할 수 있다.
3. 기본 가정 상태와 작업 집단 상태를 구별하고, 전환 징후를 민감하게 감지할 수 있다
4. 집단상담자로서 정서 흐름에 맞는 개입의 타이밍과 언어를 선택할 수 있다.

들어가며

- 전체로서의 집단 역동을 다루는 것이 얼마나 편안한가? 전체로서 집단 역동을 다루는 것이 어렵게 느껴진다면 그 이유는 무엇인가?
- 집단 안의 침묵이나 어색한 분위기를 어떻게 해석하고 있는가?
- 특정 집단원이 말할 때 방 안의 분위기가 바뀌는 경험을 해 본 적이 있는가?
- 집단 안의 '말해지지 않은 것들'에 귀를 기울이고 있는가?
- 집단이 '하나의 존재'처럼 느껴졌던 순간은 언제였는가? 그때 나는 어떤 감정을 경험했는가?

집단상담 장면에서는 때때로 개별 집단원들의 행동이나 특성만으로는 설명할 수 없는 정서적 현상이 발생하기도 한다. 예를 들어, 한 집단원이 힘든 이야기를 꺼낸 후 방 안에 갑작스러운 침묵이 흐르거나, 한 집단원이 위로의 말을 건넨 후 다른 집단원들이 자연스럽게 그 사람에게 의존하기 시작하는 경우, 혹은 특정 집단원이 말을 할 때마다 방 전체에 어색한 분위기와 미묘한 거리감이 형성되는 장면 등이다. 이처럼 집단 전체가 공유하는 정서가 마치 공기처럼 방 안을 채우고 있을 때, 집단상담자는 개별 집단원들의 행동에만 주목하기보다는 '지금 이 방 전체가 어떤 정서적 상태에 놓여 있는가'를 감지할 필요가 있다. 이러한 관점에서 집단 전체를 하나의 감정 주체로 이해하는 것이 '전체로서의 집단(group-as-a-whole)' 관점이다.

1. 전체로서의 집단 현상

1) 전체로서의 집단 개념의 발견

Wilfred Bion은 제2차 세계 대전 중 전쟁 트라우마를 겪은 병사들과의 집단치료 과정에서 독특한 정서적 역동을 자주 목격하게 된다. 병사들은 평소와 달리, 집단 안에만 들어오면 갑자기 모두가 침묵하거나, 특정 인물을 맹목적으로 따르고, 때로는 집단이 자신을 싫어한다고 느끼거나, 집단 전체가 마치 하나의 유기체처럼 움직이는 경험을 하기도 했다. Bion은 이러한 반복되는 경험을 통해, "개별 집단원이 아니라 집단 전체가 하나의 마음을 가진 것처럼 행동한다"는 통찰에 도달하게 되었고, 이는 '전체로서의 집단(group-as-a-whole)'이라는 개념의 출발점이 되었다. 당시 대부분의 집단이론은 집단을 개별 인격들의 단순한 집합으로 보았지만, Bion은 그 방식만으로는 집단 내에서 발생하는 정서적 흐름을 설명할 수 없다고 보았다. 그는 집단을 하나의 심리적 실체, 즉 감정을 가진 유기체처럼 이해해야 한다고 주장했으며, 이러한 개념은 그의 저서 『Experiences in Groups』(1961)에서 구체적으로 다루어진다.

2) 전체로서의 집단 현상의 특징

(1) 집단이 유발하는 불안과 퇴행

집단은 집단원들에게 정서적으로 매우 복합적인 감정을 촉발시킨다. 집단원들은 집단 안에서 '내가 이 집단에 소속될 수 있을까', '인정받을까, 배척당할까', '내가 솔직해져도 안전할까', '이 집단은 신뢰할 수 있을까' 등의 질문을 내면적으로 반복하며 긴장감을 경험한다. 이러한 불안은 대인관계에서 느끼는 단순한 사회적 긴장을 넘어, 존재론적이고 정서적인 차원에서 작용하며 집단원들의 심리 깊숙한 층을 자극한다.

이처럼 감정적으로 복잡하고 불안정한 환경에 직면할 때, 집단원들은 성숙한 자아 상태를 유지하기보다 유아기의 원초적 방어기제로 되돌아가는 심리적 퇴행(regression)을 보이게 된다. Melanie Klein에 따르면 유아가 경험하는 첫 대인관계는 젖가슴이라는 외부 대상과의 접촉이며, 이는 단순한 수유를 넘어 유아의 내면에서 '좋은 젖가슴'과 '나쁜 젖가슴'으로 분열(splitting)되며 감정을 조절하는 방식으로 나타난다. 이러한 이분법적 감정 조절은 성인이 집단에 참여할 때도 유사한 방식으로 재현된다. Bion은 성인이 강렬한 집단 상황에 놓이면, 유아기 젖가슴과의 관계에서 사용했던 원초적 방어기제들을 무의식적으로 반복한다고 보았다. 예를 들어, 집단 내 권력자를 전능한 존재로 이상화하거나, 특정 집단원을 위협적인 대상으로 투사하고, 자신의 판단보다 집단의 정서 흐름에 휩쓸리는 등의 반응은 모두 초기 모자관계에서 기인한 방어기제의 반복으로 이해할 수 있다.

(2) 집단이 실재한다는 환상과 그 심리적 기능

이러한 퇴행 상태에서 집단원들은 '집단이 실재한다'는 환상(phantasy)을 형성하게 된다. 실제로는 개별 집단원들의 모임에 불과하지만, 집단은 하나의 실체처럼 느껴지고, 감정적으로 강한 의미가 부여된다. 왜 사람들은 이런 환상을 만들어 내는 것일까? 이는 집단이라는 환상이 집단원들에게 불안을 완화하고 정체성을 부여하며, 복잡한 감정을 다룰 수 있는 구조를 제공하기 때문이다. "나는 집단의 일부다", "우리는 하나다"라는 믿음은 불안한 마음을 감싸 주는 정서적 보호막이 되고, 집단과의 동일시는 자아가 흔들릴 때 이를 붙잡고 회복하게 해 준다. 나아가 사람들은 막연한 불안과 혼란을 다루기 어려울 때 그것을 구체적인 형태로 실체화하려는 경향이 있으며, 그 결과 집단은 전능하거나 위협적인 존재로 과장되기도 한다. 집단을 실체처럼 여기고 의미를 투사하는 과정은 감정의 방향을 정렬시키고, 소속감과 경계 대상을 동시에 설정하게 함으로써 정서적 균형을 유지하는 데 기여한다.

(3) 환상이 위협받을 때 나타나는 정서적 혼란

이러한 집단에 대한 환상은, 집단원 개개인이 자신의 개별성을 다시 자각하는 순간 위협을 받는다. 예를 들어, 집단상담에서 집단원들이 서로 깊이 연결되어 있다고 느끼며 "우리는 서로를 완전히 이해한다", "이 안에서는 무엇이든 솔직하게 말할 수 있다"는 이상화된 분위기를 공유하게 될 수 있다. 그런데 이 분위기 속에서 어떤 집단원이 "나는 지금 솔직해지기 어렵다", "이 분위기가 나에게는 부담스럽다"는 식의 내면 감정을 자각하게 되면, 그 자각은 집단 전체의 정서적 균형을 흔들 수 있다. Bion은 집단원들이 개별성을 회복하는 이 시점에, 집단이 정서적 혼란이나 공황(panic) 상태에 빠질 수 있다고 보았다. 그러나 Bion은 이 상태를 집단의 해체로 보지 않았다. 오히려 이러한 공황 상태조차도 집단이 하나의 정서적 실체로 작동하고 있다는 또 다른 증거로 보았다. 불안과 혼란이 응집력 있는 집단 안에서 발생하고 있다는 점에서, 이와 같은 정서적 파동은 집단의 흐름을 민감하게 감지하고 개입해야 하는 상담자에게 매우 중요한 단서가 된다.

2. 집단 작동의 두 가지 모드

Bion은 집단이 지금 어떤 심리적, 정서적 방식으로 기능하고 있는가에 따라 작업 집단과 기본 가정 집단으로 구분하여 설명한다. 이 둘은 서로 다른 두 개의 집단이 아니라, 하나의 집단이 취할 수 있는 두 가지 상이한 작동 방식이라 할 수 있다.

1) 작업 집단

작업 집단(work group)은 집단 내에서 구체적인 목표나 과제를 해결하기 위한 정신적 활동에 초점을 맞춘 집단의 상태이다. 작업 집단은 현실 과제를 중심에 두고, 감정적 압박과 불안을 인식하면서도 이로부터 도피하지 않고 자기 자리에 머물며 협력적으로 기능할 수 있다. 작업 집단은 불안이 없는 집단이 아니라, 불안을 인식하고 감당하며 목적 지향적으로 사고하고 소통하는 집단 상태이다. 집단원들은 자신의 개별성을 유지하면서도 집단 내 관계와 과업을 균형 있게 다룰 수 있으며, 특정한 감정이 집단 안에 떠돌고 있더라도 그것을 사실 그대로 관찰하고 언어화할 수 있는 힘을 기른다. Bion은 작업 집단이라는 용어가 그것에 참여하는 사람들에 관한 것이 아니라, 특정한 종류의 정신적 활동을 나타낸다고 말한다. 즉, 작업 집단의 개념은 집단원들이 누구인지, 그들의 개인적 특성, 집단원의 행동이나 역할에 관련된 것이 아니라, 집단원들이 문제를 해결하기 위해 하는 구체적인 정신적 활동에 대한 설명이다.

Bion은 작업 집단이 이성적이고 목표 지향적인 문제 해결을 위한 정신적 활동임을 설명하기 위해 작업 집단의 특징을 다음과 같이 설명한다.

(1) 정신적 활동과 집단의 목표

모든 집단은 구체적인 목표나 과제를 해결하기 위해 모인다. 집단 내에서 일어나는 정신적 활동은 단순한 상호작용을 넘어서, 집단원들이 협력하여 문제를 해결하는 과정에 초점을 맞춘다. 즉, 집단 활동은 현실적이고 구체적인 과제를 해결하기 위한 노력이다.

전체로서의 집단 역동을 읽는 팁

1. [정서] 정서의 흐름을 중심으로 본다.

말보다 중요한 건 말 이후의 공기이다. 누군가 말한 뒤 분위기가 어떻게 달라졌는지, 방 안의 긴장, 침묵, 시선의 이동 같은 정서적 반응을 민감하게 읽는다.

2. [회피] 이 순간, 집단은 무엇을 회피하고 있는지 살핀다.

대화가 흐려지거나 다른 이야기로 갑자기 튀어버릴 때, 집단은 무언가를 피하고 있을 수 있다. 그 회피의 대상이 무엇인지(예: 불편함, 노출, 거절감 등)를 상상해 본다.

3. [규칙] 집단 안의 정서적 규칙을 찾아본다.

말하지 않았지만 모두가 따르는 감정의 규칙이 있다. "이런 분위기를 깨면 안 돼", "불편한 감정은 꺼내지 마" 같은 암묵적 규칙이 어떻게 집단의 흐름에 영향을 미치는지 살펴본다.

4. [시선] 집단의 시선이 어디로 향했는지 관찰한다.

감정적으로 어려운 순간, 집단의 시선이 특정 사람이나 상담자에게 집중된다면 그건 의존적 기본 가정이나 무의식적 책임 전가의 신호일 수 있다.

5. [반복] 되풀이되는 패턴을 찾아본다.

집단이 유사한 상황에서 늘 비슷하게 반응한다면, 그건 우연이 아니다. 반복되는 감정 반응, 특정 역할의 고착, 회피 방식 등을 통해 집단의 무의식적 구조가 드러난다.

6. [침묵] 말해지지 않은 것에 귀를 기울인다.

집단에서 '무엇이 말해지지 않는가?'를 중심으로 본다. 회피되는 주제, 꺼내려다 접히는 이야기, 표현되지 못한 감정 안에 중요한 정서가 숨어 있을 수 있다.

7. [역할] 상징적 행동이나 역할을 읽는다.

집단원의 행동과 역할이 말해 주는 게 있다. 늘 중재하려는 사람, 분위기를 깨지 않으려 애쓰는 사람, 눈에 띄지 않으려는 사람은 집단이 무의식적으로 부여한 '정서적 역할'을 수행 중일 수 있다.

8. [시간] 시간의 흐름 속에서 감정의 이동을 추적한다.

집단은 순간이 아니라 흐름이다. 한 회기 안에서, 혹은 몇 회기를 거치며 감정의 패턴이 어떻게 축적·전이·변형되었는지를 따라간다. 정서는 시간 속에서 움직이는 이야기이다.

(2) 정신적 훈련과 발전

집단 활동에 참여하려면 수년간의 훈련과 경험을 통해 정신적으로 발전해야만 한다. 즉, 집단 내에서 이루어지는 정신적 활동은 고도의 정신적 기술을 요구하며, 이는 경험과 훈련을 통해 발전한 능력을 바탕으로 한다. 집단 활동은 단순한 참여가 아니라, 깊이 있는 경험을 통해 발휘되는 정신적 능력을 필요로 한다.

(3) 문제 해결을 위한 합리적이고 과학적인 방법

집단 활동은 이성적이고 합리적인 방법을 따르며, 그 과정은 과학적이다. 즉, 집단 내에서 이루어지는 정신적 활동은 문제 해결을 위한 체계적이고 논리적인 접근을 기반으로 한다. 이러한 방법론은 실용적이고 목표 지향적이다. 감정적인 반응을 넘어서 합리적이고 구조적인 사고를 바탕으로 전개된다.

(4) 자아의 특성과 유사한 집단 활동

작업 집단의 활동은 자아(ego)와 유사한 특성을 지닌다. 자아는 현실을 인식하고, 합리적이며 이성적으로 행동하는 기능을 담당한다. 마찬가지로, 작업 집단 내에서 이루어지는 정신적 활동도 현실적이고 이성적인 방식으로 문제를 해결하려는 자아의 특성을 따른다. 문제 해결을 위한 이성적 사고가 집단 활동의 핵심적인 특성이다.

2) 기본 가정 집단

기본 가정 집단(Basic Assumption Group)은 집단원들이 집단이 실제로 존재하는 감정적 주체라고 믿는 환상에 빠진 상태에 몰입하고, 불안을 회피하기 위해 퇴행적인 방식으로 반응할 때의 집단 상태를 지칭한다. 이 용어에서 'Basic'은 영어로 '기초적인', '원초적인'이라는 뜻으로, 기본 가정 집단에서의 반응이 이성적이고 의식적인 사고의 결과라기보다는, 본능적이고 원시적인 정서 수준에서 비롯된 것임을 나타낸다. 즉, '기본'은 집단이 위협이나 불안을 감당하지 못할 때 무의식적으로 작동하는 가장 원초적인 반응 양식임을 강조한다. 한편 'Assumption'은 영어로 '당연하게 여기는 믿음' 또는 '의심 없이 전제하는 것'을 의미하는데, 이는 집단이 명시적인 합의나 표현 없이도 마치 모두가 공유하는 것처럼 행동하는 정서적 믿음 또는 전제를 뜻한다. 예를 들어, 집단원들이 무의식적으로 '집단상담자가 우리를 지켜 줄 것이다'라고 전제하고 모두가 집단상담자에게 의존하거나, '이 안에는 위협이 있다'는 느낌 속에서 특정 집단원을 공격하거나 회피하려는 반응을 보이는 것이 그 예이다. 이처럼 기본 가정은 집단이 현실적 과업과 관계보다는 정서적 생존을 우선시할 때 나타나는, 무의식적이고 방어적인 심리 기제를 설명하는 개념이다.

(1) 의존 기본 가정 집단(Dependency Basic Assumption Group)

① 정의

의존 기본 가정 집단이란 집단이 무의식적으로 자신들을 정신적 · 물질적으로 지지해 줄 집단상담자에게 의존하기 위해 모였다고 믿는 상태를 의미한다. 이때 집단상담자는 단순한 전문가나 조력자가 아니라, 양육자이자 보호자 역할을 담당해야 하는 존재로 기대된다. 집단원들은 표면적으로는 상담을 받으러 왔다고 이야기하지만, 그 내면에는 "의존하고 싶다"는 강한 감정적 동기가 자리하고 있다. Bion은 이러한 의존 가정을 단순한 은유가 아닌, 문자 그대로 이해해야 한다고 강조하였다.

② 집단 역동

의존 기본 가정 집단에서는 집단상담자가 단순히 전문가나 조력자의 역할을 넘어, 부모와 같은 존재로 경험되고 기대된다. 집단원들에게 집단상담자는 그들을 보호하고 돌보며, 문제를 해결해 주고 안전을 보장해 줄 수 있는 양육자적 존재로 여겨진다. 이러한 상황 속에서 집단원들은 상담자에게 전적으로 의지하고 의존하고자 하는 강한 욕구를 드러내지만, 동시에 자신이 의존적인 위치에 머무는 것에 대한 불편감과 저항도 느낀다. 즉, 한편으로는 집단상담자가 제공하는 안전감과 보호를 받고 싶어 하면서도, 다른 한편으로는 성숙하고 독립적인 존재가 되어 상담자에게 의존하지 않고 스스로 문제를 해결하고 싶어 하는 욕구를 가지게 된다. 이러한 두 가지 상반된 감정과 욕구는 집단 내에서 강한 긴장과 갈등으로 나타나며, 집단원들 간 상호작용에서도 복잡한 감정의 흐름을 만들어낸다.

의존 집단에서는 이러한 갈등 속에서 집단원들이 깊고 고통스러운 감정적 문제를 탐색하기보다는, 표면적이고 비교적 쉽게 해결할 수 있는 문제들에 집중하는 경향이 자주 관찰된다. 예를 들어, 집단원들은 자신들의 불안, 죄책감, 수치심과 같은 핵심 정서를 탐색하기보다는, 일상적인 갈등이나 행동의 문제, 대인관계에서의 단순한 오해 해결에 초점을 맞추려고 한다. 이는 집단이 무의식적으로 감정적 안전을 유지하려는 회피의 한 형태로, 보다 깊고 복잡한 감정적 현실을 마주하는 불편함을 피하고자 하는 방어 전략이라고 볼 수 있다.

또한 집단원들은 집단상담자에게 마치 마술적인 능력이 있는 것처럼 투사하기도 한다. 이들은 상담자가 특별한 통찰력과 문제해결 능력을 지닌 존재라고 믿으며, 그를 이상화하여 거의 전능한 사람처럼 대하기도 한다. 그러나 이러한 기대가 충족되지 않거나, 상담자가 자신들의 바람처럼 행동해 주지 않을 때, 집단원들은 상담자를 갑자기 평가절하하고 비판하는 태도로 돌아서기도 한다. 즉, 상담자를 신적 존재로 숭배하다가도, 그의 실제적 기여나 지도에는 무관심하거나 이를 폄하하는 양가적 태도를 보인다. 이러한 이상화와 평가절하의 반복은 집단원들이 자신의 의존적 욕구와 독립적 욕구 사이에서 느끼는 갈등을 외부 대상으로 투사하는 방식으로 이해될 수 있다.

상담자가 이러한 상황에서 집단에 도전하거나, 보다 분석적이고 해석적인 개입을 시도하게 되면, 집단원들은 방어적으로 반응하는 경우가 많다. 그들은 상담자의 개입을 불편하게 느끼며, 자신의 행동이나 감정을 합리화하여 상담자의 해석을 무력화하려 하거나, 상담자의 지적 접근을 거부하기 위해 논리적 반박을 시도하기도 한다. 이러한 반응은 집단 내에서 감정적 · 지적 대치 상황을 만들어 내어, 집단의 성장과 성숙을 제한하는 결과를 초래한다.

더 나아가 집단원들은 상담자가 사용하는 과학적이고 분석적인 접근 방식을 차갑고 추상적이라고 느끼며, 인간적인 따뜻함과 공감이 부족하다고 비판하기도 한다. 이러한 반응은 실제로는 상담자가 제공하는 분석적 통찰이 부족해서라기보다는, 집단원들이 보다 깊은 감정적 진실과 자신들의 내면적 불안에 직면하는 것을 피하고자 하는 무의식적 방어로 이해할 수 있다. 결국 의존 기본 가정 집단에서는 집단원들이 상담자에게 의존하고자 하는 욕구와 독립적으로 성숙하고자 하는 욕구 사이에서 끊임없이 갈등하며, 이러한 갈등이 집단 내 역동을 형성하고 유지하는 핵심적인 요인이 된다.

③ 개입

의존 집단에서 집단상담자는 집단의 의존 욕구를 유지하거나 강화하지 않으면서도, 동시에 보다 분석적이고 과학적인 개입을 통해 집단이 성숙해질 수 있도록 균형을 맞추어야 한다. 집단상담자가 전통적인 개인치료와 같은 방식으로 개별 집단원의 요구를 직접 해결하려고 하면, 이는 집단의 역동성을 약화시키고 의존성을 강화할 위험이 있다. 따라서 집단상담자는 집단을 개별 사례들의 단순한 모음으로 보지 않고, 집단 전체의 역동과 상호작용을 이해하며, 집단이 어떻게 내부적으로 이러한 의존성을 관리하고 반응하는지를 관찰하고 개입하는 데 초점을 맞추어야 한다. 이러한 접근은 집단이 의존적 위치에서 벗어나 보다 성숙하고 독립적인 상호작용으로 나아가도록 돕는 중요한 개입 방향이 될 것이다.

(2) 페어링 기본 가정 집단(Pairing Basic Assumption Group)

① 정의

페어링 기본 가정 집단은 Bion이 말하는 두 번째 기본 가정으로, 집단이 무의식적으로 두 사람이 짝을 이루는 관계를 통해 희망, 구원, 변화를 얻을 수 있다고 믿는 상태를 말한다. 여기서 말하는 페어링은 단순히 연애 감정을 뜻하는 것이 아니라, 집단원들이 특정한 두 사람의 관계에서 문제 해결과 미래의 변화를 기대하는 심리적 환상을 포함한다. 이러한 집단에서 희망의 감정은 중심적 역할을 하며, 집단원들은 "결혼이 모든 문제를 해결해 줄 것이다", "집단 상담이 사회를 바꿀 것이다", "새로운 계절이 오면 삶이 나아질 것이다"와 같은 표현을 통해 현재의 어려움을 미래의 사건으로 전가하고 합리화한다. 이러한 페어링 가정은 메시아적 기대, 즉 누군가가 우리를 구원해 줄 것이라는 환상으로 이어질 수 있는데, Bion은 이러한 메시아적 기대가 실현되는 순간 오히려 희망은 사라지고, 그동안 억눌려 있던 파괴성, 절망, 증오가 다시 떠오를 수 있다고 보았다. 그는 희망은 실현되기보다는 '희망으로 남아 있을 때'만 지속될 수 있다고 주장하며, 집단상담자는 이러한 희망의 감정을 의식화하고, 그것이 무의식적 이상화나 메시아 만들기로 도망치지 않도록 개입해야 한다고 강조하였다.

② 집단 역동

페어링 기본 가정 집단에서는 집단의 역학이 감정적 유대감을 중심으로 형성되며, 이는 집단의 분위기와 상호작용 방식을 크게 좌우한다. 집단원들은 집단상담자보다는 집단 내 특정 개인 혹은 두 사람 간의 관계에서 희망과 변화를 찾고자 하며, 이러한 관계가 집단 전체를 구원하거나 변화시킬 것이라는 무의식적 기대를 품는다. 이때 두 사람의 짝(pairing)은 꼭 연애 관계가 아니어도 되며, 동맹, 특별한 친밀감, 강력한 협력 관계 등을 포함한다. 이러한 관계가 형성되면, 집단원들은 그 관계에 과도한 의미를 부여하고, 마치 그 두 사람의 관계가 잘되면 집단 전체가 치유될 것처럼 느낀다.

페어링 집단에서는 감정적 유대가 중심이 되기 때문에, 집단상담자의 지적 기여나 해석적 개입은 중요도가 낮아지고, 때로는 무시되거나 거부되기도 한다. 집단원들은 상담자의 분석이나 해석보다는, 자신들이 경험하는 감정적 연결과 관계적 만족에 더 큰 가치를 두게 되며, 이는 상담자가 권위자로 인정받던 다른 기본 가정 집단의 상황과는 다른 양상을 보여 준다. 이러한 분위기 속에서 집단상담자는 자신의 영향력이 줄어든 것처럼 느낄 수 있지만, 사실상 집단은 여전히 상담자를 부모적 존재로 보고 있으며, 다만 그 기대가 직접적 지시나 분석보다는 감정적 지지와 보호로 전환되었을 뿐이다.

또한 페어링 집단에서 나타나는 관계적 만족은 집단원들에게 일시적인 안정감을 제공한다. 예를 들어, 투쟁-도피 집단에서 외부 위협이나 내부 두려움으로 인해 긴장 상태에 있었던 집단원들이, 페어링 집단으로 전환되면서 감정적 연결을 통해 안도감을 느끼고 보다 편안하게 상호작용을 시도하게 된다. 그러나 이러한 안정감은 긍정적 기능만 있는 것이 아니라, 동시에 의존, 질투, 통제 욕구를 강화하기도 한다. 집단원들은 두 사람의 친밀한 관계에 대해 질투하거나, 자신도 그러한 관계를 갖고 싶어 하며 불안감을 느낄 수 있다. 또는 특정 짝의 관계를 통제하거나 간섭하려는 시도를 보일 수도 있으며, 이는 집단 내 갈등을 유발한다.

이러한 역동 속에서 집단원들은 감정적 안도감을 얻으면서도, 한편으로는 의존적 위치에 놓이게 되어 성숙함을 유지하기 어렵다고 느끼게 된다. 집단원들은 보다 독립적이고 성숙한 존재가 되고 싶어 하면서도, 현재의 감정적 안정과 의존적 만족을 잃을까 두려워하며 양가감정을 경험한다. 이러한 긴장감은 집단 내 갈등을 일으키며, 동시에 개인이 성장하기 위한 중요한 과제를 형성한다.

마지막으로, 페어링 집단은 기본적으로 감정적 유대와 연결을 통해 희망을 유지하는 구조를 가지지만, 집단 내에서는 여전히 상담자를 부모적 존재로서 필요로 한다. 집단원들은 상담자가 자신들의 감정적 요구를 이해하고 수용해 주기를 기대하며, 이는 상담자에게 더 큰 감정적 부담과 요구로 다가온다. 이러한 역동은 감정적 퇴행을 일으켜 집단원들이 성숙하고 독립적으로 자신의 신경증적 문제를 직면하기 어렵게 만들 수 있으며, 따라서 상담자는 이러한 점을 민감하게 인식하고 적절히 개입해야 한다.

③ 개입

페어링 집단에서 집단상담자는 집단의 역동을 민감하게 관찰하고 이해하며, 집단원들이 감정적 연결과 유대에 지나치게 몰입하여 치료적 목표인 자아 인식과 지적 성장을 압도하지 않도록 균형을 유지해야 한다. 상담자의 지적 기여나 해석이 무시되거나 거부될 때에도, 이를 개인적 거절로 받아들이기보다는 집단의 방어적 역동으로 이해하고 대응할 필요가 있다. 또한 집단상담자는 집단의 메시아적 기대와 이상화가 무의식적 회피로 전환되지 않도록 주의하며, 집단원들이 이러한 환상을 현실적이고 통합된 희망으로 전환할 수 있도록 도와야 한다. 이를 위해 상담자는 집단원들이 감정적 퇴행 상태에 머무르지 않고, 성숙하고 자립적인 상호작용으로 발전해 나갈 수 있도록 촉진하며, 의존적 기대에서 벗어나 독립적이고 성숙한 관계와 현실감을 회복하도록 개입해야 한다. 마지막으로, 페어링 집단은 독립적인 기본 가정 집단으로서 고유의 역동을 가지고 있지만, 때때로 투쟁-도피 집단이나 의존 집단에서 전환되어 나타나기도 하며, 이러한 변화의 맥락을 집단상담자가 민감하게 이해하는 것이 중요하다.

(3) 투쟁-도피(Fight-Flight) 가정

① 정의

투쟁-도피 기본 가정 집단은 Bion이 말하는 세 번째 기본 가정으로, 집단이 무의식적으로 자신들이 모인 이유가 어떤 위협이나 두려움의 대상에 맞서 싸우거나(fight), 그것으로부터 도망치기 위해(flight)라고 믿는 상태를 말한다. 이때 집단은 투쟁이든 도피든 구체적으로 구분하지 않고, 본능적이고 자동적인 방어 반응을 중심으로 움직이게 된다. 따라서 집단원들은 문제 상황을 합리적으로 사고하고 성숙하게 대처하기보다는, 위협을 제거하거나 회피하기 위한 즉각적이고 감정적인 반응을 보이는 경향을 나타낸다.

② 집단 역동

투쟁-도피 집단에서는 집단원들이 외부의 위협이나 스트레스 상황에 처했을 때, 이를 해결하기 위한 방식으로 싸움 혹은 도피 반응을 선택한다. 예를 들어, 투쟁 모드에서는 집단상담자에게 적대감을 드러내거나, 상담자가 제시한 의견과 해석을 공격하고 반항하는 모습을 보인다. 반대로 도피 모드에서는 정서적으로 철수하거나, 논의해야 할 어려운 주제를 회피하고, 집단 활동에 몰입하지 않으려는 태도를 취한다. 이러한 투쟁과 도피 반응은 집단의 전반적인 정서적 분위기를 지배하게 되며, 그 결과 집단원들의 상호작용 방식과 관계 형성에도 깊은 영향을 미치게 된다.

이러한 집단 역동 속에서 집단상담자는 종종 집단의 방어기제를 위협하는 존재로 인식된다. 집단원들은 상담자가 자신들의 기존 방어를 무너뜨리고 불편한 진실을 드러낼 것이라는 두려움을 느끼기 때문에, 상담자의 권위에 도전하거나 그의 개입을 무시하는 행동을 보인다. 또한 집단 내에서는 감정적으로 위축되거나, 집단원들이 집단적으로 침묵하는 현상이 나타나며, 이는 상호작용의 단절로 이어지고 집단의 진전과 성장을 방해하는 결과를 초래한다.

투쟁-도피 집단의 또 다른 특징은 감정적 방어기제가 매우 강력하게 작동한다는 점이다. 집단원들은 두려움과 분노에 기반하여 반사적으로 반응하기 때문에, 집단 내에는 좌절감과 정체 상태가 만연하게 된다. 이러한 분위기에서는 진지하고 깊이 있는 성찰이나 건설적인 대화가 이루어지기 어려우며, 집단원들 스스로도 감정의 소용돌이에 휘둘리며 방향성을 잃게 된다.

또한 집단상담자가 집단의 감정을 분석하거나 역동을 해석하려 할 때, 집단원들은 종종 침묵하거나 회피하거나, 혹은 노골적으로 적대적인 반응을 보인다. 일부 집단원들은 상담자가 감정적 문제를 드러내려고 하면 겉으로는 지지하는 것처럼 보이기도 하지만, 이러한 지지는 실제로 상담자의 개입을 진심으로 수용하려는 의도라기보다는, 불편한 감정을 피하고자 하는 방어적 태도에서 비롯된 경우가 많다.

③ 개입

투쟁–도피 집단에서 집단상담자는 매우 복잡하고 민감한 위치에 놓이게 된다. 상담자는 집단의 정서적 안정을 위협하는 인물로 비춰질 수 있으며, 이러한 인식은 집단원들로 하여금 상담자에게 적대감을 표출하거나 그의 개입을 무시하고 회피하는 반응을 유발한다. 특히, 상담자가 집단을 보다 생산적이고 성숙한 방향으로 이끌려고 할수록, 집단은 오히려 저항하거나 두려움을 느끼며 방어적 태도를 강화하게 된다. 이러한 현상은 집단이 기존의 감정적 방어기제를 유지하려는 무의식적 저항의 표현이라고 할 수 있다.

따라서 집단상담자는 이러한 반응을 억지로 바꾸거나 통제하려 하기보다는, 집단의 저항과 방어를 있는 그대로 수용하고 인내하며, 집단이 준비되기를 기다리는 태도를 유지해야 한다. 상담자의 개입 타이밍과 깊이는 집단의 현재 정서적 상태와 준비 정도에 맞추어 조절되어야 하며, 무리하게 해석하거나 분석적 개입을 시도할 경우, 집단은 더욱 큰 긴장과 저항을 보일 수 있다는 점을 반드시 유념해야 한다. 결국 투쟁–도피 집단에서 상담자의 가장 중요한 역할은, 집단이 안전하다고 느낄 수 있는 환경을 유지하면서도, 점진적으로 보다 성숙하고 건설적인 상호작용으로 나아갈 수 있도록 조율하고 지지하는 것이다.

표 3-1 Bion의 세 가지 기본 가정

구분	의존 (Dependency)	페어링(Pairing)	투쟁-도피 (Fight-flight)
주요 방어 반응	집단상담자에게 과도하게 의존하려 함. 상담자를 이상화하거나 때로는 평가절하함	현실의 어려움을 부정하거나 억누름. 문제를 직접 보지 않고 미래의 희망에 기대려 함	상황을 이분법적으로 나눔(좋음/나쁨). 문제를 외부 탓으로 돌림
대인관계 패턴	집단상담자를 '보호자이자 돌보는 사람(엄마 같은 존재)'으로 경험. 상담자가 없으면 불안해하고 공허감을 느낌	집단 내에서 '특별한 한 쌍(짝)' 혹은 상담자와의 특별한 관계를 통해 모든 문제를 해결할 수 있을 거라 믿음	외부 세계를 위협으로 인식 집단이 내부적으로 결속하거나 적을 공격/회피함
자기개념	상담자를 과도하게 이상화하여 스스로의 불안감과 낮은 자존감을 보완함	자신과 중요한 '짝'(또는 상담자)을 하나로 합쳐 문제를 해결하려는 심리	자신만이 중요하다는 태도(원초적 자기중심성) 혹은 강한 분노
상징적 주제	집단상담자를 예언자, 구원자, 반영웅, 신적 존재로 여김	영웅 탄생 이야기, 창조 신화, 특별한 관계에서 새로운 희망이 태어난다는 믿음	선과 악의 투쟁 이야기, 세상은 위협적이며 적으로 가득 차 있다는 인식
집단 내 역할	집단상담자의 '짝(dual)' 혹은 따르는 사람. 일부는 의존을 거부하려 하지만 결국 상담자를 필요로 함	'마리아와 요셉'처럼 이상적인 한 쌍. 지나치게 개인적이거나 비인격적인 관계로 나타남	집단을 방어하는 투쟁 지도자 혹은 도피(회피) 지도자
근본적 생물학적 요소	돌봄과 유대 형성(안전과 소속의 욕구)	생식과 창조(새로운 가능성, 미래 희망 창출)	위험으로부터의 보호(생존 본능)

3. 기본 가정의 특징

(1) 기본 가정은 더 근본적인 심리 상태의 표현이다

Bion은 기본 가정 집단의 개념을 제안한 초기에는 의존, 페어링, 투쟁–도피라는 세 가지 기본 가정을 각각 독립적인 심리 상태로 이해했지만, 점차 이들이 단순한 행위 양식이 아니라, 원초적 불안과 환상에 대한 반응으로 나타나는 이차적 형성물임을 강조하게 된다. 특히, 기본 가정은 집단 내에 불안이 극도로 고조될 때 활성화되며, 집단은 이를 방어하기 위한 무의식적 전략으로 기본 가정적 사고와 행동을 택한다. 이는 집단의 표면적 행동 이면에 깊이 자리한 심리 구조를 드러내는 단서가 된다.

(2) 기본 가정 집단은 집단상담자에 대한 특정한 상을 기대한다

세 가지 기본 가정은 모두 특정한 방식으로 집단상담자의 존재를 상정한다. 의존 가정은 과거의 메시아처럼 전능한 양육자에 대한 기대를 중심으로 작동하고, 페어링 가정은 미래의 구원자에 대한 희망을 통해 집단의 불안을 달랜다. 투쟁–도피 가정에서는 공격이나 도망의 정당성을 부여해 줄 지도자상이 필요하다. 그러나 이러한 집단상담자는 실제 인물이 아니라, 집단의 환상 속에서 구성된 상징적 인물로서, 종종 현실의 상담자와 괴리된 방식으로 인식된다.

(3) 기본 가정 집단은 '성장과 발전'을 방해한다

기본 가정 집단 역동에 빠진 집단은 현실적 변화와 성장을 촉진하려는 집단상담자를 쉽게 받아들이지 못한다. 투쟁–도피 집단은 이해와 성찰 자체를 부정함으로써 변화의 조건을 차단하고, 의존 집단은 과거의 이상화된 인물에 매달리며 집단은 스스로의 주체적 선택과 책임을 회피한다. 페어링 집단은 언젠가 나타날 이상적 리더에 대한 희망을 붙들지만, 그 인물이 실제로 등장하는 상황은 회피한다. 결국 변화와 성장은 이러한 기본 가정 상태의 집단에게 위협으로 경험되며, 변화가 현실에서 시작되는 순간 그것은 쉽게 감당하기 어려운 심리적 부담이 된다.

(4) 세 가지 기본 가정은 오이디푸스 환상과 연결되어 있다

Bion은 기본 가정들이 오이디푸스적 환상과 밀접하게 관련되어 있다고 보았다. 집단은 마치 하나의 인격처럼 작동하면서도, 그 안에서 집단원들은 어머니, 아버지, 아이의 심리적 역할을 분담한다. 이 삼각 구조는 집단 내 갈등, 경쟁, 애착의 뿌리가 되며, 집단상담자는 종종 '불편한 질문을 던져 현실을 직면하게 만드는 사람'으로 받아들여진다. 그의 해석이나 질문은 집단이 자기 내부의 무의식을 마주하게 만드는 계기가 되며, 이는 강한 불안을 유발한다.

(5) 집단상담자에 대한 투사와 그 의미

집단상담자는 집단원들의 무의식적 감정, 욕망, 두려움의 투사 대상이 되며, 이로 인해 그의 말과 행동은 왜곡되거나 과잉 해석되기 쉽다. 이러한 투사는 단순히 상담자에 대한 개인적 감정이 아니라, 상담자가 일깨우는 무의식과의 마주침에서 비롯된 불안의 표현이다. 집단은 이러한 불안을 견디기 어려울 때 다시 기본 가정적 사고로 후퇴하며, 상담자는 그 과정을 민감하게 인식하면서도 무리하게 개입하지 않고 기다릴 수 있어야 한다.

4. Bion의 특수작업 집단: 감정 조절의 사회적 장치

Bion은 인간이 집단을 형성할 때 자연스럽게 나타나는 세 가지 기본 가정이 현실 기반의 사고나 과업 수행을 방해하는 정서적 흐름으로 작용한다고 보았다. 이러한 감정들은 억압한다고 사라지지 않으며, 오히려 더 깊숙이 잠재되어 예기치 않은 방식으로 드러나곤 한다. 따라서 사회는 이 감정들을 직접적으로 표출하거나 해소할 수 있도록 구조적으로 감당할 수 있는 통로를 만들어 두었고, 그 역할을 맡은 것이 바로 교회, 군대, 귀족 계층과 같은 특수작업 집단(specialized work groups)이다.

1) 기본 가정을 담당하는 사회적 기관

교회는 사람들의 의존 욕구를 상징적으로 수용하고 조절하는 기능을 한다. 신에 대한 믿음과 절대적 보호자에 대한 신뢰는 의존 기본 가정과 같은 구조를 갖는다. Bion이 말한 교회는 단지 종교 조직이 아니라, 집단의 의존 욕구를 투사할 수 있는 전능하고 안정적인 존재로 기능하는 제도적 장치를 의미한다. 이런 관점에서 현대 사회의 '교회'는 실제 종교 기관일 수도 있고, 심리상담, 교육, 복지 시스템처럼 '우리를 돌봐 주는 존재'로 상징화된 구조일 수도 있다. 전통적 교회는 여전히 이 기능을 수행하지만, 오늘날에는 다양한 제도와 리더십 구조 속으로 그 역할이 분산되어 있다.

군대는 투쟁-도피 기본 가정에서 비롯된 불안, 공포, 분노 같은 감정 에너지를 외부로 투사하거나 통제하는 기능을 수행한다. 이는 단순한 무장 조직의 역할을 넘어, 사회의 위협 감정을 상징적으로 처리하는 제도적 통로로 작동한다. 현대 사회에서 이런 기능은 군대뿐 아니라 경찰, 안보 기관, 테러 대응 조직, 민간 보안 체계, 또는 정치적 · 이념적 적대감을 조직화하는 단체들에도 분산되어 있다. 이들은 사회 내부의 긴장을 외부의 적이나 상징적 충돌 구조로 옮겨냄으로써 집단의 감정적 균형을 유지하도록 돕는다.

귀족 계층은 페어링 기본 가정에서 비롯된 '구원자에 대한 희망'을 상징하되, 그것이 현실로 실현되지 않도록 억제하는 기능을 한다. 이들은 메시아적 환상을 유지하면서도 집단이 실제로 변화하거나 발전하는 것은 회피하게 만든다. Bion에게 귀족 계층은 단순한 상류층이 아니라, 감정 에너지를 조절하기 위해 형성된 상징적 집단이다. 현대 사회에서도 이 기능은 정치 엘리트, 연예인, 인플루언서, 대기업 오너, 학계나 문화계 권위자들 등 다양한 형태로 나타난다. 이들은 대중의 기대와 희망을 끌어안되, 일정한 거리감과 통제를 유지함으로써 변화보다 안정을 우선하는 구조를 재생산한다.

2) 특수작업 집단의 조절 기능 상실의 문제점

특수작업 집단이 본래의 감정 조절 기능을 상실하면, 억압되거나 과도하게 분출된 감정이 주된 집단에 부정적인 영향을 미친다. 감정이 억압될 경우, 표면적으로는 조용하고 안정된 것처럼 보일 수 있으나, 이는 감정이 사라진 것이 아니라 무의식에 밀폐된 상태이다. 억눌린 감정은 수동적 저항, 냉소, 소극성 등의 형태로 표출되며, 집단의 정서적 성장과 변화 가능성을 가로막는다. 반대로 억제가 실패하면 감정이 통제되지 않은 채 현실로 분출되며, 해당 집단은 그 에너지를 감당하지 못하고 경직되거나 마비된다.

예를 들어, 교회가 의존 욕구를 상징적으로 조절하지 못하면 신에 대한 건강한 신뢰는 광신적 맹종으로 변질된다. 특정 지도자가 절대화되고 비판이 억압되는 구조는 집단 내 질문과 반성을 차단하고 외부에 대한 공격성을 강화하여 사회적 갈등을 유발한다. 군대나 유사 조직에서 투쟁-도피 감정을 통제하지 못할 경우, 공포와 공격성은 내적 폭력이나 외적 혐오로 전이된다. 군 내부의 집단 괴롭힘이나 권위주의적 문화, 정치 담론에서 반복적으로 '외부의 적'을 설정하는 방식 등은 감정을 현실 과업이 아닌 심리적 투사의 방식으로 다루는 병리적 구조를 보여 준다. 이러한 방식은 오히려 사회를 지속적인 긴장 상태에 빠뜨린다. 귀족 계층은 페어링 가정에서 비롯된 메시아적 희망을 상징하지만, 변화로 이어지지 않도록 억제하는 기능을 한다. 그러나 그 기능이 고착되면, 희망은 반복되지만 현실 변화는 발생하지 않아 대중의 정서적 소진과 냉소를 초래한다. 예컨대 정치 엘리트가 변화의 메시지를 반복하지만 실제 개혁이 이루어지지 않거나, 조직 내 혁신의 상징이 체제에 흡수되어 무력화되는 상황은 집단의 감정 에너지가 희망이라는 상징 속에 묶여 정체되는 결과를 낳는다.

이처럼 특수작업 집단이 감정을 상징적으로 처리하지 못하고, 해석 대신 억압이나 행동으로 옮길 때, 그 여파는 고스란히 주된 집단에 전이된다. 그 결과 사회는 현실적 문제 해결 능력을 상실하고 병리적 구조에 빠지게 된다. 감정의 건강한 흐름을 유지하기 위해서는 기본 가정을 상징적으로 다루는 해석적 장치가 반드시 필요하다.

3) 상징과 해석을 통한 기본 가정 해소

이러한 위험 때문에 기본 가정은 행동이 아닌 해석의 언어로 다루어져야 한다. 즉, 기본 가정에 내재된 감정을 그대로 실행에 옮기기보다, 그것을 상징화하고 해석을 통해 안전하게 처리해야 한다. 예를 들어, 교회는 누군가의 성취를 '개인의 능력'이 아니라 '신의 은총'으로 해석함으로써, 개인의 오만이나 자만을 막고, 집단 내 경쟁과 갈등을 상징적으로 중화하는 역할을 한다. 마찬가지로 군대는 '우리는 무엇이든 할 수 있다'는 믿음을 고양시키지만, 실제로는 무분별한 힘의 사용을 금지하고 통제한다. 이러한 방식은 감정의 에너지를 부정하거나 억압하는 것이 아니라, 상징을 통해 사회적으로 수용 가능한 형태로 전환시키는 장치이다.

해석의 언어는 감정을 부정하지 않으면서도, 그것이 집단을 위협하거나 혼란에 빠뜨리지 않도록 조절하는 기능을 한다. 이는 마치 뚜껑을 열지 않고도 압력을 빼내는 밸브와 같다. 해석과 상징은 감정의 의미를 포착하고, 그것을 말로 담아냄으로써 현실에서 안전하게 다룰 수 있도록 돕는다. 이 과정을 통해 감정은 사회 안에 통합될 수 있으며, 집단은 정서적으로도 성장하고 안정된 방향으로 나아갈 수 있다.

Bion이 말한 특수작업 집단은 사회 내 불안과 감정 에너지를 상징적으로 조절하여 안정과 질서를 유지하는 데 기여한다고 보지만, 이 개념은 동시에 비판의 대상이 될 수 있다. 감정을 억제하거나 직접 표출하지 않고 제도적 상징을 통해 해소하는 구조는 갈등을 완화하고 정서적 균형을 제공하는 동시에, 근본적인 사회변화나 저항을 억제하는 장치로 작동할 수 있기 때문이다. 예컨대, 교회는 의존 욕구를 신앙으로, 군대는 공포와 공격성을 충성심과 명예로, 귀족 계층은 메시아적 희망을 계급과 전통으로 상징화함으로써 감정의 해소를 가능하게 하지만, 이는 동시에 현실의 문제를 구조적으로 은폐하고 기존 질서를 고착화하는 기능을 한다. 이러한 관점에서 볼 때, Bion의 이론은 사회적 정서 조절의 유용한 틀을 제공하지만, 그 안정이 어떤 감정을 억압하고, 어떤 권력을 유지하는지를 비판적으로 성찰하는 시각이 필요하다.

4) 집단상담 내 하위 집단(sub-group): 특수작업 집단과 유사한 감정 조절 기능 수행

집단상담에서도 Bion이 말한 특수작업 집단이 수행하는 감정 조절 기능과 유사한 역할을 하위 집단(sub-group)이 담당하는 현상이 나타날 수 있다. 하위 집단은 단순한 소집단이 아니라, 집단 전체가 감정 에너지를 처리하기 위해 형성하는 심리적 장치로 기능할 수 있다. 집단이 불안이나 위협을 경험하면, 개별 집단원들이 감당하기 어려운 감정이 집단 전체로 퍼지며 무의식적으로 기본 가정(의존, 싸움-도피, 페어링)의 형태를 띠게 된다. 이때 감정은 단순히 흘러가는 것이 아니라, 집단 내에서 그것을 해소하거나 정리하려는 움직임이 나타나며, 이러한 기능을 수행하는 특정 하위 집단이 형성된다.

이러한 하위 집단은 상담자의 의도를 대신 해석하거나, 집단 내에서 받아들일 수 있는 방식으로 상담자의 메시지를 '번역'하는 역할을 하기도 한다. 이는 현실 과업 중심의 작업 집단이라기보다, 불안한 감정을 조절하려는 정서적 대응 체계로서 형성된 것이다. 이는 집단이 정서적으로 퇴행하고 있다는 신호이기도 하며, 특히 상담자를 해석되지 않는 위협적 존재로 경험할 때 더욱 두드러진다. 이 경우, 집단은 상담자에게 불안과 공포를 투사하고, 그에 대한 방어 반응으로 상담자의 개입을 왜곡하거나, 회피하거나, 누군가가 상담자를 대신해 '완충 역할'을 수행하는 등 다양한 하위 집단의 정서적 조절 방식이 나타날 수 있다.

집단상담자는 집단이 현실적인 작업보다 정서적 생존을 우선시할 때, 기본 가정의 구조에 따라 움직이며, 그 감정 에너지를 정서적으로 감당할 수 있는 방향으로 조직한다는 것을 이해할 필요가 있다. 집단상담자는 자신의 해석이 저항을 불러오는 이유를 단순한 반감이나 오해가 아니라, 집단이 변화에 대한 감정적 충격을 견디기 어려워하는 방어 반응으로 읽을 수 있어야 한다. 집단의 정서적 반응이 갑자기 방향을 바꾸거나, 어떤 말이나 개입이 의외의 정적이나 저항을 유발할 때, 그 밑에 흐르는 기본 가정의 감정 구조를 감지하는 것이 필요하다.

집단상담자가 유의해야 할 실천적 포인트

- 집단상담 내 감정을 개인이 아닌 집단 전체의 정서 흐름으로 이해하기
- 기본 가정(의존, 투쟁-도피, 페어링)의 징후를 민감하게 감지하기
- 감정을 억압하거나 지시하기보다, 언어화하고 해석 가능한 형태로 다루기
- 집단은 상담자를 '교회'(의존 대상), '군대'(투사 대상), '귀족'(이상화 대상)처럼 기능하게 만들 수 있음을 인식하기
- 감정에 휘말리지 않고, 반영자이자 해석자로서의 중립성 유지하기

집단상담에서 '상징화'와 '해석'

상징화와 해석은 감정을 억압하거나 회피하는 것이 아니라, 그것이 집단을 위협하지 않으면서도 의미 있게 다룰 수 있도록 돕는 방식이다. 말로 표현되지 못한 감정은 언어를 통해 정서로 바뀌고, 그렇게 다듬어진 정서는 다시 사고 가능한 주제가 된다. 이 과정을 거치며 집단은 퇴행이나 무기력에 머무르지 않고, 감정을 함께 나누고 탐색하며 현실을 직면할 수 있는 힘을 갖게 된다. 감정은 더 이상 두렵고 통제하기 어려운 에너지가 아니라, 집단이 함께 이해하고 성찰할 수 있는 공동의 자원이 되는 것이다.

• 상징화: 감정을 안전하게 담아 주는 언어적 장치

집단 안에서 흐르는 감정을 직접 표현하기 어려운 순간, 상담자는 그 분위기를 감지하고 상징적인 언어로 포착해 표현한다. 이는 감정을 곧장 다루기보다, 말로 감싸안아 감정과 함께 머물 수 있는 안전한 공간을 만들어 주는 역할을 한다.

예시)

"말로 설명하기는 어렵지만 지금 이 방 안에 뭔가 무거움이 감도는 것 같아요. 혹시 다른 분들도 느끼고 계신가요?"

"그 이야기가 나오고 나서, 방 안의 공기가 조금 달라진 것 같네요. 그 이야기를 어떻게 받아들여야 할지 조심스러울 수도 있을 것 같은데요."

• 해석: 감정의 무의식적 흐름에 의미를 부여하기

집단 안에서 반복되거나 설명되지 않는 반응들이 있을 때, 그 안에 흐르는 무의식적 감정의 의미를 언어화함으로써, 집단이 그 감정을 사고 가능한 대상으로 다룰 수 있도록 한다.

예시)

"집단 안에서 너무 솔직해지는 것은 불편하거나, 너무 튀는 게 아닌가 조심스러운 마음이 있는 것 같아요."

"나무 님이 말할 때 우리 안에 어떤 긴장감이 올라오는 것 같아요. 그게 나무님 때문이기보다는, 나무 님이 꺼낸 주제가 우리 모두에게 조금 낯설고 어려운 감정을 건드리는 건 아닐까 싶은데요."

실습 1

작업 집단과 기본 집단 파악하기

■ **활동 목표:** 작업 집단과 기본 가정 집단의 전환을 인식하고, 그에 따른 상담자의 개입 가능성을 탐색한다.

■ **활동 방법:** 사례를 다음의 촉진 질문을 활용하여 분석해 본다.

[사례]

여섯 명의 집단원이 처음으로 얼굴을 맞대는 두 번째 회기이다. 집단이 시작되고 잠시 침묵이 흐른 후, 한 집단원이 말한다. "우리 서로 이름으로 불러도 괜찮을까요?" 몇몇 집단원들이 고개를 끄덕이고, 누군가는 "그게 훨씬 편하죠."라며 동의한다. 그러나 한 집단원이 갑자기 "전 제 이름을 부르는 게 좀 불편해요. 그냥 서로 선생님이라고 부르죠."라고 말하자, 분위기가 다소 가라앉는다. 다른 한 집단원은 "그럼 차라리 별명을 정하죠."라고 제안하지만, 대화는 흐지부지되고 집단 내에 묘한 정적이 흐른다. 사람들의 시선이 집단상담자에게 향하기 시작하고, 한 집단원은 "그래도 뭔가 정해야 하지 않을까요?"라고 말한다. 그 이후로는 더 이상 이 주제에 대한 말이 오가지 않고, 집단은 조용해진다.

1) 작업 집단으로서의 기능을 보인 부분은 어디입니까? 어떤 말이나 행동에서 현실적인 문제 해결을 향한 시도가 보입니까? 그 시도의 의도는 무엇이었습니까?

2) 기본 가정 집단으로의 전환은 어떻게 감지됩니까? 집단 내 정서 흐름이 어떻게 변화하고 있습니까? 어떤 방어기제(예: 분열, 투사, 부정 등)가 암시되었습니까?

3) 집단원들이 말로 표현하지는 않았지만, 다 같이 따르고 있었던 분위기나 규칙 같은 것이 있었습니까? 예를 들어, '이런 말은 하면 안 된다', '이런 감정은 보여 주면 안 된다' 같은 것들이 있었습니까? 이런 분위기가 집단의 대화나 흐름에 어떤 영향을 준 것 같습니까?"

4) 앞에서 설명한 세 가지 기본 가정 유형 중 이 집단 장면에 가장 가까운 유형은 무엇입니까? 그 이유는 무엇입니까?

가능한 상담자 개입 예시:

"처음엔 이름을 나누는 것이 편할 것 같다는 이야기가 나왔는데, 지금은 조금 조심스러워진 것 같아요. 혹시 각자 마음속에 어떤 생각이나 느낌이 있는지 나누어 볼 수 있을까요?" (집단이 마주한 정서적 전환을 드러내고 표현될 수 있는 안전한 공간 조성)

"이름을 나누는 것이 왜 불편했는지 이야기를 나눠 볼 수 있을까요?", "지금 서로를 어떻게 느끼고 있는지 이야기를 나누어 볼까요?" (기본 가정 상태에서 작업 집단으로 돌아올 수 있도록 현실 감각을 회복시키는 역할)

실습 2

의존 기본 가정과 투사적 동일시의 이해

- **활동 목표:** 의존 기본 가정이 집단 안에서 어떻게 나타나는지 파악하고, 의존 기본 가정 집단에서 집단상담자의 투사적 동일시 경험을 이해한다.
- **활동 방법:** 사례를 다음의 촉진 질문을 활용하여 분석해 본다.

[사례] "답을 주세요"

집단이 시작되자마자 침묵이 흘렀다. 평소보다 더 길고 무거운 침묵이었다. 한 남성 집단원이 조심스럽게 손을 들고 말했다. "선생님, 저는 요즘 계속 무기력하고 아무것도 할 수 없어요. 왜 그런지 모르겠어요. 그 이유가 뭘까요?" 그 뒤를 이어 또 다른 집단원이 말했다. "저도 그래요. 뭔가 자꾸 반복되는 문제에 빠지는 느낌인데, 도대체 왜 그런지 알고 싶어요. 상담자 님은 어떻게 생각하세요?" 이후에도 몇몇 집단원들이 연이어 자신들의 문제 상황을 이야기했지만, 공통적으로 문제의 원인이나 해결책을 '상담자가 말해 주길 바라는 태도'가 강하게 느껴졌다. 집단원들 사이에는 질문이나 반응이 거의 없었고, 모두가 마치 한 명씩 차례로 상담자에게 묻는 듯한 형국이었다.

한 여성은 종이컵에 물을 따르며 말했다. "사실, 우리가 여기서 뭘 할 수 있는 건지도 잘 모르겠어요. 그냥, 여기 오면 뭔가 나아지지 않을까 하는 생각으로 오긴 해요……."

그 순간 나는 묘한 감정에 휩싸였다. '내가 뭔가 꼭 말해야 할 것 같다. 무언가 정답을 주어야 한다.' 집단원들의 질문은 하나같이 나에게서 해답을 끌어내려는 기대로 가득 차 있었고, 나는 갑자기 혼자 무대 위에 올라선 것 같은 압박감을 느꼈다.

동시에 이런 생각도 스쳤다. "이건 지금 내 감정일까, 아니면 이 집단이 나에게 던진 어떤 감정일까?" 그리고 문득 깨달았다. 지금 나는 이 집단 안에서 '해결해 주는 사람', '정답을 아는 사람'이라는 역할을 강하게 부여받고 있었다. 나는 집단원들이 자기 안의 무력감, 혼란, 불안을 나에게 던지고, 나는 그것을 대신 느끼고 있는 중이었다. 바로 투사적 동일시였다. 집단원들의 감정이 나에게 던져지고, 나는 그 감정을 '내 것'처럼 느끼고 있었다.

나는 조심스럽게 말했다. "제가 지금 느끼는 건, 여러분 모두가 저에게 '무엇이 문제인지 말해달라'는 눈빛으로 기대를 걸고 있다는 거예요. 마치 제가 여러분의 삶에 대해 이미 답을 알고 있는 사람처럼요. 그런데 그 기대가 너무 커서, 오히려 제가 숨이 막힐 정도예요. 여러분 스스로가 생각해 보고 서로 나누는 것보다, 제가 해 주는 말을 듣고 싶어 하는 분위기 같아요. 혹시 지금 이 집단 안에서 그런 의존적인 기대가 생긴 건 아닐까요?"

한동안 정적이 흘렀고, 몇몇 사람들은 시선을 피했다. 누군가는 눈살을 찌푸렸고, 누군가는 어색한 미소를 지었다. 그러나 조금 뒤, 한 남성이 말했다. "사실, 맞아요. 저는 진짜 제가 뭘 해야 할지 모르겠고, 그냥 누가 좀 알아서 끌고 가줬으면 좋겠다는 마음이 있어요."

1) 이 집단에서 의존 기본 가정은 어떤 방식으로 나타나고 있습니까?

2) 상담자가 느꼈던 '압박감'과 '정답을 줘야 할 것 같은 느낌'은 어떤 의미가 있습니까? 이런 감정은 상담자 개인의 반응일까, 아니면 집단 내에서 생긴 무언가의 결과입니까? 투사적 동일시가 이 장면에서 어떻게 작동하고 있는 것 같습니까?

3) 집단상담자의 해석("저에게 너무 많은 기대가 쏠려 있다")은 적절했다고 생각합니까? 만약 나라면 어떻게 개입했을 것 같습니까?

4) 상담자의 해석 이후 집단의 반응(침묵, 불편함, 인정)은 무엇을 의미한다고 봅니까?

실습 3

조별 활동: 기본 가정과 집단상담자에 대한 전이 경험 나누기

■ **활동 목표**: 집단상담자에 대한 전이 경험을 되돌아보며, 그 전이가 단순한 개인 감정이 아니라 집단 내 기본 가정(의존, 투쟁–도피, 페어링)의 정서 흐름 속에서 나타난 집단적 반응일 수 있음을 탐색한다.

■ **활동 방법**: 다음의 질문을 참고하여 조별로 집단상담자에 대한 자신의 전이 경험과 정서 반응을 나눈다. 나의 반응이 집단의 어떤 정서 흐름과 관련되어 있었는지를 함께 탐색한다.

■ **토론 질문**

1) 내가 집단상담자에게 가졌던 감정, 기대, 환상은 무엇이었습니까?

2) 그 감정이나 기대는 집단의 불안, 의존, 회피, 희망 같은 흐름과 어떤 관련이 있었습니까? 기본 가정의 관점에서 성찰해 봅시다.

3) 나의 반응에 대해 상담자는 어떻게 반응했습니까? 그 반응이 나에게 어떤 의미로 다가왔습니까?

4) 만약 내가 상담자였다면, 나와 같은 전이를 어떻게 다루었을까? 어떤 개입이 효과적이었을까?

제4장

집단상담에서 분노와 적대감 다루기

학습목표

1. 집단상담의 발달 단계별로 적대감이 어떻게 발생하는지 이해한다.
2. 집단 내에서 분노와 적대감이 지니는 심리적 · 관계적 기능을 분석할 수 있다.
3. 언어적 공격이 발생하는 맥락과 그 이면의 감정을 읽고 해석할 수 있다.
4. 공격을 경험한 사람과 표현한 사람 모두에 대한 적절한 개입 방안을 구체화할 수 있다.

들어가며

- 집단상담 장면에서 누군가가 날카로운 말로 타인을 공격하는 순간, 어떤 감정을 느끼는가?
- 집단상담에서 분노는 단지 '화난 사람의 문제'일까, 아니면 집단 전체의 흐름 속에서 이해해야 할 신호일까?
- 집단상담자는 이러한 분노의 장면 앞에서 어떤 태도를 취해야 할까? 정리하고 잠재워야 할 위험한 감정일까요, 아니면 치유의 기회일까?
- 언어적 공격, 전이, 희생양 만들기 같은 역동 속에서 상담자는 어떻게 개입해야 집단이 안전하게 감정을 다루고 성장할 수 있을까?

1. 집단 내 분노/적대감

적대감은 타인을 향한 분노로, 가볍게 짜증을 내는 수준부터 원초적이고 통제되지 않는 깊은 분노까지 폭넓은 스펙트럼을 가진다. 특히, 집단상담에서는 개인상담과 달리 내담자들이 자신의 분노를 단순히 말로 하는 데 그치지 않고, 실제로 다른 집단원에게 직접 분노를 표현하고 그 결과 갈등이 발생하는 상황이 자주 발생한다. 이러한 상호작용은 집단의 역동을 만들어 내는 핵심 요소로, 집단상담자는 이를 민감하게 감지하고 조율할 수 있는 역량이 필요하다.

분노나 적대감은 개인의 성격이나 외부 현실에 영향을 받아 나타나기도 하지만, 동시에 집단이라는 전체 맥락 속에서 이해되어야 한다. 집단은 그 자체로 하나의 생명력을 가진 유기체처럼 움직이며, 일정한 발달적 특성을 가진다. 이러한 집단의 발달상의 흐름은 집단원 각자의 감정과 심리적 갈등을 자극하고, 그 결과로 드러나는 적대감은 개인의 문제가 아니라 집단 전체의 역동과 맞물려 나타나는 현상이다. 따라서 상담자는 집단 내에서 일어나는 적대적 관계를 단순히 개인의 특성에 따른 문제로 보기보다 그것이 전체 집단의 흐름과 어떤 방식으로 연결되는지, 또 개인의 감정적 주제를 어떻게 드러내는지를 함께 읽어내야 한다.

집단 안에서 적대감이 드러나는 상황은 상담자에게도 쉽지 않은 장면이다. 하지만 그 안에 담긴 심리적 의미를 이해하고, 적절하게 개입하여 다룰 수 있을 때, 집단은 갈등을 넘어서 더욱 진솔하고 깊은 정서적 연결로 나아갈 수 있다. 적대감이 단절이 아닌 회복의 기회가 되도록 만드는 것은 집단상담에서 중요한 치료적 전환점이 될 수 있다.

1) 발달 단계별 적대감 발생 이유

집단상담에서 적대감이 발생하는 이유는 집단이 처한 발달 단계와 밀접하게 관련되어 있다. Gans(1989)는 집단상담의 각 발달 단계에서 적대감이 왜 발생하는지를 구체적으로 설명하며, 이를 통해 상담자는 집단 내 갈등을 문제로 보기보다 성장을 위한 통과의 례로 수용할 수 있도록 도와야 한다고 말한다. 각 단계에서의 적대감은 그 시기 집단원들이 마주하는 불안, 갈등, 욕구, 관계적 긴장과 밀접하게 연결되어 있으며, 이를 잘 이해하면 상담자는 보다 적절하고 효과적인 개입을 할 수 있다. 다음은 Gans가 제시한 발달 단계별 적대감 발생 요인에 대한 설명이다.

(1) 초기 단계

초기 단계는 집단원들이 처음으로 집단이라는 낯선 환경에 들어서며 심리적으로 많은 불안을 경험하게 되는 시기이다. 각 집단원은 자신의 정체성을 어떻게 보여 줄지, 타인에게 어떻게 비춰질지를 고민하며, 그 과정에서 수치심, 긴장감, 불안, 두려움 같은 다양한 감정에 직면하게 된다. 이러한 감정들은 명확히 인식되기보다 무의식적으로 억압되거나 왜곡되어 표현되기 쉬우며, 그 결과로 적대적인 언행이 나타나기도 한다. 초기 단계의 적대감은 대체로 관계를 형성하기 이전, 즉 상호 간 신뢰나 정서적 안전감이 충분히 구축되지 않은 상태에서 발생하기 때문에 특히 예민하고 날카롭게 표출된다. 상담자는 이 시기의 적대감을 단순히 문제 행동으로 보지 않고, 집단에 적응하려는 과정에서 발생하는 방어적 반응으로 이해해야 하며, 그 배경에 있는 감정을 민감하게 읽고 개입하는 것이 중요하다. 다음은 Gans가 제시한 초기 단계의 적대감 유발 요인에 대한 상세 설명이다.

① 집단에 대한 불안

집단 초기에는 낯선 사람들과 한 공간에 있어야 한다는 사실 자체만으로도 불안을 유발한다. 여기에 자신이 어떤 사람인지 드러나게 될까 두렵고, 나의 모습이 판단받을지도 모른다는 생각은 수치심과 무력감을 동반한다. 이 무력감을 벗어나기 위해 일부 집단원

예시

첫 만남에서 하늘은 조용히 있던 라면에게 "이런 자리에서 아무 말도 안 하는 건 예의가 아닌 것 같아요."라고 날카롭게 말했다. 사실 하늘은 낯선 상황에서 긴장되고 불안했지만, 그 감정을 다루기 어려워 다른 사람을 비난함으로써 스스로를 방어했던 것이다.

은 상담자나 다른 집단원을 공격함으로써 자신이 약하지 않다는 것을 확인하려 한다. 하지만 이런 방식은 오히려 집단 전체의 긴장을 높이게 된다.

② 공격에 대한 취약성

집단 초기는 집단원들이 정서적으로 가장 민감하고 쉽게 상처받을 수 있는 시기이다. 이때는 이성적이고 사회화된 모습보다는, 억눌린 감정이나 원초적인 반응이 더 쉽게 드러난다. 의도치 않은 말 한마디가 누군가의 방어를 자극하고, 그로 인해 공격적인 반응이 일어나기도 한다.

예시

산이 어릴 적 어머니가 돌아가신 이야기를 꺼내며 울음을 터뜨렸을 때, 자몽이 "그건 엄마한테 의존하고 싶은 마음인 것 같아요"라고 말했다. 자몽은 도와주려는 의도였지만, 다른 집단원들은 감정을 무시하고 분석한다고 느끼며 자몽에게 강하게 반응했다. 산 역시 이후 입을 닫고 움츠러들었다.

③ 편견과 소외에 대한 두려움

처음 보는 사람들이 모인 집단에서는 불확실성과 낯섦이 불안을 유발한다. 사람들은 그 불안을 줄이기 위해 타인을 빠르게 판단하거나 분류하는 경향을 보이며, 이는 종종 편견으로 나타난다. 편견은 일시적으로 안전감을 줄 수 있지만, 결국 타인의 고유한 존재를 침해하게 되어 갈등을 일으킬 수 있다.

예시

별은 말투에 사투리가 섞여 있었고, 나무는 "혹시 지방에서 오셨어요?"라고 묻은 뒤 "사투리 쓰는 분들 보면 정겹긴 한데, 가끔 말이 세게 느껴져요."라고 말했다. 나무는 솔직하게 말했지만, 일부 집단원들은 그가 별을 무시한 것처럼 느꼈고, 별 역시 위축되어 말수가 줄어들었다.

④ 통제감 상실에 대한 불안

집단에서는 언제 말할 수 있는지, 누가 주목받는지, 어떤 주제로 이야기가 흘러가는지 등 많은 요소들이 개인의 의지대로 되지 않는다. 이러한 통제감의 부족은 짜증과 분노를 불러일으키며, 때로는 공격적으로 표현되기도 한다. 또한 비밀을 털어놓는 행위 자체가 집단의 통제 아래 놓이는 듯한 위협으로 느껴질 수 있다.

예시

바다는 오랫동안 숨겨왔던 우울감을 고백한 직후 갑자기 날을 세우며 "이제부터 다들 저 감시하는 건가요?"라고 말했다. 또 단풍은 눈에 띄게 예민해진 바다에게 "요즘 너무 예민하신 거 아니에요?"라고 말했고, 이후 바다는 자신이 '이상한 사람'이 된 것 같다고 느끼며 집단에 거리를 두기 시작했다.

⑤ 자기애적 상처

집단에서는 쉽게 무시당하거나 잊혀지고, 기대했던 반응을 받지 못하거나 비교당하는 일이 생기기 쉽다. 이러한 경험은 자존감에 깊은 상처를 남기고, 분노와 적대감으로 이어지기도 한다. 하지만 이런 상처는 치유의 기회가 될 수 있으며, 서로의 상처를 이해하고 책임을 나누는 과정을 통해 집단은 더욱 성숙한 공간으로 변화한다.

예시

초코는 진심을 담아 자신의 외로움에 대해 이야기했지만, 그 순간 다른 집단원들이 시계를 보는 모습을 보고 모욕감을 느꼈다. 그 뒤로 초코는 "여기선 누가 진짜로 내 얘기를 들어주긴 하나요?"라며 차가운 태도를 보였다. 이후 물결이 "저도 그런 느낌 들 때 있었어요."라며 말을 건넸고, 초코는 점차 감정을 나누기 시작했다.

(2) 과도기 단계

집단상담에서 과도기는 집단원들이 어느 정도 서로를 알게 되었고, 이제 관계 속에서 자신의 위치를 확인하고, 경계를 시험하며 감정적으로 더 깊은 반응을 보이기 시작하는 시기이다. 이 시기에는 통제, 권력, 소속감에 대한 양가감정이 강하게 나타나며, 집단원들은 집단에 완전히 속하고 싶어 하면서도 동시에 저항하는 마음을 함께 지닌다. 이 시기에는 투사라는 심리적 방어기제가 활발히 나타나고, 집단 안에서 형성된 규범들도 집단원들에 의해 시험되며 다시 조정된다. 이 단계의 집단은 종종 '경계를 시험하는 거대한 사춘기 청소년'에 비유되는데, 겉으로는 반항적이고 제멋대로 행동하는 것처럼 보이지만 실제로는 자신을 지켜 줄 규칙과 한계를 기대하고 있다는 점에서 그러하다. Gans(1989)는 집단상담 과도기 단계에서 적대감이 나타나는 주요 원인을 다음 네 가지로 설명한다.

① 자기 자신과의 대면

과도기에는 집단원들이 종종 다른 사람에게 분노를 표현하지만, 그 감정의 근원은 사실 자기 자신일 때가 많다. 어떤 집단원의 특정한 성격이나 행동이 불쾌해서 공격하지만, 실제로는 그 특성이 자기 안에도 있거나, 과거에 억눌렀던 자기 모습일 수 있다. 이러한 반응은 자기 자신을 직면하는 첫걸음이 되며, 정신역동적으로는 투사적 동일시라는 개념으로 설명된다. 이는 감당하기 어려운 내면의 요소를 타인에게 던져 넣고, 그 사람을 비난하다가 결국 다시 그것이 자기 것임을 깨닫게 되는 심리적 과정이다. 결국 누군가를 강하게 비난하는 행동은 자신의 받아들이기 어려운 모습과 마주하려는 무의식적인 시도로 볼 수 있다.

예시

단비는 코코가 매번 모임에서 자기 얘기만 한다며 짜증을 냈다. "자기 얘기밖에 안 하잖아요. 다른 사람은 안 보여요?"라고 말하며 불편함을 드러냈지만, 이후 상담자가 "단비가 자기 얘기를 할 때는 어떤 기분인가요?"라고 묻자, 단비는 자기도 누군가에게 집중받고 싶었지만, 그걸 부끄럽고 이기적인 감정이라 생각하며 눌러 왔다는 것을 알아차렸다.

② 관심 경쟁

과도기 집단에서는 누가 더 주목받고, 누가 상담자에게 더 가까운지에 대한 경쟁심이 강하게 작용하며, 이는 적대감의 주요 원인이 된다. 특히, 새 집단원이 들어올 때 기존 구성원은 자신의 자리가 위협받는다고 느끼며 분노하거나, 반대로 과잉 친절로 긴장을 숨기기도 한다. 또한 평범해 보이는 상호작용 속에서도 과거 가족 안에서의 형제 관계와 관련된 감정이 재현되며 갈등이 생길 수 있다.

예시

모임 초반, 초코가 새로 들어온 바람에게 "아픈 이야기만 하면 관심 받는 줄 아나 봐요."라고 말하며 날카로운 태도를 보였다. 모두가 당황했지만, 이후 초코는 이전 가족 안에서 동생이 늘 아프다는 이유로 부모의 관심을 독차지했던 기억이 떠올랐다고 털어놓았다. 그 감정이 바람에게 투사되어 적대감으로 표현된 것이다.

③ 전이

전이는 과거의 미해결된 관계 감정이 현재의 사람에게 옮겨지는 심리 현상이다. 과도기에는 이러한 전이가 더욱 활발하게 나타나며, 집단원들은 상담자나 다른 집단원에게 과거 중요한 인물에 대한 감정을 덧씌우고, 강한 적대감을 보이기도 한다.

예시

비는 상담자가 다른 사람에게 웃으며 반응한 순간, 표정이 굳어졌다. 이후 "여기 와도 결국 누군가는 무시당하네요."라며 날을 세웠다. 알고 보니, 비는 어린 시절 아버지가 늘 누나에게만 미소 지으며 자신은 무시했던 기억을 상담자에게 옮겨 느끼고 있었던 것이다. 또 다른 예로, 자몽은 소금이라는 남성 집단원이 말끝마다 "근데 제 말이 맞죠?"라고 확인하는 모습에 강하게 분노했는데, 이는 어릴 적 항상 자신을 논리로 제압하던 어머니에 대한 분노가 옮겨진 반응이었다.

④ 조기 종결

조기 종결은 어떤 단계에서도 일어날 수 있지만, 과도기에는 특히 강한 감정적 반응과 적대감을 유발한다. 떠나는 사람을 보고 질투나 분노를 느끼거나, 그 사람에게 감정적으로 중요한 의미를 부여한 경우 실망과 상처를 경험하게 된다. 또한 떠나는 이의 결정을 비난하거나, 그 이탈이 집단 전체에 대한 공격으로 느껴지기도 한다.

예시

달은 집단 참여 두 달 만에 조용히 종결 의사를 밝혔다. 이를 들은 눈은 "그렇게 쉽게 떠날 거였으면 왜 진작 말 안 했어요?"라며 날카롭게 반응했다. 이후 상담자가 함께 떠나는 의미를 다루는 시간을 가지자, 눈은 "달이 내 얘기에 진심으로 반응해 준 몇 안 되는 사람이었는데, 그냥 가 버려서 배신당한 기분이에요."라고 털어놓았다. 감정적 연결이 있었던 만큼, 떠남은 상실로 이어졌고, 그로 인해 적대감이 발생한 것이다.

(3) 성숙 단계

성숙기는 집단상담에서 집단원들이 서로 간, 그리고 상담자와의 관계를 비교적 안정적으로 정리해 가는 시기이다. '성숙기'라는 말이 모든 집단원이 성숙해졌다는 의미는 아니며, 이 시기는 집단원들이 집단 내 상호작용을 자율적으로 조율하고, 주제의 흐름을 자연스럽게 나눌 수 있는 구조가 자리 잡기 시작한 단계라는 뜻이다. 점차 상담자의 개입 없이도 감정을 나누고 서로를 지지하는 역량이 커진다.

이 시기에는 초기나 과도기와 비교해 직접적인 적대감 표현은 줄어들지만, 적대감이 완전히 사라지는 것은 아니다. 어떤 집단원이 갑작스레 예민하게 반응하거나 짜증을 내는 모습은, 집단을 떠날 준비 중이라는 신호일 수 있다. 이는 현실 관계에서 만족감을 느끼기 시작했거나, 종결이 다가오며 이별과 실망을 무의식적으로 인식한 결과일 수 있다. 성숙기의 적대감은 종결을 향한 심리적 반응으로 이해하는 것이 필요하다. Gans(1989)는 성숙 단계에서 적대감의 근원이 되는 두 가지 주요 요소를 제시한다.

① 전이

전이는 과거의 중요한 관계에서 생긴 감정이나 상처가 현재의 인물에게 옮겨 가는 심리 현상이다. 성숙기에도 전이는 여전히 강력하게 작동하며, 집단원들은 상담자나 다른 집단원에게 과거 부모, 형제자매, 연인 등과의 관계에서 형성된 감정을 덧입히게 된다.

예시

달빛은 집단상담자에게 "선생님은 요즘 저한테는 관심이 없는 것 같아요. 저를 그냥 무난한 사람으로 여기는 것 같고요."라며 감정 섞인 말을 꺼냈다. 집단상담자가 "요즘 저와의 관계에서 어떤 기분이 드셨나요?"라고 묻자, 달빛은 눈시울을 붉히며 말했다. "어릴 때 엄마가 늘 동생만 챙기고 저는 알아서 잘하겠지 하고 방치했거든요. 요즘 선생님이 그러는 것 같아서 자꾸 서운해져요." 이처럼 달빛은 상담자를 어린 시절의 엄마와 동일시하며, 과거의 정서적 상처를 재경험하고 있었다.

② 자기애적 상처

성숙기에는 집단원 간 신뢰가 높아지고 개방성도 커지지만, 여전히 누군가의 반응에 실망하거나, 주목받지 못하거나, 기대한 만큼의 지지를 받지 못하는 경험은 자존감에 상처를 줄 수 있다. 이런 자기애적 상처는 이전보다 더 미묘한 형태로 존재하지만, 그만큼 내면에 깊은 울림을 주며 분노와 적대감을 유발할 수 있다. 특히, 성숙기에 이르면 구성원들은 '이제는 나를 알아줄 거야'라는 기대가 생기기 쉽기 때문에, 그 기대가 충족되지 않을 때의 실망은 오히려 더 깊은 감정적 반응을 불러올 수 있다.

예시

별하는 최근 모임에서 용기를 내어, 어린 시절 겪었던 외로움과 방임에 대해 깊은 이야기를 나누었다. 집단원 대부분은 경청했지만, 다온이 그다음 차례에서 자신의 이야기로 자연스럽게 주제를 전환하자, 별하는 얼굴을 굳히며 모임 내내 침묵했다. 이후 별하는 "내가 그렇게 이야기했는데 아무도 붙잡지도 않고 그냥 넘어가는구나 싶었어요. 괜히 말했다는 생각까지 들었어요."라고 말했다. 별하의 반응은 단순한 서운함이 아니라, 충분히 공감받고 주목받을 거라는 기대가 무너졌을 때 느끼는 자기애적 상처의 표현이었다.

2) 적대감의 기능

집단상담에서 적대감은 단순한 문제행동이 아니라, 감정을 숨기거나 관계를 조율하기 위한 심리적 장치로 작용한다. 적대감은 내면의 취약함을 감추기 위한 방어적 기능을 하기도 하고, 말로 표현하기 어려운 감정이나 관계적 메시지를 전달하는 의사소통의 수단이 되기도 한다. 상담자는 이러한 적대감을 표면적으로 제지하기보다, 그 이면에 담긴 정서적 진실과 관계적 욕구를 읽고 개입함으로써, 집단의 갈등을 성장과 회복의 기회로 전환할 수 있어야 한다.

(1) 적대감의 방어적 기능

사람들은 불편한 감정이나 취약함을 드러내지 않기 위해, 혹은 관계 속에서 느끼는 불안이나 열등감에서 벗어나기 위해 적대적인 태도를 보일 수 있다. 이러한 적대감은 자신을 보호하는 일종의 '방패'로 작용하며, 집단 안에서 실제로 다루어야 할 중요한 감정적 주제나 상호작용을 회피하는 수단이 되기도 한다. 적대감은 단순히 갈등을 야기하는 문제가 아니라, 그 밑에 숨겨진 심리적 진실을 감추는 방식으로 기능하기 때문에 상담자는 그 의미를 세심하게 해석할 필요가 있다. 이러한 방어적 적대감은 세 가지 수준에서 나타날 수 있다. 첫째, 개인 수준에서는 한 개인이 자신의 취약함을 인정하고 싶지 않아서 적대감을 보인다. 예를 들어, 피드백을 받을 때마다 날카롭게 반응하는 하늘은, 사실은 "나는 누구에게도 의존하지 않아야 한다"는 태도를 유지하고 싶은 마음이 있었고, 도움을 받는 것을 곧 연약함으로 해석하며 방어적인 태도를 취했던 것이다. 둘째, 대인관계 수준에서는 집단 내 감정적 긴장이나 정체성 불안(예: 직업적 불평등, 인정 욕구 등)을 직접 다루기보다는, 표면적인 주제를 둘러싼 적대감으로 우회해 표현한다. 예를 들어, 상담비 인상 문제를 두고 벌어진 격한 논쟁은 단순한 경제적 사안이 아니라, 소외감과 인정받고자 하는 욕구, 권력 구조에 대한 민감한 감정이 투사된 결과였다. 셋째, 전체 집단 수준에서는 집단원 전체가 상담자에게 가지는 이상화된 기대가 깨졌을 때, 그 실망을 감당하지 못하고 분노로 반응하는 현상이 나타난다. 예를 들어, 상담자가 안내해 준 대로 차를 주차했다가 벌금을 물게 되었을 때, 집단원이 상담자를 향해 집단적으로 분노를 표현한 것은 단순한 실수에 대한 불만이 아니라, "상담자는 우리를 실망시켜서는 안 된다"는 무의식적인 기대가 깨지며 느낀 혼란과 불안을 방어적으로 표현한 것이었다.

(2) 적대감의 의사소통적 기능

적대감은 단순한 문제행동이 아니라, 감정적 메시지를 담은 의사소통의 방식일 수 있으며, 상담자는 그 이면에 숨겨진 감정과 관계적 의미를 읽어내고 다루어야 한다. 감정은 곧 메시지이며, 특히 적대감 같은 부정적 정서는 누군가에게 중요한 감정을 전달하고자 하는 신호일 수 있다. 이러한 감정은 때로는 "나는 당신이 싫어요"처럼 직접적으로 표현되기도 하고, "왜 웃어요?"와 같이 간접적이고 은유적인 방식으로 나타나기도 한다. 간접적인 표현 속에는 실망, 상처, 기대와 같은 복합적인 감정이 숨어 있을 수 있으며, 이는 표면적으로 보이는 적대감 이상의 의미를 담고 있다.

상담자의 역할은 이러한 표현을 단순히 갈등이나 문제로 해석하는 것이 아니라, 그 안에 담긴 숨겨진 욕구나 정서, 예를 들어 관심받고 싶은 마음, 인정받고 싶은 기대, 진지한 소통에 대한 바람을 민감하게 읽어내는 데 있다. 이처럼 적대감은 때때로 단절을 유발하지만, 상담자가 적절하게 개입하면 오히려 관계를 회복하고 감정을 소통하는 치유적 계기가 될 수 있다. 즉, 적대감은 갈등이 아니라, 진심을 표현하고 관계를 조율하려는 시도로 이해될 수 있으며, 이를 통해 집단은 더 깊은 정서적 연결로 나아갈 수 있다.

2. 집단상담자에 대한 공격

집단상담자에 대한 공격 또는 적대감의 표현은 집단 상황에서 집단원들이 상담자에게 느끼는 부정적인 감정을 다양한 방식으로 드러내는 것을 의미한다. 이는 상담자의 결정이나 개입 방식, 태도 등을 직접적으로 비난하는 방식뿐만 아니라, 상담자의 지시를 따르지 않거나 소극적으로 무시하는 간접적인 방식으로도 나타날 수 있다. Yalom(2005)은 이러한 현상이 단순한 갈등이나 반발이 아니라, 집단의 발달 과정 속에서 필연적으로 나타나는 심리적 역동임을 강조하며, 그 발생 배경과 표현 양상을 다음과 같이 설명하고 있다.

1) 집단상담자에 대한 공격이 발생하는 이유

(1) 집단상담자에 대한 적대감은 집단 발달 과정에서 불가피한 현상

초기에는 집단상담자에 대한 양가감정이 자기노출과 자기점검에 대한 저항과 관련되어 있다. 과도기 단계에서 집단원들의 집단상담자에 대한 공격은 상담자에게 매우 어려운 부분이다. 집단원들은 집단상담자를 없앨 수 없다는 점과 집단상담자는 항상 보호될 것이라는 인식을 가지고 있다. 이때 중요한 것은 사람에 대한 공격과 집단상담자 역할에 대한 공격을 구분하는 것이다.

(2) 집단상담자에 대한 비현실적 이상화와 실망

집단원들은 의식적으로는 민주적인 집단상담자를 선호하겠지만, 무의식적 수준에서는 의존성의 욕구로 인해 권위적 인물을 먼저 창조하고 파괴하려 한다. 이러한 과정에서 집단상담자는 전통적인 권위적 인물이 되는 것을 거부하며, 집단이 스스로 탐색하고 방향을 찾도록 유도한다. 그러나 집단원들의 의존성은 여전히 존재하며, 이상적인 집단상담자에 대한 실망과 경쟁심이 발생한다.

(3) 집단상담자의 가장 사랑받는 아이가 아니라는 인식

집단원들은 집단상담자를 자신의 상담자로 이상화하고, 집단상담자가 자신의 모든 삶에 대해 깊이 관심이 있을 것이라는 환상을 갖는다. 그러나 현실에서 집단원들은 집단상담자가 다른 사람들에게도 관심을 가지고 있음을 깨닫게 되면서, 집단상닥자에 대한 적대감과 경쟁심이 생긴다. 이는 집단원들 간의 관계와 또래 관계의 중요성을 인식하게 만든다.

(4) 집단상담자 특성과의 관련성

집단상담자에 대한 분노와 실망은 모든 집단에서 발생할 수 있지만, 이는 집단상담자의 특성에 따라 정도가 달라질 수 있다. 특히, 모호하고 정보를 제공하지 않는 집단상담자나 권위주의적인데 구체적인 지침을 제공하지 않는 집단상담자일수록 부정적인 반응을 이끌어 낼 가능성이 크다.

2) 집단상담자에 대한 공격의 다양한 형태

집단상담에서 집단상담자를 향한 공격은 모든 집단원이 동일하게 반응하는 방식으로 나타나지 않는다. 누군가는 상담자를 비판하고 공격하는 반면, 다른 누군가는 상담자를 방어하거나 지지하려는 태도를 보인다. 이러한 차이는 단순한 갈등 양상이 아니라, 각 집단원이 가진 성격 특성과 과거의 대인관계 경험을 반영한다. 상담자를 강하게 비판하거나 공격하는 집단원들은 종종 상담자에 대한 의존 욕구와 갈등을 동시에 지닌 경우가 많다. 이들은 누군가에게 기대고 싶은 마음은 있지만, 그런 욕구가 드러나는 것이 불편하거나 두려워 방어적으로 공격을 선택하기도 한다. 반면 상담자를 보호하려는 집단원들은 과거에 신뢰했던 대상에게 실망하거나 상처받은 경험이 있는 경우가 많다. 이들은 다시 상처받고 싶지 않기 때문에 상담자를 지키려는 태도로 반응하며, 이는 상담자와의 관계를 유지하고자 하는 무의식적 시도로 해석될 수 있다. 결국 상담자에 대한 공격과 방어는 집단 내 권력이나 옳고 그름의 문제가 아니라, 집단원들이 상담자와 맺고 있는 심리적 거리와 관계의 역동을 드러내는 중요한 정서적 신호이다. 상담자는 이 과정을 단순한 갈등으로 보지 않고, 집단원 각자의 내면에서 무엇이 작동하고 있는지를 읽어내야 한다.

집단원의 적대감 표현에 대한 개입 예시 1

상황

햇살은 집단에서 나무가 자신의 수치스러운 감정을 털어놓았을 때, 모두가 따뜻하게 수용해 주는 분위기를 보며 인상 깊었다고 말한다. 그러면서 자신이 자란 가정은 항상 부정적이고 비판적인 분위기였기 때문에, 지금의 집단 분위기가 너무 낯설고 다르게 느껴진다고 덧붙인다.

이때 다른 집단원 망토는 햇살에게, 집단에서 가족 이야기를 해 보는 게 어떻겠냐고 부드럽게 초대한다. 그러나 햇살은 냉소적인 표정과 말투로 "여러분은 절대 제 가족을 이해하지 못할 거에요."라고 말하며 거리를 둔다. 집단원들은 망토가 내민 따뜻한 손길이 거칠게 거절당한 것처럼 느끼고, 하나둘씩 햇살에게 분노를 표현하기 시작한다.

이에 상담자는 다음과 같이 개입한다: "지금 거의 모든 집단원들이 햇살 님께 화가 난 상태네요. 햇살 님은 지금 집단원들을 화나게 하는 데 성공하신 것 같은데, 혹시 이렇게까지 집단을 화나게 만들어서 얻게 되는 게 있다면, 그게 뭘까요?"

☞ 집단상담자의 개입 분석

- "거의 모든 집단원들이 화가 나 있네요": 집단 안의 정서적 현실을 그대로 언어화함으로써, 모두가 회피하지 않고 이 감정을 함께 직면하도록 돕는 개입이다.
- "화나게 하는 데 성공하신 것 같아요": 햇살의 반응이 단순한 우연이 아니라 반복되는 정서적 패턴일 수 있음을 암시하며, 이를 자각할 수 있는 기회를 제공한다.
- "얻게 되는 게 있다면, 그게 뭘까요?": 단순한 비난이 아닌, 햇살 스스로 자신의 행동 이면에 있는 감정과 욕구를 탐색하도록 유도하는 질문이다. 자기관찰과 통찰을 촉진하는 데 목적이 있다.

☞ 대상관계이론 관점에서의 해석

- 집단을 처벌적인 대상으로 만들기: 햇살은 무의식적으로 죄책감을 덜기 위해 집단을 차갑고 비판적인 대상으로 만들고, 익숙한 '나는 거절당할 존재'라는 감정을 재확인한다.
- 차가운 양육 환경의 내면화: 어린 시절 비난과 거절의 경험이 내면화되어, 햇살은 먼저 밀어내는 방식으로 관계에서 상처를 피하려 한다.
- 적대감의 방어 기능: 햇살의 적대감은 상처를 방어하고 먼저 거절함으로써 자신을 보호하려는 전략이지만, 결국 관계에서 고립을 반복하게 만든다.

집단원의 적대감 표현에 대한 개입 예시 2

상황

집단은 매달 첫 주 집단상담비를 내는 것에 대한 계약에 동의하였다. 집단 시작 후 네 번째 달, 집단상담자는 집단원 파랑이 둘째 달 상담 비용을 아직 지불하지 않은 것을 언급했다. 집단원들은 모두 집단상담자에게 강하게 화를 낸다. 집단원 으뜸이는 집단상담자가 파랑이를 모두 앞에서 챙피하게 만든 것을 비판했고, 슈퍼맨은 상담 비용은 집단상담자가 파랑이와 단독으로 이야기해야 할 문제를 집단상담 시간에 하는 것에 대해 집단상담자를 비판했다. 집단원 몽상가는 파랑이가 집단상담 비용을 제 때 내지 않은 것은 문제라며 파랑이의 행동을 비판한다.

집단상담자의 개입 분석

파랑이의 계약 위반이 문제가 된 상황에서, 집단은 파랑이보다는 상담자에게 분노를 집중시킨다. 이는 상담자가 집단 내 권위와 규칙을 대표하는 존재이기에, 전이와 투사의 대상이 되기 쉽기 때문이다. 집단원들은 파랑이의 행동이 유발한 수치심, 불안, 경쟁심 등을 상담자에게 투사함으로써 내면의 갈등을 회피하고 있다.

집단상담자는 이와 함께 각 집단원들의 반응 속에 담긴 개별적인 심리 역동을 다음과 같이 개념화한다.

- **으뜸**: 타인을 창피하게 만들고 싶은 공격적 충동을 자신 안에 인정하기 어렵기 때문에, 그 욕구를 상담자에게 투사한다. 즉, "상담자가 파랑이를 망신 줬다"는 비난은 실제로는 자신의 공격성을 외면하려는 방어일 수 있다.
- **슈퍼맨**: 상담자와의 더 밀접한 개인적 관계를 원하는 무의식적 욕구가 있으며, 이를 파랑이와 상담자 간의 관계에 투사한다. 상담비 문제를 '둘만의 문제'라고 강조함으로써, 상담자와 파랑이의 관계를 고립시키고 자신은 소외되지 않으려는 감정이 반영된다.
- **몽상가**: 상담자에 대한 강한 이상화가 있으며, 상담자를 방어하려는 충성심이 크다. 파랑이의 행동을 공개적으로 비판함으로써 집단 내에서 비난의 대상이 될 수 있음에도, 상담자를 지지하는 태도를 택한다. 이는 상담자와의 관계를 중요한 보호 대상으로 인식하고 있다는 신호이다.

개입

각 집단원들의 불만, 실망감, 두려움에 대해 다루어 보고, 동시에 집단에 대한 긍정적 감정도 인정할 수 있게 한다. 부정적인 정서를 집단에서 표현해도 된다는 메타정보의 전달한다.

3. 집단에서 언어적 공격

집단상담에서 언어적 공격은 흔히 '상처 주는 말', '해서는 안 되는 말'로 인식되며, 많은 상담자들은 이를 방지하기 위해 '공격 금지'와 같은 규칙을 세우기도 한다. 그러나 실제로 언어적 공격은 집단상담에서 피할 수 없는 현상이다. 이는 단순히 집단원의 충동조절 실패라기보다, 집단이라는 구조 자체가 불러일으키는 심리적 불안과 긴장에서 비롯되며, 집단원 간의 상호작용 속에서 자연스럽게 드러나는 감정 반응이다. 언어적 공격은 관계 안에서 형성된 정서의 표현이며, 그 안에는 분노, 상처, 불안, 기대 등의 복합적인 감정이 담겨 있다. 따라서 그것을 단순히 파괴적인 것으로 간주하고 억제하려 하기보다는, 그 감정의 흐름을 탐색하고 해석함으로써 정서적 통찰과 관계 회복의 기회로 활용할 수 있다. 이 장에서는 Black(2017)의 논문, 「집단상담에서 공격하기와 공격받기(On Attacking and Being Attacked in Group Psychotherapy)」를 통해 집단상담에서 언어적 공격의 의미, 개입방법에 대해 살펴보겠다.

1) 집단상담에서 언어적 공격에 대한 관점

집단상담에서 언어적 공격은 관계적 상호작용 속에서 발생하며, 무의식적 심리과정과 정서적 경험, 집단의 역동이 함께 작용하는 복합적인 현상이다. 집단상담자는 공격적인 언행의 표면적 의미를 넘어서 그 이면의 감정과 심리적 의미를 이해하고, 이를 새로운 상호작용과 감정 표현의 기회로 전환시킬 수 있도록 개입해야 한다.

(1) 관계적 상호작용으로서의 공격

언어적 공격은 관계 속에서 만들어진다. 일반적으로는 공격적인 말을 한 사람만 문제라고 여기기 쉬운데 사실 공격은 그 사람이 속한 관계, 상호작용, 상황, 그리고 정서적 분위기 속에서 함께 구성되는 현상이다. 예를 들어, 어떤 집단원이 예민하게 반응하고 날카롭게 말했을 때, 그 표현은 단순한 감정 폭발이 아니라 그 사람과 타인 사이에서 형성된 심리적 맥락과 관계적 긴장에서 비롯된다고 할 수 있다.

(2) 공격은 공격자-피해자-방관자의 삼각 구조 안에서 발생

공격은 '공격자-피해자-방관자'의 삼각 구조 안에서 발생한다. 이들은 각자의 역할을 수행하는 동시에, 서로의 반응에 영향을 주고받는다. 누군가가 공격적으로 말할 때, 상대방이 매우 수동적이거나 회피적인 태도를 보이면 그 공격이 더욱 강화될 수 있다. 또 다른 집단원들이 침묵하거나 외면할 경우, 그 공격은 더욱 쉽게 정당화되거나 무시될 수 있다. 따라서 언어적 공격은 어느 한 사람의 문제가 아니라, 집단 내 모든 집단원이 일정 부분 참여하여 공동으로 만들어 내는 상호작용의 결과라고 할 수 있다.

(3) 언어적 공격 속의 무의식적 심리적 과정

언어적 공격에는 다양한 무의식적 심리 과정이 개입된다. 언어적 공격은 과거 부모나 권위자와의 관계에서 느꼈던 감정을 현재 집단 내의 타인에게 옮겨와 반응하는 현상일 수도 있고(전이), 자신의 불안, 수치심 같은 감정을 타인에게 떠넘기고, 상대가 그 감정을 느끼게 만든 뒤 공격하는 방식(투사적 동일시)일 수도 있다. 또한 질투, 정서적 결핍, 과거의 트라우마 등을 반복하려는 재연(enactment)도 언어적 공격의 중요한 심리적 동기가 된다. 이러한 복합적인 심리 역동을 이해해야 비로소 언어적 공격이 단순한 문제행동이 아니라, 정서적 진실과 상호작용의 산물로 해석될 수 있다.

(4) 주관적 경험 중심의 공격 정의

누군가가 명확하게 욕하거나 위협하지 않더라도, 상대가 나에게 두려움, 수치심, 무력감 같은 감정을 느끼게 했다면 사람은 스스로 '공격당했다'고 느낄 수 있다. 이처럼 언어적 공격은 객관적인 말의 내용보다, 그것이 어떻게 받아들여졌는가, 즉 감정적으로 어떻게 경험되었는가가 더 중요한 기준이 된다. 이러한 주관적 경험, 감정의 표현 뒤에는 수치심, 두려움, 무력감, 분노 등 다양한 감정이 숨어 있는 경우가 많다. 따라서 상담자는 "공격당했다"는 말을 그 자체로 받아들이기보다, 그 말에 담긴 실제 감정이 무엇인지 탐색하는 과정을 시작해야 한다. 왜 그런 감정이 생겼는지, 어떤 상호작용 속에서 그런 느낌이 유발되었는지를 함께 살펴보아야 한다. 이렇게 해야만 언어적 공격이라는 사건의 표면 아래 존재하는 정서적 진실에 접근할 수 있고, 그 감정을 다루는 것이 곧 치료적 개입의 출발점이 된다.

(5) 언어화되지 않은 감정의 표현

언어적 공격은 종종 말로 명확히 표현되지 않은 감정, 즉 언어화되지 않은 감정의 표현으로 나타난다. 이는 말하는 사람조차도 자신이 정확히 무엇을 느끼는지 알지 못한 채, 그저 감정의 에너지와 압박을 말이나 행동으로 쏟아내는 경우가 많다는 뜻이다. 이런 상황에서는 분노처럼 보이는 표현 뒤에 실제로는 상처, 외로움, 불안 같은 감정이 숨어 있을 수 있다. 따라서 상담자는 그 공격적인 말의 표면에 머무르지 않고, 그 이면에 있는 무형의 감정을 해석하고, 말로 구성해 나가는 과정을 함께 해야 한다. 이 과정을 통해 감정은 점점 더 명확해지고, 더 이상 파괴적인 방식으로 드러나지 않게 된다. 감정이 언

언어적 공격을 이해하는 데 있어 맥락과 관계의 중요성

길거리에서 전혀 모르는 사람이 다가와 "당신 정말 역겨워요. 보기만 해도 화가 나고, 그냥 사라졌으면 좋겠어요."라고 말한다고 상상해 보자. 분명 당황스럽고 불쾌하며 불안한 감정이 생길 수 있다. 하지만 대부분은 그 사람들은 상대방이 나와 전혀 무관한 사람이기에 그 말에 크게 영향을 받지는 않는다. 그냥 '저 사람 이상하네' 하고 넘기기 쉽다.

그런데 똑같은 말이 자신이 속한 집단 안에서, 어느 정도 관계가 형성된 누군가에게서 나온다면 어떨까? 이 경우에는 훨씬 더 강한 마음의 상처를 받게 된다. '정말 내가 그런 사람처럼 보였나?', '왜 나한테 저런 말을 하지?' 같은 생각이 들면서 마음이 상하고 자존감에도 큰 영향을 미칠 수 있다.

시사점: 언어적 공격은 단순히 말의 내용만으로 이해할 수 없다. 누가 했는가, 어떤 정서적 관계 안에서 발생했는가에 따라 정서적 충격의 정도가 완전히 달라진다. 언어적 공격은 관계적으로 구성된 사건이며, 그 의미를 이해하려면 '공격자가 어떤 말을 했는가'만 보는 것이 아니라, '공격당한 사람이 왜 그렇게 느꼈는지'와 그 말이 일어난 상호작용의 맥락 전체를 함께 살펴보아야 한다.

공격성 발달의 과정

정신분석가 Theodore Spotnitz는 공격성을 안전하게 표현할 수 있도록 돕는 것이 치료의 핵심이라고 주장했다. 그는 공격성이 성숙해 가는 과정을 5단계로 설명하고 있다(Spotnitz, 1985).

① 1단계: 자기 공격

가장 미성숙한 형태로, 감정을 타인에게 표현하지 못하고 자신에게 돌리는 단계이다. 자기비난, 수치심, 자해적 사고 등이 나타난다. 이 단계에 머물러 있으면 대인관계 회피, 정서적 고립, 낮은 자존감 등의 문제가 지속된다.

- 예: "내가 문제야.", "내가 나쁜 사람이야."

② 2단계: 타인을 고려하지 않는 공격

감정을 외부로 표현하지만 미성숙한 형태이 단계에서는 공격을 외부로 향하지만, 상대방의 감정이나 반응을 고려하지 않는다. 충동적이거나 파괴적인 방식으로 나타날 수 있다. 이 단계는 감정을 표현하긴 하지만 상호작용적이지 않아서 오히려 관계를 해치기 쉽다.

- 예: 고함, 비난, 비꼬기 등

③ 3단계: 타인의 감정을 인식하는 공격

감정 표현에 어느 정도 성숙함이 들어가기 시작하는 단계이 단계에서는 상대방의 감정을 인식하면서도 여전히 자기 감정을 우선적으로 표현한다. 직접적인 표현보다는 간접적이거나 제한적인 방식으로 나타날 수 있다. 상대와의 감정적 연결을 시도하면서도 갈등을 표현할 수 있는 초기 성숙 단계로 본다.

- 예: "나는 화가 나지만, 당신도 힘들다는 걸 알아요."

④ 4단계: 타인의 감정에 반응하는 공격

상호작용성이 강화된 단계공격을 하면서도 상대가 어떻게 느낄지, 어떤 반응을 보일지에 민감하게 반응한다. 상대방을 무너뜨리기 위한 공격이 아니라, 관계 속에서 자신의 입장을 명확히 하고 경계를 설정하는 방식이다. 이 단계는 갈등을 성숙하게 조정하는 능력으로 연결되며, 관계 속에서 자기표현이 가능해진다.

- 예: "당신이 그런 식으로 말할 때 나는 무시당한 느낌이 들어요."

⑤ 5단계: 나와 타인의 감정 모두에 민감한 교류적 공격

가장 성숙한 단계로, 감정을 통해 정서적 진실을 나누고 관계를 더욱 강화하려는 표현이다. 공감, 조절, 회복이 통합된 건강한 성격 기능의 표현이다.

- 예: 나는 지금 속상하지만, 당신과 이 감정에 대해 이야기 나누고 싶어요. 당신도 아마 할 말이 있을 거라고 생각해요."

어로 구성될 때, 비로소 그것을 다룰 수 있는 공간과 가능성이 생긴다.

2) 공격받은 사람에 대한 이해와 개입

공격을 받은 사람에 대한 이해와 개입은 단순히 상처를 위로하는 데 그치지 않는다. 이 과정은 감정의 수용과 표현, 자기이해, 의미 재구성, 그리고 집단 내에서의 회복적 관계 경험까지를 포함하는 다층적인 작업이다. 상담자는 감정의 깊이를 인정하고, 내면의 복합적인 정서를 명료화하며, 그것이 자기비난으로 흐르지 않도록 조율하고, 더 나아가 공격 경험의 심리적 · 관계적 의미를 새롭게 바라볼 수 있도록 안내해야 한다. 무엇보다 중요한 것은, 집단 안에서 이러한 과정을 안전하게 시도하고, 지지받으며, 정서적으로 회복되는 경험을 제공하는 것이다. 다음은 이러한 개입의 주요 방향들이다.

(1) 감정을 있는 그대로 존중하고 지지한다

공격을 받은 사람은 혼란, 수치심, 분노, 두려움 등 복합적인 감정을 경험하게 된다. 이때 집단상담자는 그 감정을 해석하거나 분석하기보다, "지금 너무 당황스럽고 힘들겠네요", "그 말이 상처로 느껴졌군요"와 같이 감정 그 자체에 공감하고 지지하는 방식으로 반응하는 것이 중요하다. 이러한 정서적 반응은 집단원에게 감정이 존중받는다는 경험을 제공하며, 감정을 억누르지 않고 외화할 수 있는 심리적 기반을 마련해 준다.

(2) '공격받았다'는 말 아래에 있는 실제 감정을 탐색한다

'공격받았다'는 표현은 흔히 실제 감정을 직접 말하지 않고 우회적으로 나타내는 감정의 대리 표현으로 이해할 수 있다. 이 말 뒤에는 종종 상처, 수치심, 두려움, 무력감과 같은 복합적인 감정이 숨어 있다. 따라서 상담자는 단순히 '공격'이라는 단어에 머물지 않고, 그 아래 숨겨진 감정을 구체화할 수 있도록 돕는 개입이 필요하다. 예를 들어, "그 말이 들렸을 때 어떤 감정이 먼저 느껴졌나요?", "그 순간 몸이나 마음에서 어떤 변화가 있었나요?", "그 말이 어떤 기억이나 경험을 떠오르게 했나요?"와 같은 질문을 통해, 내담자가 자신의 정서적 경험에 좀 더 정밀하게 접근할 수 있도록 안내한다. 이 과정은 단순한 사건을 넘어서 그 안에 담긴 정서적 의미를 드러내고, 내담자가 자신의 감정과 다시 연결되는 데 중요한 발판이 된다.

(3) 감정과 반응을 구분짓고 자기조절을 돕는다

공격을 받았을 때 자동적으로 방어하거나 감정적으로 무너지는 것은 매우 자연스러운 반응이다. 하지만 상담자는 이러한 즉각적인 반응을 단순히 흘려보내지 않고, 그 반응을 관찰하고 다시 언어화할 수 있도록 도와야 한다. 예를 들어, “그때 바로 말하지 못했지만, 지금 와서 말할 수 있어서 다행이에요.”라고 말함으로써, 내담자가 자신의 감정을 나중에라도 다시 표현할 수 있는 기회를 가졌다는 것을 지지한다. 또는 “그 말을 듣고 마음 속에 어떤 말이 떠올랐는지 생각해 볼 수 있을까요?”라는 질문을 통해 감정과 생각을 되짚어 보게 함으로써, 내면에서 억눌린 정서를 회복하고 재조직할 수 있는 길을 연다. 이러한 개입은 감정 표현이 늦더라도 의미 있게 이어질 수 있으며, 내담자가 감정의 흐름을 따라가고 자신을 다시 조율할 수 있는 힘을 경험하도록 돕는다.

(4) 자기공격으로 흐르지 않도록 개입한다

공격을 받은 경험은 종종 ‘내가 문제인가’, ‘내가 잘못했나’와 같은 자기비난과 자기공격으로 이어지기 쉽다. 이러한 감정은 외부의 상처가 내면화되는 과정에서 발생하며, 내담자는 자신을 탓하거나 자책하는 방식으로 감정을 처리하려 할 수 있다. 상담자는 이때 감정의 방향이 자기 자신에게 향하지 않도록 주의 깊게 개입해야 한다. 예를 들어, “혹시 그 말이 나에게 뭔가 잘못이 있다는 메시지처럼 들렸나요?”, “그 감정이 자기 자신에게 향하고 있는 건 아닌지 함께 살펴볼까요?”와 같은 질문을 통해 감정의 흐름을 다시 외부와의 상호작용 속에서 이해하도록 유도한다. 이를 통해 내담자가 자기 자신을 보호하고, 자책보다는 자기이해와 회복의 방향으로 나아갈 수 있도록 돕는다.

(5) 공격에 대한 새로운 의미를 구성하도록 지원한다

공격은 단순히 상처를 주는 고통스러운 사건에 그치지 않는다. 그것은 종종 어떤 관계 안에서 생긴 갈등, 기대의 좌절, 또는 소통의 실패가 드러나는 방식일 수 있다. 즉, 공격은 표면적인 언행 너머에 관계의 역동이 응축되어 있는 표현이다. 상담자는 이처럼 복합적인 의미를 지닌 공격 경험을 단지 '괴로운 일'로만 남기지 않고, 그 경험을 탐색의 기회로 전환시킬 수 있도록 도와야 한다. 이를 위해 "왜 그 말이 나에게 그렇게 느껴졌을까?", "그 말이 내가 가진 어떤 민감한 부분을 건드렸을까?", "그 사람과의 관계에서 어떤 기대나 긴장이 작용했을까?"와 같은 질문을 던짐으로써, 내담자가 자신의 감정과 반응을 보다 깊이 이해하고, 공격의 심리적 · 관계적 맥락을 통합적으로 바라볼 수 있도록 지원한다. 이 과정은 단순한 감정 해소를 넘어, 자기이해와 관계 회복의 중요한 계기가 된다.

(6) 회복적 경험을 집단 내에서 구성한다

상처받은 사람에게 진정으로 중요한 것은 '공격을 전혀 받지 않는 안전한 환경' 그 자체가 아니다. 오히려 더 본질적인 것은, 공격을 경험했을 때 자신을 지지해 줄 수 있는 집단과 그 안에서 새롭게 관계 맺는 경험을 갖는 것이다. 상담자는 이러한 회복적 관계 경험이 가능하도록 돕는 역할을 한다. 이를 위해 집단원들이 보여 주는 지지, 감정적으로 연결되는 순간, 다시 자신의 경계를 세우는 과정을 세심하게 살핀다. 그 결과, 상처받은

표 4-1 공격받은 집단원에 대한 개입 과정

단계	개입 내용	핵심 질문/목표
감정 존중	정서적 반응에 공감하고 안전감 제공	"지금 너무 힘드셨겠어요."
감정 구체화	공격받았다는 느낌 이면의 감정 탐색	"그 말을 들었을 때 어떤 감정이 가장 먼저 떠올랐나요?"
반응의 재구성	즉각 반응이 아닌 감정-행동을 구분하고 조절 경험 제공	"그땐 말 못했지만 지금 말할 수 있어서 다행이에요."
자기공격 예방	감정이 내면으로 향하지 않도록 감정의 방향 정리	"혹시 자신을 탓하게 되지는 않았나요?"
심리적 의미 탐색	상처의 심리적 · 관계적 맥락 이해	"왜 그렇게 아프게 느껴졌을까요?"
회복적 경험 제공	집단 내 지지와 연결 경험을 통해 정서적 회복 도모	"이번에는 그 감정을 말할 수 있었고, 받아들여졌네요."

집단원은 "이번에는 다르게 반응할 수 있었다", "그 감정을 말할 수 있었고, 받아들여졌다"와 같은 경험을 하게 되며, 이는 정서적 회복과 성장을 가능하게 하는 중요한 전환점이 된다. 이런 경험은 과거와 다른 방식으로 자신을 보호하고 타인과 연결될 수 있다는 내적 확신으로 이어지며, 집단상담의 핵심적인 치료적 효과 중 하나를 이룬다.

3) 공격한 사람에 대한 이해와 개입

공격은 미성숙한 표현 방식일 수 있으나, 그 안에는 표현되지 못한 감정, 과거의 상처, 그리고 관계에 대한 기대가 담겨 있다. 따라서 상담자는 감정의 언어화를 돕고, 책임 있는 반응을 유도하며, 심리적 뿌리를 탐색하게 하고, 나아가 회복적 관계 형성을 지원하는 등 다층적인 접근을 통해 집단원 개인과 집단 전체의 정서적 성장으로 이어지도록 중재해야 한다. 다음은 공격한 사람에 대한 개입의 주요 방향들이다.

(1) 공격을 감정의 언어로 해석하도록 돕는다

공격적인 언행은 종종 정제되지 않은 감정의 표현이다. 공격한 집단원은 분노, 좌절, 실망, 상처 같은 감정을 직접적으로 표현하지 못하고, 이를 공격이라는 형태로 드러내는 경우가 많다. 상담자는 이러한 행동을 비난하거나 단속하기보다, 그 이면에 어떤 감정이 있었는지를 탐색할 수 있도록 돕는다. 예를 들어, "그 말을 할 때 속에서 어떤 감정이 올라왔나요?", "그 상황이 당신에게 어떤 기분을 느끼게 했나요?"와 같은 질문은 감정과 행동을 연결하고 언어화하는 데 도움이 된다. 이를 통해 공격이 감정 에너지의 표현이라는 점을 인식하게 하고, 파괴적 방식이 아닌 성숙한 방식으로 감정을 다룰 수 있도록 안내한다.

(2) 공격의 책임을 인식하고 반응을 돌아보게 한다

공격을 표현한 사람은 자신의 말이 타인에게 어떤 영향을 미쳤는지를 인식하는 것이 중요하다. 상담자는 공격자의 의도를 추궁하거나 비난하기보다는, 그의 언행이 상대방에게 어떤 정서적 반응을 불러일으켰는지를 돌아보도록 돕는다. 예를 들어, "그 말을 들은 상대가 어떤 기분이었을지 상상해 본 적 있나요?", "그 말이 집단 안에서 어떤 파장을 일으켰다고 느끼시나요?"와 같은 질문은, 감정 표현의 책임과 영향력을 자각하도록 유도한다. 이 과정은 단순한 자책이나 후회가 아니라, 관계적 맥락에서의 자기반성을 통해 감정 표현 방식을 성찰하는 기회가 된다.

(3) 내면의 심리적 갈등과 과거의 경험을 연결짓는다

공격적 행동은 종종 과거의 미해결된 감정, 억눌린 욕구, 또는 원초적인 관계의 재현에서 비롯된다. 상담자는 이러한 무의식적 요소들을 안전하게 탐색할 수 있는 구조를 제공해야 한다. 예를 들어, 반복적으로 특정 상황에서 과도한 분노를 드러내는 집단원은 과거의 무력감이나 억울함, 혹은 보호받지 못한 경험과 연결되어 있을 수 있다. 상담자는 "이런 감정은 어디서 익숙한 느낌이 들지 않나요?", "과거에도 비슷한 방식으로 반응했던 기억이 있나요?"와 같은 질문을 통해 내면의 정서적 뿌리를 탐색하게 하고, 지금 이 감정이 단순히 현재의 상황 때문만이 아니라는 것을 이해하도록 돕는다.

(4) 공격성의 건강한 방향을 모색하도록 한다

공격 그 자체를 억제하거나 제거하려 하기보다는, 그것을 보다 건강한 방향으로 전환시키는 것이 상담자의 과제이다. Spotnitz의 이론에 따르면, 자기 자신에게 향한 공격성을 타인과의 상호작용 속에서 성숙하게 표현할 수 있도록 돕는 것이 치료적으로 중요하다. 상담자는 "그 감정을 좀 더 직접적으로, 그러나 상처 주지 않는 방식으로 표현할 수 있다면 어떻게 말할 수 있을까요?", "당신의 요구나 필요를 말로 표현해 본다면 어떤 문장이 떠오르나요?"와 같이 대안을 모색하는 질문을 통해, 공격성을 자기주장이나 경계 설정의 에너지로 전환시키도록 도울 수 있다.

(5) 정서적 안전감을 보장하고 낙인찍지 않는다

공격한 사람은 종종 집단 내에서 '문제적 인물'로 낙인찍히기 쉽다. 그러나 상담자는 낙인을 피하고, 오히려 정서적으로 안전한 분위기 속에서 감정을 다룰 수 있도록 지지해야 한다. "여기에서는 감정을 다룰 수 있어요", "지금 표현된 감정도 우리 모두가 함께 이해해갈 수 있는 부분이에요"와 같은 표현은, 공격한 집단원에게 자신이 소외되거나 위협받지 않는다는 신호를 준다. 이는 감정을 회피하거나 억압하기보다, 스스로 감정에 책임을 지고 정서적으로 성장할 수 있는 기회를 마련해 준다.

(6) 집단 내에서 새로운 관계 경험을 가능하게 한다

공격적인 언행 이후, 상담자는 해당 집단원이 다시 집단 안에서 관계를 회복할 수 있도록 돕는다. 특히, 상대방과의 감정 교류, 사과와 설명, 오해의 해소 과정 등은 매우 중요하다. 상담자는 "상대에게 당신의 감정을 전하고 싶다면 어떤 말을 하고 싶나요?", "이후에 관계를 회복하는 데 어떤 방식이 도움이 될까요?"와 같이, 회복적 관계 형성을 위한 대화를 유도한다. 이는 집단 내에서 새로운 감정적 연결을 형성하고, 공격 이후에도 정서적 유대와 신뢰를 재구성할 수 있다는 중요한 회복 경험이 된다.

표 4-2 공격한 집단원에 대한 개입 과정

단계	개입 내용	핵심 질문/목표
감정 인식	공격이 감정의 표현임을 인식하도록 도움	"그때 어떤 감정이 있었나요?"
감정-행동 연결	행동과 감정 간 관계 인식 촉진	"그 감정이 그런 말로 나왔다는 걸 알고 있었나요?"
영향 자각	자신의 말이 상대에게 미친 영향을 생각해 보게 함	"그 말을 들은 사람이 어떤 기분이었을까요?"
심리적 맥락 탐색	감정의 뿌리와 반복되는 패턴을 탐색	"이런 감정, 어디서 익숙하게 느껴지나요?"
표현 방식 재구성	공격성을 더 건강한 방식으로 표현할 방법 탐색	"다시 말한다면 어떻게 표현할 수 있을까요?"
관계 회복 시도	감정 교류, 설명, 사과 등을 통해 회복을 유도	"상대에게 전하고 싶은 말이 있다면요?"

4) 언어적 공격에 담긴 정서적 메시지

언어적 공격 안에는 여러 겹의 감정과 심리적 메시지가 담겨 있을 수 있다. 특히 공격이 강하게 느껴질수록 그 속에는 자기 자신에 대한 비난, 과거 관계의 반복, 견디기 어려운 감정의 투사, 채워지지 않은 정서적 욕구, 회피하고 싶은 감정 등이 복합적으로 얽혀 있을 가능성이 크다. Black(2017)은 이러한 언어적 공격에 담긴 정서적 의미를 여러 양식으로 설명하고 있다. 다음은 그 관점을 바탕으로 정리한 대표적인 정서적 데시지 양식이다. 하나의 언어적 공격에는 여러 양식이 동시에 작용할 수 있으며, 공격의 강도나 지속성은 이 정서적 양식들이 얼마나 중첩되어 있는가와 밀접한 관련이 있다. 따라서 상담자는 공격의 표면적인 언행에만 주목하지 말고, 그 이면에 담긴 정서적 · 관계적 의미를 해석해 나가는 자세가 필요하다.

(1) 자기애적 전이 모드(narcissistic transference mode)

이 양식은 공격하는 사람이 실제로는 자기 자신에게 화가 나 있지만, 그 분노를 다른 사람에게 투사함으로써 외부로 표현하는 방식이다. 예컨대, 자신이 느끼는 무능함이나 수치심, 결핍감을 그대로 마주할 수 없을 때, 그 불편한 감정을 견디지 못해 다른 집단원을 깎아내리는 식으로 발산하게 된다. 상담자는 이때 공격이 단순한 대인 갈등이 아니라 자기비난이 외부로 전치된 것임을 인식하고, 그 안에 숨어 있는 자기 마음의 상처나 갈등에 주목해야 한다.

(2) 대상 전이 모드(object transference mode)

이 양식에서는 현재의 공격 행동이 과거의 중요 인물과의 갈등을 집단 장면 안에서 재현하는 것으로 나타난다. 예를 들어, 어린 시절 자신을 무시했던 어머니와 비슷한 말투나 태도를 보이는 집단원에게 강한 분노를 표출하는 경우, 그 분노는 현재의 상황보다는 과거 경험에서 기인한 것이다. 상담자는 지금의 갈등이 단지 여기서 벌어지는 일이 아니라, 내담자의 내면에 저장된 과거 기억과 감정의 재연임을 인식하고, 그 맥락을 함께 탐색하고 해석해 주는 것이 중요하다.

(3) 투사적 동일시 모드(projective identification mode)

이 양식에서는 자신이 감당하기 어려운 감정을 타인에게 투사하고, 그 감정을 상대가 실제로 느끼게 만드는 상호작용이 일어난다. 예를 들어, 자신이 느끼는 수치심이나 무가치함을 견딜 수 없어서 상대방에게 비난이나 공격을 가하고, 결국 상대방이 그 감정을 실제로 경험하게 만드는 방식이다. 상담자는 이처럼 감정이 관계를 통해 전이되고 감염되는 과정을 민감하게 관찰해야 하며, 집단 안에서 일어나는 감정의 흐름과 전파를 읽어낼 수 있어야 한다.

(4) 의존적 모드(anaclitic mode)

이 양식은 언뜻 보기에는 공격처럼 보이지만, 실제로는 사랑받고 싶은 욕구, 누군가에게 의존하고 싶은 갈망이 좌절된 상태에서 나온 왜곡된 표현일 수 있다. 예컨대, 주목받지 못하고 외면당한다고 느낀 집단원이 불평하거나 투덜거리며 다른 사람을 비난할 때, 그 이면에는 사실 "나를 봐 달라", "내 곁에 있어 달라"는 정서적 호소가 담겨 있다. 상담자는 이러한 공격을 단순히 방어적 태도로 보지 않고, 정서적 결핍에 대한 요청으로 이해하고 다루어야 한다.

(5) 정서적 부정 모드(emotional negation mode)

이 양식에서는 감정적으로 너무 아프거나 받아들이기 힘든 경험을 방어적으로 부정하거나 회피하기 위해 공격을 사용하는 경우이다. 예를 들어, 깊은 상실감이나 슬픔을 제대로 느끼지 못하고, 대신 분노를 앞세워 감정을 덮으려는 방식이다. 상담자는 이런 표현을 볼 때, 표면적인 분노에만 반응하지 말고, 그 분노가 어떤 감정을 막고 있는지, 무엇을 방어하려는 무의식적 시도인지 파악하여 그 감정을 직면할 수 있도록 돕는 개입이 필요하다.

5) 언어적 공격의 의미 파악을 위해 집단상담자의 역전이 활용

집단에서 누군가가 언어적으로 공격당하는 장면을 목격하면 집단상담자 역시 두려움, 죄책감, 책임감 같은 감정을 자연스럽게 경험하게 된다. 이러한 감정은 겉보기에 '내가 개입을 잘못한 것이 아닐까' 하는 자기비판이나 역할 수행에 대한 압박으로 느껴질 수 있다. 그러나 중요한 것은 단지 감정에 휩쓸리는 것이 아니라, 그 감정이 누구와의 관계 속에서 유발되었는지, 어떤 대인관계 역할이 투사되고 있는지를 민감하게 관찰하는 것이다. 상담자가 자신이 느끼는 감정의 유도자와 그 맥락을 인식하면, 그 감정이 집단 내 불안이나 저항을 드러내는 무의식적 메시지임을 이해할 수 있다. 하지만 이러한 감정에 압도되면 상담자는 쉽게 이분법적 사고에 빠져 '누가 옳고, 누가 나쁘다'는 식으로 판단하게 되며, 그 결과 집단 내 복잡한 정서적 역동을 놓치기 쉬워진다.

(1) 공격하는 집단원에 대한 역전이

집단상담자가 공감적이고 보호적인 리더상을 이상적으로 여길수록 더욱 민감하게 나타날 수 있다. 이럴 경우 상담자는 공격적인 집단원을 위협적으로 느끼며, 그를 과하게 억누르거나 통제하려는 반응을 보일 수 있다. 하지만 이 집단원은 실제로 감정 조절에 어려움을 겪고 있을 수 있으며, 오히려 정서적으로 지탱받을 필요가 있는 경우가 많다. 상담자가 이러한 사실을 인식하지 못하고 부정적인 역전이에 휘말릴 경우, 해당 집단원의 정서적 고통을 이해하지 못한 채 처벌적으로 반응할 위험이 있다.

(2) 공격받는 집단원에 대한 역전이

집단상담자가 피해자의 감정에 대해 냉소적이거나 비판적인 감정을 갖게 되면, 그 집단원의 고통이나 정서적 필요를 민감하게 읽지 못하게 되고, 공격이 발생하게 된 상호작용적 맥락이나 그 집단원의 역할을 간과할 수 있다. 이는 상담자의 편향된 감정이 집단 내 복합적인 갈등 구조를 단순화시키는 결과를 낳을 수 있다.

(3) 주변인에 대한 역전이

주변인에 대한 역전이는 가장 복잡하고 다루기 어려운 감정 반응이다. 공격이나 갈등이 발생할 때 관찰자 위치에 있는 집단원들의 감정은 종종 간과되지만, 집단상담자는 이 과정에서 분노, 수치심, 죄책감, 무력감과 같은 감정을 경험할 수 있다. 때로는 "적절히 개입하지 못한 나는 겁쟁이야"라는 자기비난이나, "공격당한 사람이 싫었는데 속이 시원하네" 같은 무의식적 쾌감이 함께 뒤섞이기도 한다. 중요한 것은 이러한 감정들에 몰두하거나 회피하지 않고, 정직하게 탐색하는 것이다.

실습 1

자기점검: 적대감에 대한 나의 태도

누군가에게 분노를 느끼고 표현한다는 것은 그만큼 그 사람에게 기대와 애착이 남아 있다는 의미이다. 집단상담자는 적대감을 문제행동으로만 바라보기보다 중요한 정서적 메시지를 담고 있는 감정 에너지로 바라보는 것이 필요하다. 다음 질문을 통해 분노의 긍정적 기능이 무엇일지 생각해 보자.

1) 분노를 떠올리면 나는 어떤 이미지나 경험이 떠오릅니까?

2) 누군가에게 화가 났던 기억 중, 그 사람이 내게 중요했던 관계였던 적이 있습니까?

3) 나의 분노가 "관계를 잃고 싶지 않다"는 감정에서 비롯되었음을 느꼈던 경험이 있습니까?

4) 과거에 "이건 정말 부당하다"라고 느껴서 분노가 생겼던 사건이 있습니까? 그 감정은 나에게 어떤 변화를 일으켰습니까?

5) 집단상담의 장면에서, 누군가의 분노가 관계의 회복이나 변화로 이어지는 것을 본 적이 있습니까?

실습 2

조별 활동: 집단상담자에 대한 적대감 표현 다루기

- **활동 목표:** 집단 내 적대감과 부정적 감정을 효과적으로 다루는 방법을 연습한다.
- **활동 방법:** 다음 상황에 대해 효과적인 집단상담자 개입을 분석한다.

상담자: 자, 그럼 집단을 시작하겠습니다. 그동안 우리 집단은 서로와의 관계 속에서 자신을 열심히 탐색해 왔습니다. 오늘은 집단을 시작하기 전에 잠깐 우리 집단이 어떻게 가고 있는지 점검해 보는 시간을 가졌으면 합니다. 우리 집단은 그동안 자신의 주제에 대해 이야기해 보고, 서로 가까워지는 것이 두렵지만 또 그 두려움에도 불구하고 가까워지기를 시도하는 모험을 감수하기도 하였습니다. 그게 각자의 목표이기도 하지만 또 집단의 목표이기도 하고요. 그동안의 집단의 성과를 생각해 봄과 동시에 최근에는 우리 집단이 뭔가 정체되어 있는 것 같다는 느낌을 받기도 했습니다. 혹시 이게 우리 집단이 과거에 이야기했던 것의 표현 아닐까 싶기도 하고요. 많은 분들이 전에 감정적으로 너무 과하다고 느껴지면, 압도된다고 느껴지면 정체되는 지점에 이르게 된다고 했던 것을 기억합니다. 그런 면도 있을 것 같고, 또 어떤 면에서는 우리 집단이 전체로서 어떤 방향으로 흘러가고 있는지에 대한 것은 아닐까 생각해 봅니다. 저도 이것을 어떻게 바꿔야 할지, 제가 뭘 더 말을 해야 하는 것인지에 대해서도 잘 모르겠지만 우선은 제 느낌, 집단이 정체된 것 같은 느낌을 먼저 이야기하고 여러분들의 생각을 듣고 싶었습니다.

바버라: 제 경우에는 집안 일, 학교, 가족들과의 관계 등 너무 많은 역할을 지고 있는 것에 대한 스트레스와 관련된 것 같아요. 사실 남편은 이해를 못하는 것 같아요. 그리고 사실, 집단상담자 님도 남자 상담자여서인지 아내로서 저의 역할에 대해 잘 이해하지는 못하는 것 같아요. 저녁에 학교에 가고 집에 늦게 오면 또 설거지 거리, 빨래가 쌓여 있고, 이것들을 다 내가 해야 할 것 같은데. 집단상담자는 남자라서 아마도 이런 갈등을 잘 이해를 못하는 것 같아요. 제가 남편과의 관계에서, 또 여자로서 겪는 어려움들을.

창문: 저도 사실은 비슷하게 느껴요. 사실 지금도 마찬가지예요. 조금 전에, 우리가 집단에서 감정에 압도되는 느낌에 대해 이야기를 했다는데 저는 그런 이야기를 한 적이 없거든요. 저는 나는 다른 사람들과 다르게 느껴진다고 이야기를 했는데, 집단상담자는 그 이야기를 진지하게 듣는 것 같지 않았어요. 제 이야기를 들었다는 표현도 하지 않았어요. 저는 막 이렇게 감정적으로 되는 것이 불편한 편인데 방금 집단상담자 이야기를 들으면서 깨달은 것이, 집단상담자가 제 이야기를 드든 것 같기는 한데, 그런데 저보다는 다른 사람들 이야기를 더 잘 들어주는 것 같아요. 다른 사람들 이야기는 더 잘 공감을 하는 것 같은데 제 이야기는 그렇게 이해하는 건지 모르겠어요.

지금 어떤 일이 일어나고 있는가? 이러한 상황에 대처하는 적절한 리더 개입을 분석해 본다.

◉ **활동 팁**: 부정적인 감정을 안전하게 표현할 수 있는 공간임을 강조하고 집단의 정체된 느낌을 극복할 수 있는 기회로 삼는다. 부정적 정서를 수용해 줌으로써 각 집단원들이 자신의 감정을 솔직하게 표현하고, 다른 사람들의 이야기를 경청하며, 상호 이해와 지지를 통해 집단의 결속력을 강화하게 돕는다.

(대안 반응) 집단상담자: "바바라 님, 가정과 일, 그리고 학업의 역할을 모두 병행하는 것이 정말 힘드실 것 같아요. 그리고 남편과의 갈등도 많이 힘드시겠죠. 이런 어려움에 대해 충분히 공감하고 이해하고 싶습니다.", "창문 님, 제 이야기를 통해 감정적으로 불편함을 느끼셨다고 하셨는데, 그 부분에 대해 진지하게 듣지 못한 것 같아서 미안합니다. 여러분의 이야기는 저에게 모두 중요합니다." (공감과 확인)

(대안 반응): "집단에 대한 느낌과 생각을 솔직하게 표현해 주셔서 감사합니다. 집단에 대한 실망감, 불만, 두려움이 있다면 이 자리에서 자유롭게 표현해 주세요. 이러한 감정들을 나누는 것이 집단의 성장을 위한 중요한 과정이고, 부정적인 감정을 집단에서 표현해도 괜찮다는 것을 상기시켜 드리고 싶습니다." (감정 탐색과 표현 장려)

(대안 반응): "다른 집단원들도 비슷한 감정을 느낄 수 있을 것 같아요. 서로의 이야기를 듣고, 이해하고, 지지하는 것이 우리 집단의 목표 중 하나입니다. 바바라 님과 창문 님의 이야기에 대해 다른 분들은 어떻게 느끼셨는지, 비슷한 경험이 있거나 공감되는 부분이 있는지 이야기해 보면 좋겠습니다." (상호 이해와 지지 격려)

실습 3

모의집단상담: 집단원 간 적대감 표현 다루기

다음 상황에서 집단원들의 적대감을 효과적으로 다루는 방법을 연습한다.

30대 중반의 전문직에 종사하는 남자 집단원 갈대가 오늘 유난히 초조해 보인다. 다리를 막 떨며 집단이 시작했는데도 집중하지 못하는 모습을 보인다. 갈대 옆에 있던 집단원이 갈대에게 괜찮은지 묻자, "괜찮아요, 아니 사실 괜찮지 않아요."라고 하면서 전 여자친구가 sns에 새 남자친구와 찍은 여행 사진을 올려놓은 것에 대해 분노를 표현했다. 갈대는 자신은 전 여자친구를 사랑하며, 며칠 전에 만나 좋은 시간을 가졌고 다시 잘해 보자고 이야기를 했었다면서 전 여자친구가 어떻게 이럴 수 있느냐고 화를 낸다. 갈대는 또한 집단상담자에게도 크게 화를 표현하였다. 갈대는 너무 힘들어서 전화로 집단상담자에게 전화를 걸었는데 전혀 도움이 되지 않았다면서, "이것이 갈대 님이 원하던 것 아니었나요? 헤어지는 것이 좋겠다고 결정을 내렸고 그래서 헤어졌고 마음을 정리하는 중이었던 것 아니었나요? 여자친구가 언제까지 기다려 줄 수는 없지 않을까요."라는 말이 전부였다고 화를 낸다. 집단상담자가 "어떤 말이 도움이 되었을까요?"라고 묻자, "그건 저도 모르죠. 하지만 그것 말고 다른 말, 좀 더 도움이 되는 말을 해 줄 수도 있잖아요."라고 화를 낸다. 30대 후반의 여성 집단원 거울이 갈대에게 화를 내기 시작한다.

거울: "도대체 갈대 님이 왜 이렇게 화를 내는지 모르겠어요. 왜 자꾸 갈대는 우리 집단을 이렇게 불안하게 하는지, 집단에 갈등을 가져오는지 모르겠어요. 이미 헤어진 거고 그러면 상대방도 다른 사람을 만날 수도 있는 거잖아요. 도대체 저한테는 갈대가 말하는 것이 전혀 말이 안 돼요. 우리가 모르는 이야기가 혹시 있는 거 아닌가 싶어요. 우리한테 거짓말을 한 거 아니에요? 저는 거짓말쟁이가 제일 싫어요."

갈대: [거짓말쟁이라는 말에 갈대의 얼굴이 점점 상기되고, 갈대가 거울에게 화를 낸다.] "당신 미쳤어? 당신이 뭔데 나보고 거짓말쟁이래? 당신이 알아? 내가 여기서 가장 솔직했으면 솔직했지 내가 무슨 거짓말을 해?"

거울: [위축된 목소리로] "거짓말쟁이라고 한 거 미안해요. 내가 단어 선택을 잘못한 것 같아요. 그냥 나한테는 갈대 말하는 거, 행동이 도저히 이해가 안 돼서."

갈대: [계속 소리를 지르며 말한다.] "단어를 잘못 선택했다고, 말도 안 되는 소리 좀 작작해요. 그동안 내가 이 집단에서 어떻게 했는데, 그걸 알고도 나를 거짓말쟁이라고 한다고!"

1. 언어적 공격의 다섯 가지 정서적 메시지 양식이 사례에서 어떻게 표현되고 있는지를 분석해 보십시오.

2. 효과적인 집단상담자의 개입 방향을 생각해 봅시다.

◉ **활동 팁**: 거짓말쟁이와 같은 갈등을 촉발한 요소를 파악하고, 그로 인해 갈대와 거울의 갈등이 고조되는 상황을 주의 깊게 관찰한다. 갈대가 자신의 감정을 충분히 표현해 볼 수 있도록 돕고 이후에는 공감적 탐색을 통해 공격적인 행동 이면의 수치심, 상처 같은 더 깊은 감정을 표현하도록 돕는다. 거울의 도전적 · 도발적 태도도 치료적 개입을 통해 그녀의 행동과 동기에 대한 통찰을 얻을 수 있게 돕는다. 집단의 정서적 안전감 유지를 위해 언어적 공격 표현의 상황을 조심스럽게 처리하고, 집단원들이 서로를 이해하고 지원할 수 있는 분위기를 촉진한다.

- **갈대**: 자신의 반사회적 특성에 대한 공격(거울이 자기를 거짓말쟁이라고 한 것에 대한 분노), 자신의 엄마에 대한 분노, 거울을 대하는 방식은 갈대 자신의 부모가 자기를 대하는 방식으로 대함(대상 전이), 자기 안의 수치심을 없애고자 하는 시도(투사적 동일시), 말로 화를 표현하는 것, 화를 내도 버림받거나 처벌받지 않는 것에 대한 발달적 욕구(의존성).

- **거울**: 거울은 자신의 어린 시절 정서적 학대 경험을 부인하는 자기 정신의 일부를 공격(자기애적 전이), 자신의 아버지와 오빠를 자극했던 것처럼 갈대의 화를 자극함으로써 통제감을 얻고자 함(대상 전이), 자신의 견디기 어려운 폭력성의 측면을 투사(투사적 동일시), 공포, 신체적 학대 없이 남성의 분노와 싸우고자 하는 발달적 요구(의존성).

- 집단원들은 어린 시절의 학대와 유기에 대한 고통스러운, 분리되고 억압된 요소가 집단 과정에서 나타나는 것을 차단하기 위해 갈등을 만드는 데 동조함. 거짓말쟁이라는 단어의 무의시적 의미를 탐색하는 것을 회피하는 것을 포함, 이들의 상호작용의 강도는 정서적 메시지의 복합적인 정도와 비례함.

실습 4

모의집단상담: 희생양 만들기 상황 다루기

다음 상황에서 집단원들의 적대감을 효과적으로 다루는 방법을 연습해 본다.

[사례]

높은 응집력을 달성하며, 집단원 모두 매우 열심히 참여한 단기 집단의 마지막 회기이다. 여성 집단원 폭포수는 마지막 회기에 불참한 몇 명 집단원에 대해 매우 화가 났다. 다른 집단원들도 폭포수의 비판에 동조하며 결석한 집단원들이 어떻게 비겁하게 작별인사하는 것을 피했는지, 집단에 대한 헌신을 저버렸는지 격렬하게 비판한다. 집단 내 화와 비난이 고조되는 가운데 집단상담자는 집단에 오지 않은 집단원들은 애도의 어려움을 행동화한 것이고, 그러한 애도의 느낌은 집단에 참석한 사람들도 공유하는 것이라고 해석했다. 긴 침묵 후에 한 집단원이 오늘 집단에 참석하는 것이 얼마나 힘들었는지 말을 하고, 이어 다른 집단원들도 역시 오늘 마지막 집단에 오는 것이 너무 두려웠다고 말을 한다. 한 집단원은 특히나 감정적 동요를 보였고, 집단상담자의 질문과 탐색 결과, 집단 종결을 자신이 어렸을 때 아버지에게 버려졌던 느낌, 깊은 슬픔과 연관성을 발견했다. 다른 집단원들 역시 상실에 대한 자신의 경험을 나누었다.

1) 현재 일어나고 있는 집단 역동이 무엇이고 왜 이러한 현상이 발생하고 있는지 설명해 봅시다.

2) 효과적인 집단상담자의 개입 방향을 생각해 봅시다.

희생양 만들기 발생 시 집단상담자의 과업

집단원 보호하기

투사적 과정을 명료화, 직면, 해석함으로써 집단상담자는 희생양이 된 집단원이 자신에게 투사된 정서나 특성에 의해 함몰되는 것을 방지한다. 집단은 표면적 · 의식적으로는 희생양이 된 집단원을 보호하는 것에 반대하지만, 깊은 수준에서는 집단적 안도감을 느끼는데 그 이유는 집단원으로 가장 적절해 보이지 않는 집단원조차 집단에서 수용되는 것을 보여 주기 때문이다. 집단원들이 있는 그대로 자기를 드러냈을 경우 집단이 보복, 조롱, 거절할 것에 대한 두려움을 극복하는 가장 효과적인 방법은 자기보다 훨씬 문제가 있는 집단원이 집단 참여를 통해 도움을 얻는 것을 목격하는 것이다.

투사하고 있는 자신을 들여다보도록 돕기

집단상담자는 집단 내 투사가 발생하고 있음을 알려줌과 동시에 다른 사람에게 갖는 인상은 상대방보다 자기 자신에 대해 더 많은 것을 말해 준다는 것을 알려 주어야 한다. 치료자는 'return to sender'를 통해 투사를 보낸 사람에게 초점을 둠으로써 집단원의 자기이해를 증진시키고, 투사적 동일시, 희생양 만들기를 최소화할 수 있다.

희생양 만들기에 집단과 공모하지 않기

집단상담자는 집단원들이 희생양을 돕거나, 정보를 제공하거나, 교정하기 위한 집단적인 시도와 공모하지 않도록 주의해야 한다. 집단원들은 자주 희생양이 된 집단원으로부터 투사된 특성을 만들어 내기 쉽고, 이는 일견 이타적인 시도로 보이지만 자기 안에 있는 유사한 문제점들을 들여다보는 것으로 자신을 방어하는 시도가 된다. 집단상담자는 동시에 대인관계 학습과 같이 집단의 치료적 힘을 방해하지 않도록 균형을 맞추는 것이 필요하다. 집단상담자는 대인관계적 · 건설적 피드백과 투사적 동일시를 구별하는 것이 필요하다.

특정 집단원이 희생양이 된 이유 파악하기

집단상담자는 특정 집단원이 어떻게, 왜 희생양 되었는지를 파악하는 것이 필요하다. 어떤 경우에는 희생양은 다른 집단원들의 영향으로 자신의 것이 아닌 생각, 바람, 정서, 행동을 나타낼 수도 있고, 어떤 경우에는 투사가 희생양이 된 사람과 자아동질적인 것으로, 투사된 내용에 대한 민감성, 관련성이 그 집단원으로 하여금 편리한 투사의 그릇이 된 경우도 있다. 희생양은 또한 가족에서 역할과의 유사성으로 인해 발생하는 경우도 있다. 가령, 희생양이 된 집단원은 자기 가치 혹은 보살핌의 정서는 거절하지만, 부정적 정서를 흡수하거나 타인의 공격을 유도함으로써 무의식적으로 관심에 대한 욕구를 충족시키기도 한다.

제5장

탈출법(원 압박법)

학습목표

1. 탈출법의 이론적 배경 및 치료적 원리를 이해한다.
2. 탈출법을 사용하는 이유, 방법에 대해 충분히 이해하고 설명할 수 있다.
3. 탈출법 실시 방법을 연습한다.

들어가며

- 탈출법을 경험해 보신 적이 있는가? 좋았던 점, 힘들었던 점은 무엇인가?
- 집단원들이 탈출법 사용을 거부한다면 어떻게 느끼시겠는가?
- 탈출법 사용을 주저하게 되는 집단상담자 자신의 불안과 두려움이 있다면 무엇일까?

1. 정의

탈출법은 주인공을 맡은 집단원이 자신의 내적(심리적 · 감정적) 또는 외적(사람들, 장애물들)으로 힘들고 고통스럽게 만드는 억압, 통제적인 힘의 압력으로부터 스스로 벗어날 수 있도록 돕는 기법이다. 탈출법은 주인공을 둘러싼 6~8명 내외 집단원들이 둥글게 서서, 서로 손을 빗겨(꼬아서) 좌우 사람 손을 잡든가, 서로 팔짱을 끼든가, 허리를 잡든가 해서 주인공을 압박(힘 또는 천)하여 주인공이 그 원을 뚫고 나오도록 고취시킨다. 원 밖에는 주인공을 응원하는 사람을 둘 수도 있고, 없을 경우에는 집단상담자가 그 역할을 맡을 수 있다(장영아, 권경인, 2024).

탈출법 기법에서는 집단원들이 서로 팔을 잡고 원을 만든 다음, 주인공을 안에 있게 하고, 빠져나가지 못하게 한다. 주인공은 적합한 방법을(폭력이 아닌) 써서 밖으로 나가고자 시도한다. 이때 원은 벗어나고 싶지만 벗어나지 못하는 상황이 전개된다. 이런 상황이라 함은 집단원이 지각하는 벗어날 수 없는 대상, 내면화된 부정적 자기평가, 내사된 주요 타자의 압박 등이 이에 해당된다. 집단원들은 주인공의 내면의 부정적 목소리의 파편들을 하나씩 잡아 반복해서 말한다. 벗어나기 어려운 상황 속에 있으면서 주인공이 "이제 벗어날 거야"와 같은 미세한 소리를 내면, 집단상담자는 그 소리를 캐치하고 주인공이 그 소리를 반복해서 외치게 한다. 주인공 집단원은 다른 집단원들을 통해 외재화된 자기 내면의 목소리를 들으면서 드는 감정을 느껴 보고, 그 메시지들에 대항하는 말을 외친다(예: 아니야, 할 수 있어, 그만해). 주인공은 부정적 자기 말을 뚫고, 인간 사슬을 끊고 탈출한다.

2. 치료적 원리

내담자가 비합리적 신념, 자기혐오, 낙인, 부정적 사건, 트라우마 사건 등에 매몰되거나 특정 대상으로부터 받은 메시지에 매몰되어 있을 때와 같이, 내담자가 무언가로부터 탈출할 필요가 있을 때 사용한다. 예를 들어, “나는 특정 대기업에 들어가야만 한다”고 여기는 내담자가 그 메시지에 도달하지 못했을 때, 자신에 대한 극단적이고 파편적인 메시지(예: 나는 망했어, 끝났어. 나는 쓰레기야)에 매몰되어 있다면, 그러한 메시지로부터 내담자를 분리시키는 방법으로 탈출법을 사용할 수 있다.

탈출법은 내담자의 내적 세계를 외현화하므로 내적 메시지를 지금-여기의 사건으로 바라보도록 돕는다. 내적 메시지의 외현화는 내담자가 지금 내가 어디에 있는지, 내 안에 얼마나 완고하고 엄격한 목소리로 가득 차 있는지 지금-여기의 화법으로 생생하게 경험하게 한다. 이러한 경험을 통해 내담자가 자신의 내적 경험이 주는 파괴적인 영향을 몸으로 경험할 수 있게 하고, 더 이상 여기에 살면 안 된다는 걸 체험할 수 있다. 따라서 ‘넌 없어도 되는 쓰레기야’라는 목소리를 지금-여기서 들려줄 때, 내담자가 그 메시지로부터 나오겠다는 결단하고 빠져나올 수 있게 된다.

탈출법을 성공적으로 경험한 개인은 일상에서 비슷한 상황을 만날 때, 자신을 관찰할 수 있고 익숙한 정서나 신념에 매몰되는 걸 조절해 나갈 수 있다. 주인공이 탈출하는 과정은 정신화가 잘되지 않는 다른 집단원들에게도 의미 있는 경험이 된다. 집단원들은 주인공의 탈출 경험으로부터 자신의 경험을 연결 지을 수 있기 때문이다.

일단 탈출법을 사용했다면 주인공에게 반드시 성공한 경험이 되어야 한다. 따라서 내담자가 힘없이 주저앉으려 할 때, 집단상담자는 울타리 밖에서 세게 손을 잡아끌며 탈출을 도울 필요가 있다. 그러나 탈출의 마지막에는 주인공이 스스로 투쟁해 나왔다는 성취감을 가질 수 있도록 집단상담자의 도움을 조절해야 한다. 반대로 탈출에 강한 의지를 보이는 내담자라면 집단상담자가 주인공의 탈출이 더욱 도전적인 것이 되도록 보다 강하게 속박할 수도 있다. 이는 주인공이 탈출해야 하는 메시지가 그만큼 삶에 강력한 영향력을 가지고 있었음을 드러내는 것이다. 그럼에도 절박한 의지를 가지고 주인공이 탈출해 낼 때, 더 큰 성취 경험을 하게 돕는다.

- 탈출법은 강렬한 정서적 자극을 불러일으키기 때문에 심각하게 와해된 성격장애, 기능 수준이 낮은 내담자에게는 적용하기 어려울 수 있다.
- 탈출법을 사용하는 집단상담자는 ‘결단하고 의지를 가진 인간은 결코 실패하지 않는다’는 인간에 대한 신뢰, 집단상담자 자신과 주인공, 집단원에 대한 믿음을 가지

고 이 기법을 사용할 필요가 있다.

3. 이론적 근거

① **사이코드라마:** 사이코드라마 맥락에서 탈출법은 의식화된 정보처리로 언어를 활용하는 것과 함께 적극적으로 몸을 활용한다는 점이다. 신체를 통해 체감되는 자기의 정서, 신념, 내적 언어, 인지적 왜곡 등을 몸으로 직접 경험한다는 점에서 보다 직접적이고 강렬한 자기경험을 지금 여기에서 도울 수 있다.

② **대상관계적 관점:** 탈출법은 집단원의 내적 표상(internal representation)이나 내적 대상(internal object)을 외현화시키고 이를 관찰하거나 직접 경험함으로써 자신의 내적 표상에 대한 이해와 수정을 돕는다. 또한 내적 대상들과의 상호작용을 통해 내면화한 관계의 틀을 외현화시키고 수정할 수 있는 계기를 마련한다.

③ **게슈탈트적 관점:** 탈출법은 기본적으로 실험적 요소를 가지고 있다. 행위 속에서 집단원의 경험을 지금-여기에서 실현하여 보고 이 경험을 집단원 자신이 내적인 경험이 아니라 외적인 현상으로 접촉하도록 돕는다.

- 효율적인 탈출법 기법은 언어적 자각, 신체적 자각, 정서적 자각을 촉진하고 집단원의 언어와 신체, 정서에 대해 보다 선명한 알아차림을 제공할 수 있다.
- 탈출법에서 집단원들은 외면되고 억압되었던 자신의 감정과 기억들을 표면으로 퍼올리도록 도전받는다. 이를 통해 다양한 내적 프로세스를 표면화시키고 경계와 접촉의 방해를 받았던 부분에 대한 보다 적극적 탐색을 시도하게 된다.

4. 탈출법 실시 방법: 8단계

1) 적절한 대상과 주제 선정

탈출법이 필요한 내담자와 주제를 선정한다. 집단원 중 한 명을 주인공으로 초대한다.

- 집단상담자는 비언어적인 행동(눈맞춤, 표정)이나 말하는 과정(목소리 톤, 말의 내용)에서 기법에 대한 의지를 세심하게 잘 포착해 내야 한다.
- 주인공의 문제와 기법이 일치하고, 참여 의지가 확실하다는 것을 확인하게 되면 아주 간단한 동작(예: 손을 잡고 같이 걸어 보거나, 소리를 질러 보게 하기)을 시작으로 몸과 마음의 긴장을 풀어 준다. 충분한 워밍업은 주인공의 내면세계를 진실되게 만나기 위한 필수 과정이다.
- 주인공이 등장하지 않을 경우, 이는 집단의 요구에 부합하지 않는 워밍업, 집단지도자의 부적절한 태도, 신뢰성 부족 등 다양한 문제에서 기인할 수 있다. 탈출법처럼 몸을 많이 활용하는 기법은 자발적이냐, 비자발적이냐에 따라 다른 결과가 나타날 수 있다.

2) 주인공에게 오리엔테이션 제공

- 탈출법의 목적과 진행 과정을 설명한다.
- **설명 예시:** "먼저, 당신 안에 있는 파편화된 목소리(예: 너는 쓸모없어. 너는 아무것도 아니야 등)를 몇 명의 집단원들이 나눠 가질 것입니다. 당신은 이제 그 목소리를 받아들이고 타협하고 살 것인지, 아니면 그 목소리에 대해 다른 입장을 취하고 살 것인지 결정해야 할 순간이 올 겁니다. 당신이 결단했다면 그 목소리로부터 빠져나오도록 애쓸 것입니다. 하다가 너무 힘들면 멈출 수 있습니다. 하지만 당신이 포기하지 않는다면 집단상담자와 집단원 전체가 당신을 도울 것입니다."

3) 파편화된 핵심 목소리 찾기

- 집단상담자는 주인공의 현재 문제와 연결된 간결하고 핵심적인 부정적 문장을 찾아낸다.
- 파편화된 목소리를 찾을 수 있도록 집단상담자는 "어떤 목소리가 있어요?", "어떤 파편이 당신을 아프게 하나요?", "나를 훼손하는 목소리가 무엇이에요?", "절대로 가라앉지 않는 목소리가 뭐가 있어요?"와 같이 물을 수 있다.
- 내담자의 긴 답변을 간결하고 핵심적인 문장으로 요약한다.

4) 집단원 배치 및 역할 분담

- 파편이 될 집단원을 선택한다. 이때, 집단원들을 주인공이 선택할 수 있다. 주인공과 집단원들이 다치지 않도록 안경, 목걸이, 시계, 스카프 등을 풀도록 하고, 허리 통증 등 신체적으로도 작업을 할 준비가 되어 있는지 확인한다. 기법을 하다가 너무 심하게 힘을 써 꼬집거나, 할퀴게 되면 다치기도 하고, 몰입이 깨질 수 있기에 초반에 안전에 대한 구조화를 확실히 한다.
- 집단상담자는 파편이 될 집단원에게 오리엔테이션을 제공한다.
- **오레엔테이션 예시:** 우리는 지금부터 집단원이 아니라 이 사람의 파편으로 존재할 것입니다. 파편이 된다는 것은 내담자 안에 있는 하나의 문장(예: 너는 쓰레기야)이 되는 것입니다. 이 파편들은 이 사람의 삶에서 어떤 이유로 만들어졌고, 이 사람의 나이만큼 견고하기 때문에 절대 쉽게 풀어지지 않습니다. 우리는 죽을힘을 다해서 손을 연결 지어 잡고 내담자의 탈출을 막을 겁니다. 이것이 그 사람의 현실이기 때문에 절대 쉽게 풀려선 안 되며, 그 견고한 현실을 잘 드러내는 것이 이 사람을 돕는 것입니다."
- 파편이 될 집단원들은 주인공의 파편 중 자신이 원하는 문장을 선택하게 한다. 이 과정에서 집단원들 역시 이 활동을 자신의 내적 경험과 연결시킬 수 있다.
- 집단원들이 손을 엮어 잡고, 주인공을 그 안에 위치하게 한다.

- 주인공을 둘러싼 집단원들이 동시다발적으로 자신이 맡은 파편(문장)을 말하게 한다. 그 목소리를 반복하며 증폭시키며 주인공이 경험하는 강력한 목소리가 되도록 한다.

5) 파편의 외현화 및 주인공 반응 촉진

- 파편에 대한 주인공의 반응을 증폭시킨다. 예를 들어, 주인공이 그 목소리들에 대해 '조용히 해'라고 반응한다면, 집단상담자는 더블로서 더 큰 소리로 그 문장에 반응하거나 새로운 문장을 더하며 주인공의 반응을 증폭시킬 수 있다. 주인공의 반응과 더블로서 집단상담자의 자극을 반복하며 주인공의 반응을 증폭시킨다.
- 주인공이 새로운 반응(탈출)을 하도록 돕는다. 예를 들어, '이 목소리 안에서 계속 있을 것인지, 여기서 계속 살 건지' 묻는다. 그리고 아무도 이 목소리에서 당신을 꺼내줄 수 없으며, 스스로 나와야 함을 상기시킨다.

6) 주인공의 탈출 및 성취 경험

- 주인공이 자발적으로 탈출을 결단했다면, 그 경험을 증폭하도록 돕는다. 주인공이 강한 결단으로 탈출하려 애쓴다면, 주인공을 막는 집단원에 더해 집단상담자 역시 몸으로 주인공을 잡아 내담자의 견고한 내적 현실을 강화시킬 수 있다.
- 반대로 주인공이 포기하려 하거나 힘에 부칠 때, 집단상담자가 손을 잡고 이끌어 탈출하려는 힘을 강화할 수도 있다.
- 이 과정을 통해 주인공은 자신의 힘으로 탈출해낸 깊은 성취감을 느끼게 된다. 상징적으로 자신의 한계를 뛰어넘어본 경험은 주인공의 통찰과 결단을 다시 한번 강화시킨다.

☞ 주인공이 주저앉고 포기하려고 할

- 주인공이 주저앉고 포기하려고 하면 집단상담자도 힘이 들고, 위기감을 느낀다. 그

러나 내담자가 포기하려고 할 때, 집단상담자가 포기하면 안 된다. 이때, 집단상담자는 파편이 된 집단원들의 몸을 낮추게 하고 집단상담자가 밖에서 내담자를 손을 잡아 이끌며 탈출을 돕기도 하고, 더블로서 파편에 먼저 소리를 내 반응하며 내담자의 정서나 의지를 증폭시킬 필요가 있다.

- 주인공이 힘이 빠진 것처럼 보여지면 집단원들의 팔을 엮는 방식을 달리하거나, 힘의 균형을 맞출 수 있는 집단원으로 바꿔 준다. 그렇게 해도 힘을 낼 수 없을 것 같아 보여질 때는 집단원들 전체에게 힘을 살짝 빼주는 멘트를 전달하여 힘을 빼준다. 그렇게 하지 않으면 주인공이 포기하거나 집단에 끌려가면서 하는 척을 할 수 있다.
- 중간에 몰입이 깨지게 될 경우 집단상담자는 신속하게 정서가 멈춘 지점을 찾아 주인공이 기법을 받아들이기 쉬운 지점으로 다시 돌아간다.
- 주인공이 사람으로 만든 벽에 대한 부담을 느끼면 천이나 벽을 대체물로 활용한다. 그렇게까지 했는데도 주인공이 안 될 것 같다고 할 때는 무리하게 끌고 가지 않고 상황을 잘 정리해 주며 거기서 마무리를 지어 준다.

7) 안전한 몸의 경험 제공

- 주인공이 결단하고 파편을 뚫고 나왔을 때, 집단상담자는 주인공을 몸으로 받아 안아낸다. 주인공이 그 파편을 뚫고 나오지 못하는 데에는 파편이 없는 낯선 삶에 대한 불안과 두려움이 있다. 따라서 파편을 뚫고 나왔을 때, 안전하고 따뜻한 몸의 경험이 주인공에게 필요하다.
- 내담자의 경험 수준에 따라 집단상담자의 돌봄 수준을 조절한다. 가령, '네가 해냈다'는 격려의 말부터, 충분히 안아주거나 어린아이를 돌보듯 눈물을 닦아 주고 품에 안아 함께 머물 수도 있다.
- 이때 집단원들도 울음과 같은 강렬한 정서적 경험을 하게 된다. 집단원들 역시 주인공의 탈출 과정을 지켜보며 자신의 파편과 만나며, 주인공의 탈출을 자신의 것으로 경험하기도 한다.

8) 경험 나눔

- 주인공의 탈출 경험 후, 모든 집단원들이 자신의 경험을 공유한다.
- 집단상담자는 파편으로 참여한 집단원들과 관찰한 집단원들이 자신의 현재 경험을 나누도록 유도한다. 이때, 주인공에 대한 조언이 아닌 탈출 과정을 통해 떠오른 자신의 경험과 심경을 나누도록 한다.

5. 탈출법 사용 시 유의점

(1) 집단원 치료적 유용성에 기초한 사용

- 탈출법은 집단을 응집시키고 작업 단계로 안착시키는 강력한 도구로, 집단상담자는 집단 응집력을 높이기 위해 탈출법을 사용하고 싶은 욕구가 클 수 있다. 탈출법 사용의 원칙은 집단원에게 필요한지를 판단하는 것이다.

(2) 자발성 확보의 중요성

- 탈출법과 같은 신체를 많이 활용하는 기법을 사용할 때, 자발성 확보가 중요하다. 비자발적 참여자들은 복장이 흐트러지거나 비난을 듣고, 홀로 맞서야 하는 상황에 대한 두려움이 있다.
- 참여자들은 자신의 문제를 정확히 확인하고 변화하고 싶은 마음과 그 모습을 보이고 싶지 않은 마음이 공존함을 이해해야 한다.
- 집단상담자는 기법의 설명과 의도, 목표, 워밍업을 반복하여 참여 의지를 강화하고, 기법을 점진적으로 진행한다.
- 자발성이 충분하지 않으면 멈추고 이유를 확인하며 다시 조정해야 한다.
- 집단상담자는 기법을 충분히 소개하고, 주인공이 끝내 동의하지 않으면 멈춰야 한다.

(3) 탈출법이 적절하지 않은 대상

- 탈출법은 많은 신체적 · 정신적 에너지를 필요로 하기 때문에 모든 사람에게 적합하지 않다.
- **탈출법이 부적절한 대상**: 과거에 큰 상처를 입은 사람, 건강 문제나 신체 이상이 있는 사람, 감정 조절 문제가 있는 사람, 자극에 민감한 사람, 자발성이 낮은 사람

☞ 기존 탈출법이 어려운 경우

- 이불이나 천을 뚫고 나가게 하거나, 의자나 베개를 들고 있게 하고 그걸 돌파하거나, 집단원을 일자로 서게 하고 주인공이 밀어내어 탈출법이 실패 경험이 되지 않도록 약식으로라도 성공경험을 하게 한다.

(4) 집단 내 개인적 관계의 고려

- **개방의 어려움**: 집단 내에 아는 사람이 있으면 자신의 문제를 개방하기 어려울 수 있어, 상황에 맞게 대처해야 한다.

(5) 정서적 카타르시스와 인지적 통찰의 결합

- 탈출법 사용에 있어 정서적 카타르시스와 인지적 통찰을 잘 결합해야 한다.
- **강한 정화의 위험**: 강한 정화만 있으면 작업 후 힘든 경험을 할 수 있다(Yalom & Leszcz, 2005).
- **집단상담자의 역할**: 집단상담자는 건강한 타당화, 지지, 위로, 교정적 정서 경험, 내적 표상에 대한 이해 등을 연결해 강렬한 정서 작업과 통찰이 이루어지도록 해야 한다.

(6) 비대면 집단상담 시 유의점

- **소리와 감정 증폭**: 비대면 집단상담에서 탈출법을 사용할 경우, 소리나 감정을 증폭시키기 어려운 상황을 고려해야 한다.

메타버스 상담에서 탈출법을 실시한다면?

기술의 발전은 상담의 방식 자체를 재정의하고 있다. 과거 대면 상담 중심의 체계는 화상 상담으로 확장되며 시간과 공간의 제약을 무너뜨렸고, 이제는 메타버스와 같은 가상현실 공간에서의 상담 가능성도 활발히 논의되고 있다(권경인, 김미진, 이민주, 2025). 이러한 가상 공간은 단순한 대체 수단을 넘어서, 상징과 상상, 신체표현이 자유롭게 확장되는 '심리적 무대'로 기능하며, 상담적 상상력을 새롭게 자극한다.

그렇다면 탈출법과 같은 신체 기반 표현기법도 메타버스 안에서 구현될 수 있을까? 아직 실제 임상에서 충분히 시도되지는 않았지만, 이론적으로는 다양한 가능성을 상상해 볼 수 있다. 예컨대, 아바타들이 인간사슬을 형성하고, 집단원 역할의 아바타들이 주인공을 향해 반복적으로 파편 메시지를 전달하며, 주인공 아바타는 이 상징적 벽을 뚫고 나오는 연출을 통해 몰입도 높은 심리적 탈출을 경험할 수 있다. 이러한 과정은 단지 상상이 아니라, 디지털 공간 안에서의 실시간 상징적 체험이 될 수 있다. 집단원들은 현실의 제약 없이 감정을 탐색하고 자신을 표현할 수 있으며, 이는 정서적 해방과 깊은 통찰의 기회를 새롭게 열어 줄 가능성을 지닌다.

메타버스는 단순히 기존 기법을 복제하는 공간이 아니라, 그 기법의 본질을 새롭게 구성하고 확장하는 실험적 무대가 될 수 있을 것으로 기대된다.

실습 1

자기점검: 내가 탈출법의 주인공이 된다면?

내가 탈출법의 주인공이 된다면, 나는 무엇으로부터 누구로부터 탈출하고 싶은가? 탈출을 완성하면 나는 어떤 상태일 것 같은가?

1) 내가 벗어나고 싶은 부정적 신념이나 상황, 관계는 무엇입니까?

2) 이 신념이나 상황, 관계가 내 삶에 구체적으로 어떤 영향을 미치고 있습니까?

3) 내가 이 상황에서 벗어남으로써 이루고자 하는 가장 큰 변화는 무엇입니까?

4) 탈출에 성공하면 나는 어떤 상태일까? 그 상태의 나는 어떤 감정을 느낄까?

5) 탈출 과정에서 예상되는 가장 큰 어려움은 무엇입니까?

실습 2

조별 활동: 내면의 파편화된 부정적 메시지 찾기

다음 사례의 집단원이 탈출법의 주인공이 된다면 어떤 심리적 갈등을 작업해 볼 수 있을지 분석해 본다.

[사례 1]

집단원 바다는 40대 중반의 여성으로, 남편과 아들, 딸, 그리고 친정엄마와 함께 살고 있다. 고등학교 시절, 바다의 부모님은 이혼을 하셨고, 어느 날 엄마는 갑작스러운 메모만 남긴 채 집을 떠났다. 그 날의 기억은 아직도 바다의 마음 한구석을 아프게 한다. 결혼 후, 바다는 약 15년 전 엄마가 살 곳을 찾지 못했을 때, 남편의 권유로 엄마를 모시게 되었다. 그때는 이렇게 오랜 시간 동안 엄마와 함께 살게 될 줄은 상상도 하지 못했다.

어렸을 적, 바다는 엄마에게서 충분한 사랑을 받지 못했다고 느꼈다. 엄마는 자신이 항상 옳아야 하는 사람이었다. 밤늦게까지 술을 마시고 늦게 들어오는 일이 잦았으며, 때로는 친구들을 집에 데려와 밤새 술을 마시고 놀기도 했다. 이로 인해 엄마와 아빠가 싸울 때마다 엄마는 불같이 화를 냈다. 한번은 엄마가 칼을 들고 죽겠다고 위협한 적도 있다. 15년 동안 엄마를 모시며 병원비로 지출한 돈도 상당했지만, 엄마는 한 번도 바다에게 감사의 말을 건넨 적이 없다. 바다가 부모가 되어 보니 자식이 얼마나 소중한지 알게 되었고, 엄마의 모성애 결핍이 더욱 이해되지 않고 화가 나기도 한다.

최근 남편이 해외 주재원으로 유럽에 가게 되어 가족 모두 3년 정도 외국에 나가 살게 되었다. 남편은 바다의 어머니가 한국에 남아 계셨으면 좋겠다는 의견을 내비쳤다. 남편도 건강상의 문제가 있어 스트레스를 받으면 상태가 악화될까 봐 걱정이 된다. 사실, 바다 역시 엄마를 모시고 사는 것이 점점 더 지치고, 긴장 속에 사는 자신이 힘들지만, 엄마를 한국에 남겨두자고 말하는 것이 마치 엄마를 버리는 것 같아 차마 입이 떨어지지 않는다. 왜 그런지 모르겠지만, 엄마를 두고 가면 엄마가 자살할 것 같은 두려움이 바다를 괴롭힌다. 고등학교 때 자신이 남겨졌던 것처럼 엄마를 버리는 것 같은 느낌이 들기 때문이다. 이로 인해 바다는 점점 불안감에 시달리며, 최근에는 공황 발작까지 겪게 되었다.

앞의 사례에서 바다의 파편화된 메시지, 감정, 입장 등을 분석해 봅시다.

[사례 2]

메아리는 20대 후반의 여성이다. 그녀는 회사에서 그래픽 관련된 일을 하고 있다. 일은 스트레스가 많긴 하지만 그래도 재미있다. 창의적이고 책임감 있는 그녀는 나름 직장에서 인정도 받고 있다. 회사 사람들도 메아리를 좋아하고, 친구들도 그녀를 아낀다. 그녀는 만성적인 우울감에 시달리고 있다. 잘 지내다가도 가끔 한 번씩은 사는 것이 너무 지치고 무의미하게 느껴진다.

그녀는 또한 3년 넘게 교제해 온 남자친구도 있다. 두 사람은 작년부터 같이 살고 있다. 남자친구는 너무 좋은 사람이지만 가끔 두 사람은 격렬하게 싸우곤 한다. 메아리는 남자친구의 차가운 태도가 너무 슬프고 그가 떠날까 두렵다. 남자친구는 잠깐 감정을 식히고 싶은 것일 뿐인데 메아리가 계속 자신을 다그치는 것이 숨이 막힌다. 남자친구가 너 때문에 내가 죽을 것 같다고 하면 내가 정말 나쁜 아이가 된 것 같고 그가 나를 떠날 것 같아 한없이 슬퍼진다.

메아리의 아버지는 목사님이다. 아버지는 교회에서는 믿음 있는 목사님이었으나 집에서는 무섭고 폭력적인 아버지였다. 아버지는, 특히 남동생보다 딸인 메아리에게 더 혹독하고 엄격했다. 아버지는 때로는 온화하시다가도 때로는 별거 아닌 일에도 화를 내셨다. 고등학교 시절 용기를 내서 한번 솔직한 내 생각을 표현했을 때 사정없이 맞았다. 어머니는 온화한 분이셨으나 폭력적인 아버지의 양육에 대해 적극적으로 개입을 하신 적이 없다. 메아리는 통제적 · 폭력적 가정 분위기를 견디지 못하고 대학 재학 중 집을 나와 따로 살았고, 그 이후로는 아버지와 연락을 하지 않았다. 그러나 지금도 가끔 한 번씩 아버지에게 쫓기는 꿈을 꾼다. 지나가다 아버지와 비슷한 사람을 보기라도 하면 그날은 마음이 너무 우울해진다.

실습 3

탈출법 실시: 주인공 초대 및 오리엔테이션 실시

앞의 사례 중 하나를 골라, 집단원을 탈출법의 주인공으로 초대하고 집단원에게 탈출법 실시에 대한 오리엔테이션을 실시해 본다.

1) 주인공 집단원에게 또 나머지 집단원들에게 무엇을 어떻게 설명할 것입니까?

2) 주인공이 자신이 이전 집단에서 탈출법하는 것을 본 적이 있다면서 자신은 그때처럼 눈물 콧물 흘리게 될까봐 두렵다고 한다면 어떻게 접근할 것입니까?

3) 탈출법을 해서 더 힘들어질까 봐 두렵다고 말하면 어떻게 접근할 것입니까?

실습 4

탈출법 실시: 탈출 시도하기

앞의 두 사례에 대해 탈출해야 할 원을 형성하는 것에서부터 원을 뚫고 나오는 것까지의 일련의 과정을 연습해 본다.

다음 절차를 참고하여 주인공의 탈출 시도를 돕는다.

1. 파편 선택과 연결

집단원들은 주인공의 파편 중 원하는 문장을 선택하고, 이를 자신의 내적 경험과 연결시켜 주인공의 감정을 이해하고 공감하도록 한다.

2. 집단원들 손 연결하기

집단원들은 선택한 문장을 기반으로 손을 엮어 주인공을 둘러싼다. 이는 주인공이 내적 갈등 속에 갇혀 있음을 상징하며, 탈출 과정을 돕는다.

3. 주인공의 파편화된 메시지 외현화

집단원들은 자신이 맡은 문장을 동시다발적으로 말하고, 목소리를 반복해 증폭시켜 주인공이 내적 갈등과 강하게 대면할 수 있도록 한다.

4. 주인공 반응 촉진

주인공이 반응할 때, 집단상담자는 그 반응을 증폭시켜 감정에 더 깊이 몰입하도록 돕고, 탈출을 선택하도록 격려한다.

5. 주인공의 탈출 및 성취 경험

주인공이 탈출을 시도할 때, 집단상담자와 집단원들은 저항을 통해 현실감을 강화한다. 주인공이 성공하면, 그 성취감을 최대한 느낄 수 있도록 돕는다.

실습 5

탈출법 실시: 탈출법 마무리

주인공이 힘들게 탈출한 후, 집단원들이 주인공에게 안전한 공간을 제공하고 함께 경험을 나눈다. 이 과정에서 주인공이 감정을 충분히 표현할 수 있도록 돕고, 집단원들은 그 과정에서 주인공을 지지하며 감정을 공유한다.

다음의 절차를 따라 탈출법 마무리하기를 해 본다.

1. 주인공과 함께하기

주인공이 탈출에 성공하면 절대 혼자 두지 않는다. 즉시 집단상담자가 주인공에게 다가가 온몸으로 안아 준다. 이때 마치 산파가 아기를 받듯이 주인공을 따뜻하게 감싸안아, 주인공이 이 어려운 상황을 뚫고 나왔을 때 누군가 자신을 지지하고 있다는 경험을 할 수 있도록 한다.

2. 감정 받아주기

주인공이 우는 경우가 많으므로, 그 울음을 충분히 받아 준다. "당신이 해냈구나. 이제 괜찮다"와 같은 말로 주인공을 안정화시킨다. 이때 주인공이 매우 취약한 상태라면, 어린아이를 돌보듯 부드럽고 따뜻한 상호작용을 시도한다. 필요하다면 주인공의 코를 풀어 주거나 부드럽게 토닥이며, 주인공이 충분히 감정을 표현할 수 있도록 돕는다.

3. 나눔의 시간

주인공이 진정되면 함께 앉아 셰어링 시간을 가진다. 이때 중요한 점은 주인공에게 충고나 조언을 하지 않는 것이다. 대신, 집단원들은 자신의 경험과 심정을 주인공과 나눈다. 자신이 느낀 감정과 떠오른 생각 등을 솔직하게 표현하며, 주인공과 함께 이 경험을 공유한다.

4. 마무리

모든 집단원들이 자신의 경험을 나눈 후, 주인공이 자신이 받은 지지와 나눔을 충분히 받아들일 수 있도록 시간을 준다. 이를 통해 주인공은 이 어려운 과정을 잘 마무리하고, 집단 내에서 안전한 지지와 연결감을 느끼게 된다.

제6장

집단상담 슈퍼비전

학습목표

1. 집단상담 슈퍼비전 모델을 이해하고, 적용할 수 있다.
2. 집단상담 슈퍼비전의 준비 단계와 실시 단계에서 해야 할 과업을 이해하고, 슈퍼비전을 효과적으로 진행할 수 있다.

들어가며

- 집단상담을 슈퍼비전할 때 주로 어떤 역동을 다루고 있는가?
- 집단상담 슈퍼비전의 경험을 떠올려 봅시다. 어떠한 개입이 슈퍼바이지에게 효과적이었는가?

집단상담은 개인상담과 구별되는 특성들이 있다. 집단상담의 역동은 다음 세 가지 수준에서 이해할 수 있다. 첫째, 집단원 개인 차원에서 나타나는 심리 내적 역동이 있으며, 둘째, 집단원 상호 간이나 집단상담자와 집단원 간에 발생하는 대인관계적 역동이 있다. 마지막으로, 집단 전체의 분위기, 규범, 응집력 등과 관련된 집단 차원의 역동이 존재한다.

집단상담자는 이러한 다양한 역동을 이해하고 적절히 개입할 수 있는 능력을 갖추어야 한다(Donigian & Malnati, 1997; Kline, 2003). 개인상담에서는 주로 상담자와 내담자 간의 관계에 초점을 맞추지만, 집단상담에서는 다수의 집단원과의 상호작용을 이해하고 개입해야 하기 때문에 더욱 복잡하다. 그러므로 집단상담 슈퍼비전을 할 때는 개인상담 슈퍼비전의 이해만으로는 충분하지 않을 수 있다. 즉, 집단상담의 특성을 반영한 슈퍼비전이 필요하며, 집단 역동에 대한 깊은 이해와 이를 효과적으로 다루는 기술이 요구된다.

1. 집단상담 슈퍼비전 모델

SGW 모델(Oketch & Rubel, 2006)은 Bernard(1979)의 변별 모델을 바탕으로 개발되었으며, 집단상담 슈퍼비전의 특수성을 반영하여 발전된 모델이다. SGW 모델은 집단상담자가 집단원의 개인 내적 차원의 역동에 지나치게 집중하는 경향을 보완하고 다양한 역동을 다룰 수 있도록 돕기 위해 세 가지 차원, 즉 역할 차원, 기술적 초점 차원, 상호작용 수준 차원에 대한 이해를 강조한다. 이 모델에 의하면 집단상담 슈퍼비전에서 슈퍼바이저는 교사로서, 상담자로서, 전문가로서의 역할을 수행하며, 슈퍼바이지가 다차원적인 집단의 역동을 이해하고 적절한 기술을 활용하여 개입할 수 있도록 도와야 한다. 구체적으로 살펴보면 다음과 같다.

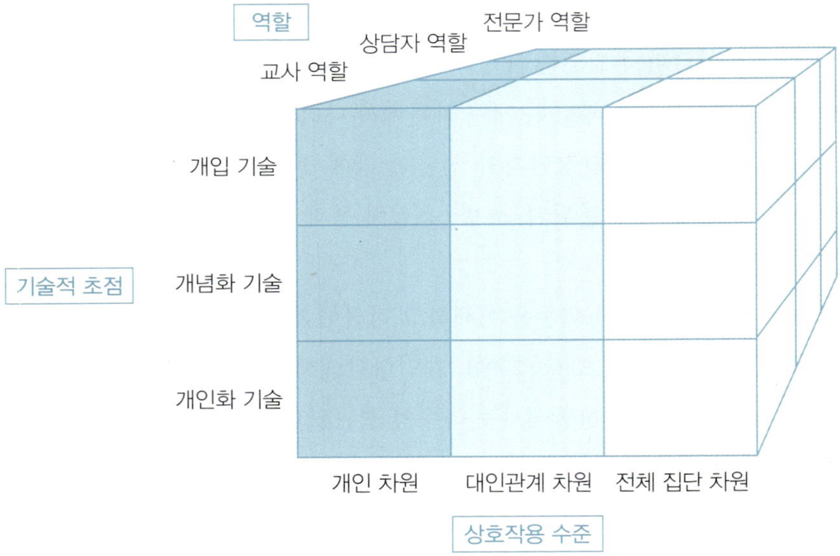

그림 6-1 집단 작업을 위한 슈퍼비전 모델

출처: Rubel & Oketch (2006).

1) 역할 차원

SGW 모델은 집단상담 슈퍼비전에서 슈퍼바이저가 수행해야 하는 역할을 세 가지 주요 범주로 구분하여 제시한다.

(1) 교사 역할

슈퍼바이저는 먼저 교사로서의 역할을 수행한다. 이는 슈퍼바이지가 집단상담에 대한 지식과 기술 면에서 부족하거나 미숙한 부분을 확인하고, 이를 보완할 수 있도록 돕는 데 초점을 둔다. 구체적으로, 슈퍼바이저는 슈퍼바이지의 부족한 지식을 확인하여, 이론적 배경, 모델, 접근법 등에 대한 지식을 전달하고, 실제 상담 장면에서 적용 가능한 기법과 전략을 가르친다. 또한 슈퍼바이저는 적절한 상담 기법을 보여 줌으로써 슈퍼바이지가 이를 관찰하고 모델링할 수 있도록 안내하며, 지속적인 피드백을 제공함으로써 슈퍼바이지가 자신의 상담을 성찰하고, 개선할 수 있는 기회를 제공한다.

(2) 상담자 역할

슈퍼바이저는 상담자 역할을 수행하면서 슈퍼바이지의 정서적 · 개인적 반응을 탐색하고 지지하는 데 주력한다. 집단상담 및 슈퍼비전 과정 중에 슈퍼바이지가 다양한 감정을 경험하게 된다. 슈퍼바이저는 슈퍼바이지가 자신의 감정과 내면의 경험을 자유롭게 표현할 수 있는 심리적으로 안전한 분위기를 조성한다. 이때 슈퍼바이저는 슈퍼바이지가 자신의 정서적 반응을 인식하고 수용하며, 그로부터 의미를 찾을 수 있도록 돕는다. 이는 슈퍼바이지가 자기이해를 증진시키고, 상담자로서의 자기 인식을 심화시키는 중요한 과정이다.

(3) 전문가 역할

슈퍼바이저는 슈퍼비전의 초점을 명확히 설정하고 하고, 슈퍼비전의 흐름이 그 목표에 부합하도록 조율한다. 또한 상담 과정이나 슈퍼비전 과정에서 표면적으로 드러나지 않는 잠재적인 문제를 민감하게 감지하고, 이를 슈퍼바이지가 인식할 수 있도록 돕는다. 슈퍼바이저는 슈퍼바이지에게 다양한 관점과 대안을 제시하며, 정보와 자원을 제공한다. 그러나 동시에 슈퍼바이지가 스스로 문제를 탐색하고 해결 방안을 도출할 수 있도록 격려하고 지지하는 태도를 견지한다.

2) 기술적 차원

SGW 모델에서는 집단상담자가 집단상담 과정에서 효과적으로 기능하기 위해 개발해야 할 핵심 기술을 세 가지 차원으로 구분하여 제시한다.

(1) 개입 기술

개입 기술은 집단상담자가 집단 내에서 실제로 일어나는 상황에 효과적으로 반응하고 개입하는 능력으로, 집단 내 역동을 촉진하고 문제를 해결하기 위한 기술을 의미한다. 이는 집단 내 갈등을 중재하거나, 위기 상황을 적절히 관리하고, 비효율적인 상호작용을 생산적인 방향으로 유도하며, 침체된 분위기를 활성화하는 등 다양한 상황에 직접적으로 개입하는 기술을 포함한다. 집단상담자는 이러한 개입을 할 때 단순히 반응적으로 행동하는 것이 아니라, 의도적이고 명확한 목표를 가진 행동을 통해 개입해야 한다. 이를 위해 집단원 간의 의사소통을 명료하게 하고, 경계를 설정하며, 집단의 흐름을 관찰하고, 연결하는 기술을 개발해야 한다.

(2) 개념화 기술

개념화 기술은 집단상담자가 집단 내에서 일어나는 다양한 상호작용과 경험들을 단순한 사건이나 정보의 나열로 보지 않고, 의미 있는 틀과 구조 속에서 해석하고 이해하는 능력을 말한다. 집단상담자는 이론적 이해를 실제 집단 장면에 적용할 수 있어야 한다. 또한 복잡한 집단 역동 속에서 중요한 정보를 선별하고, 그 안에서 반복적으로 나타나는 주제, 규준과 역할의 형성, 집단 역동을 포착할 수 있어야 한다. 예를 들어, 반복적으로 나타나는 갈등, 희생양과 같은 특정 집단원 역할, 집단 내에 형성되는 규범, 하위 집단의 형성 등은 모두 개념화 기술을 통해 이해되어야 할 중요한 요소들이다.

(3) 개인화 기술

개인화 기술은 집단상담자가 자신의 내면을 자각하고, 이를 집단상담 장면에서 의식적으로 활용할 수 있는 능력을 의미한다. 집단상담자는 집단에서 '참여자-관찰자'로서의 역할을 수행하면서, 개별 집단원, 집단원 간의 상호작용, 그리고 집단 전체에 대한 집단상담자의 정서적 반응과 역전이, 불편한 감정, 자동적 판단, 고정관념이나 편견 등을 인식하고, 그것이 어떻게 개입에 영향을 미칠 수 있는지를 자각해야 한다. 이러한 자각은 상담자의 자기성찰 능력을 바탕으로 하며, 필요할 경우 자신의 반응을 조절하거나, 그 반응 자체를 개입의 도구로 삼아 집단 내에서 활용할 수 있다. 또한 개인화 기술은 집단상담자의 진정성을 사용하여 깊이 있는 상호작용을 촉진한다.

3) 상호작용 차원

SGW 모델은 집단상담자의 기술 역량이 발휘되는 상호작용 수준을 개인 수준, 대인

간 수준, 전체 집단 수준으로 구분하여 설명한다. 각 수준에서는 집단상담자의 개입 기술, 개념화 기술, 개인화 기술이 적절하게 적용되어야 한다.

(1) 개인 수준

개인 수준은 집단 내 한 명의 집단원에게 초점을 맞추는 상호작용 차원으로, 개인의 이야기, 행동, 정서에 깊이 접근하는 데 중점을 두며, 집단 상호작용의 다른 수준에까지 영향을 미친다. 그러므로 슈퍼바이저는 슈퍼바이지가 집단원의 행동을 개인 수준에서 이해하도록 지원해야 한다. 개인 차원에서는 다음과 같은 기술 역량이 발휘되어야 한다.

첫째, 개입 기술을 활용하여 집단상담자는 개별 집단원이 자신의 이야기를 충분히 탐색하도록 돕는다. 이 과정에서 불분명하거나 회피적인 소통을 명료화하고, 집단과정에 부정적 영향을 미치는 행동을 차단하는 역할도 수행한다. 또한 여러 개입 기술을 활용하여 개인이 자신의 내면을 자각하고 통찰할 수 있도록 돕는다.

둘째, 개념화 기술은 집단상담자가 집단원이 가진 의사소통 방식의 경계와 패턴을 파악하고, 반복적으로 나타나는 주제를 구조화하여 이해하며, 사회문화적 정체성, 가족 관계를 고려하여 집단원을 이해하는 기술을 말한다.

셋째, 개인화 기술은 집단상담자는 공감을 통해 집단원과 정서적으로 깊이 연결하고, 자신이 특정 집단원에게 느끼는 감정을 자각하며, 그 감정이 집단상담자 자신의 문제에서 비롯된 것인지 인식하는 능력을 말한다. 또한 집단상담자의 개인적 스타일이 특정 집단원에게 어떤 영향을 미치고 있는지를 탐색하는 능력이 요구된다.

(2) 대인 간 수준

대인 간 수준은 집단 내에서 대인 간 또는 하위 집단 차원의 상호작용으로, 집단원들 간의 상호작용, 집단상담자와 집단 내의 하위 집단 간 또는 협동 집단상담자 간에 발생하는 상호작용을 일컫는다. 이 수준의 상호작용을 이해하고, 조성하며, 관리하는 것은 집단원 사이의 상호작용의 발전과 배움을 위해 필수적이다. 그러므로 슈퍼바이저는 슈퍼바이지가 집단원들과 하위 집단과의 상호작용을 효과적으로 중재할 수 있도록 도와야 한다. 대인 간 수준에서는 아래의 기술 역량을 활용해야 한다.

첫째, 대인 간 수준에서의 개입 기술은 집단원들 간의 상호작용을 촉진하거나 중재하는 기술을 말한다. 구체적으로 살펴보면, 집단원들이 서로에게 의미 있는 피드백을 주고받을 수 있도록 피드백을 구조화하고, 집단원 간의 공감 및 관계를 촉진, 피드백을 장려하며, 하위 집단의 경계에 개입하는 것을 포함한다.

둘째, 개념화 기술은 집단원들 간에 일어나는 복잡한 관계적 패턴과 상호작용을 분석하고 해석하는 능력을 말한다. 집단원 간의 문제가 있는 의사소통의 양상과 특징을 이해하고, 집단원 간 또는 하위 체계 간 의사소통을 방해하는 요소를 식별하는 것을 말한다.

셋째, 개인화 기술은 집단원 간의 상호작용을 지켜보며 집단상담자 안에서 일어나는 정서적 반응을 민감하게 자각하고 활용하는 것을 말한다. 집단원 간의 갈등과 관련된 불안을 관리하고, 두 집단원을 연결하는 개인의 주제를 확인하며, 하위 체계의 기능을 식별하기 위해 역전이를 사용하는 집단상담자의 능력을 일컫는다.

(3) 전체 집단 수준

전체로서의 집단 수준은 단일 조직과 같이 전체집 단으로서 상호작용하는 것으로, 집단상담자는 집단 전체가 경험하는 것에 대해 설명할 수 있어야 한다. 여기에는 집단 전체의 불안, 집단의 발달 단계, 집단 응집력의 수준, 집단규범, 집단발달을 저해하는 문제 등이 포함된다. 전체 집단 수준에서는 다음의 기술 역량이 요구된다.

첫째, 개입 기술은 집단규범을 설명하고, 집단의 명백한 불안을 지적하며, 개념화된 집단 문제를 공유하고, 집단 내에서 집단원들이 특정 행동을 통해 어떤 유익을 받을 수 있는지 탐색하는 기술을 말한다.

둘째, 개념화 기술은 집단 상호작용을 기반으로 집단의 발달 단계를 평가하고, 집단 이론을 사용하여 집단 발달을 저해하는 집단의 문제를 파악하며, 집단에서 일어나고 있는 문화적 이슈를 이해하는 것과 같은 기술을 말한다.

셋째, 개인화 기술은 집단원들이 경험하는 정서에 기반해서 집단의 장애 요인을 찾아내고, 집단상담에서 일어날 수 있는 문제를 무의식적으로 비효과적인 집단규범의 탓으로 전가하려는 것을 자각하며, 집단상담자 자신의 불안 수준에 입각하여 집단의 불안 수준을 평가하는 기술을 의미한다.

2. 집단상담 슈퍼비전에 대한 집단상담자의 요구

집단상담 슈퍼비전은 슈퍼바이지가 효과적인 집단상담 기술과 역량을 개발하도록 돕는 중요한 교육과정이다. 따라서 슈퍼바이저가 슈퍼바이지의 교육 요구를 정확히 이해하는 것은 중요하다. 이미선과 권경인의 연구(2009)에 따르면, 집단상담자의 경험 수준에 따라 교육 요구가 다르지만, 공통적으로 중요하게 생각하는 요소들이 있었다. 중간, 숙련 집단상담자 모두 '어려운 집단 역동의 대처'와 '집단 역동에 대한 다양한 개입 방법'을 중요하게 생각하고 있었다. 각 수준별 우선순위를 살펴보면, 초심 집단상담자는 '부정적이거나 강렬한 감정의 처리'나 '효율적 직면'을, 중간 집단상담자는 '집간원들 사이의 갈등 처리', '집단상담자 역전이'를, 숙련 집단상담자는 '집단 내 대인 간 역동 이해' 등을 중요시 생각하는 것으로 나타났다.

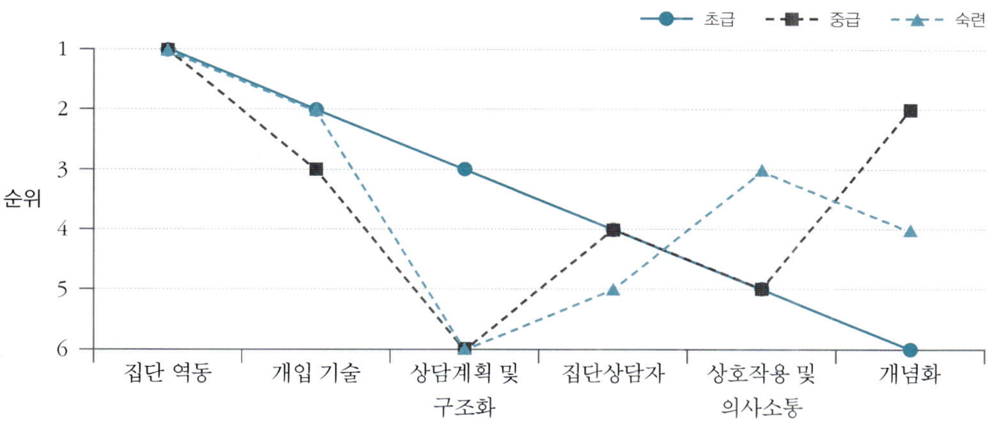

그림 6-2 집단상담자 경력 수준에 따른 슈퍼비전 교육내용 영역별 순위 그래프

출처: 이미선, 권경인(2009).

3. 집단상담 슈퍼비전의 실제

1) 집단상담 슈퍼비전 준비 단계

(1) 집단상담 사례보고서 작성 교육

슈퍼바이저는 슈퍼바이지가 효과적으로 회기 보고서를 작성할 수 있도록 사전에 명확하고 구체적인 지침을 제공해야 한다. 집단상담에서 다루어야 할 정보가 방대하고 복잡하기 때문에, 슈퍼바이지는 단순히 집단에서 했던 활동(프로그램 활동)의 내용을 주로 적거나, 집단 역동을 파악하는 데 필요한 정보를 피상적으로 제시하거나 누락하기가 쉽다. 예를 들어, 행동 관찰에서 단순한 외형적 묘사보다 구체적이고 의미 있는 정보를 제공하는 것이 중요하다. 단순히 머리가 길다고 묘사하는 것보다 머리의 구체적인 길이를 언급하면 그 특징이 더 명확해지고, 개인의 외모가 집단에서 어떤 영향을 미칠 수 있는지 더 잘 이해할 수 있다. 마찬가지로 '체격이 크다'보다는 정확한 체중을 추정하거나 체격을

중요한 집단과정 내용

- 중대 사건
- 집단의 중요한 성과
- 중요한 갈등
- 집단의 주요 전환 국면
- 응집력 있는 순간
- 작업 포인트
- 중요한 치료적 요인
- 가족을 설명하는 부분
- 정서가 많이 드러나는 부분, 정서가 표출되었던 부분
- 저항, 침묵 등

구체적으로 기록하면 개인의 건강 상태나 다른 집단원들과의 상호작용 방식에 대한 중요한 단서를 제공할 수 있다. 특히, 집단에 대한 사례개념화를 하기 위하선 다음과 같은 집단과정에 대한 정보를 유념하여 보고서에 정리할 수 있도록 안내해야 한다.

(2) 집단원 사례개념화

기본적으로 개인상담에서 사례개념화를 하는 것과 비슷하지만, 집단상담에서는 상담 전략을 집단 안에서 다룰 수 있는 개입 방식으로 생각해야 한다. 집단상담에서 사례개념화는 보고서에 기록된 집단원들의 파편적 정보를 종합하는 방식으로 이루어진다. 개인상담에 비해 집단원의 정보가 제한적이기 때문이다. 즉, 집단원의 파편적인 정보 안에서 핵심적인 주제를 찾아내 중핵적 스토리라인을 만드는 과정이 필요하다.

집단상담에서 사례개념화를 할 때, 이론적 기반은 집단원의 대인관계 양식, 정서 양식, 인지적 도식, 행동 패턴을 분석하는 데 중요한 역할을 한다. 따라서 이론을 깊이 있게 학습하고, 다양한 사례를 통해 연습하며, 실제 경험 속에서 적용하고 조정하는 과정이 필요하다. 이론적 기반과 경험적 기반을 결합할 때, 보다 효과적이고 실제적인 사례개념화를 수행할 수 있다.

다음은 집단원을 사례개념화하는 방법이다.

집단원 사례개념화 방법

- 집단원의 이름을 A4에 충분한 간격을 두고 세로로 나열함
- 슈퍼바이저는 슈퍼비전 보고서를 처음부터 읽으면서 보기에 눈에 띄는 모든 정보(비언어/언어, 키워드, 형용사, 단어, 문장)가 나오면 해당하는 집단원 옆에 씀(예: 지각 횟수, 연령이 가장 높았다, 첫 회기부터 울었다, 누구와 누구가 갈등 관계다 등)
- 정보를 다시 보면서 슈퍼바이저가 새로 사례개념화를 하며, 핵심 이슈, 핵심 정서, 핵심 패턴 등이 무엇인지 파악함
- 슈퍼바이지와 슈퍼바이저가 주목한 부분에 있어 차이가 있는지 생각함
- 집단원이 다루어야 할 주제를 집단의 어떤 장면에서, 어떤 전략을 사용해 다루는 것이 적절할지에 대한 대안적 방안을 제시함

2) 집단상담 슈퍼비전 실시 단계

(1) 집단상담 슈퍼비전 진행 순서

집단상담 슈퍼비전을 진행하는 순서는 다음과 같다.

① 슈퍼바이지는 자신의 전문성과 경험을 간략히 소개하고, 집단 프로그램의 전반적인 개요(진행 회기 수, 일정, 주요 목표 등)를 설명한다.

② 전반부에 집단의 특성, 저항, 응집력 등 집단 전체 역동과 관련해 간략히 리뷰한다.

③ 집단원 각각에 대한 개인 역동과 사례개념화를 다룬다.

④ 집단상담자와 깊이 연루된 집단원, 집단상담자가 싫어하는 집단원과 같이 집단상담자와 역전이를 일으키는 집단원에 대해 중점적으로 다룬다.

⑤ 실제 상호작용에서 도움을 받고 싶은 대인 간 상호작용 이슈를 다룬다. 집단원 간, 또는 집단원과 집단상담자 간의 상호작용 중 문제가 되었거나 갈등을 충분히 다루지 못했던 것을 축어록 반응과 연결하여 다룬다. 축어록이 없을 경우에는 그 상호작용을 구체적으로 슈퍼바이저에게 설명하도록 하고, 무엇이 어려웠을지를 중심

으로 그 상호작용 자체를 다룬다.

(2) 슈퍼바이지의 역전이 다루기

개인이나 안전한 형태로 결합된 소그룹인 경우, 집단상담자의 개인적 경험이 집단 내 주제나 문제에 어떻게 영향을 미칠 수 있는지 깊이 있게 탐색할 수 있도록 촉진한다. 예를 들어, 집단상담자가 자살 이슈를 다루는 데 어려움을 보일 때, 이는 자살이라는 주제와의 거리 두기로 이해할 수 있다. 이 경우 슈퍼바이저는 이와 관련된 논의가 이루어지도록 촉진한다. 그러나 공개 슈퍼비전 상황에서는 예를 들어 "자살에 대해 거리를 두고 있는 것을 아십니까?"라고 말함으로써 해당 주제를 생각해 볼 영역으로 제시하고, 집단상담자의 개인적 경험을 공개적으로 다루지 않는다.

(3) 슈퍼비전 시 주의할 부분

첫째, 슈퍼비전은 집단상담 슈퍼바이저가 슈퍼바이지를 교육하는 과정이며, 이를 효과적으로 운영하기 위해서는 구조화된 접근이 필수적이다. 슈퍼비전을 효과적으로 운영하기 위한 전략은 다음과 같이 제시할 수 있다.

슈퍼비전 운영 전략

- 완결성 있는 진행: 슈퍼바이저는 제한된 시간 동안 완결성 있는 슈퍼비전을 운영해야 하므로, 슈퍼비전 자료를 바탕으로 모든 내용을 다루기보다는 핵심적인 주제에 집중해야 한다.
- 교육적 우선순위 설정: 슈퍼비전에서 교육적 우선순위를 명확히 설정해야 한다. 예를 들어, 축어록에서 중요한 주제가 발견되었을 경우 이를 우선적으로 다룬다.
- 영역별 포인트 설정: 집단 역동, 개인 역동 등 슈퍼비전의 주요 영역을 기준으로 2~3개의 핵심 포인트를 선정하고 이를 슈퍼비전의 중심 내용으로 다룬다.

이러한 점은 집단상담에서도 동일하게 적용된다. 집단상담자는 제한된 시간 안에 집단원들의 역동을 모두 다루기보다는 특정 시점의 집단 상황과 자신의 개입 가능성을 고려하여 현실적으로 다룰 수 있는 주제에 집중하는 것이 중요하다. 특히, 집단상담자가 잘 활용할 수 있는 기법을 선택하는 것이 아니라, 이 시점에 집단원에게 가장 필요한 것이 무엇인지 고민하고, 주어진 시간 내에 완결지어야 한다.

둘째, 슈퍼바이저는 슈퍼바이지의 발달적 수준과 교육적 요구를 충분히 고려해야 한다. 예를 들어, 슈퍼바이지가 개별 집단원에 대한 이해의 어려움을 호소하는 경우에는, 개인 사례개념화에 초점을 맞추고, 집단원 간 상호작용에 대한 개입이 어렵다고 느낄 경우에는 대인 간 역동에 대한 개념화를 돕는다. 집단 발달이 정체되거나 집단이 어렵다고 느껴지고, 집단원의 중도 이탈과 같은 문제가 발생한 경우에는 집단 전체의 역동을 다루어야 한다.

슈퍼바이지의 발달 수준에 따라 호소하는 어려움에는 특징이 있다. 초심 집단상담자는 대인 간 역동이나 전체 역동을 다룰 여력이 부족하며, 집단원 개개인에 대한 심리적·정서적·행동적 이해가 부족하여, 개인에 대한 사례개념화가 잘 이루어지지 않는 경우가 많다(권경인, 김지영, 김민향, 2024). 그러므로 슈퍼바이저는 집단원별 핵심 이슈와 이를 다루기 위한 전략을 사례개념화하여 준비하는 것이 필요하다. 대인 간 역동의 경우에는 갈등이 발생한 상호작용을 중심으로 개입 방안을 논의하고, 갈등 해결을 위한 전략을 함께 탐색하는 것이 중요하다. 한편 프로그램 자체에 대한 검토 요청이 있을 경우, 슈퍼바이저는 집단상담 프로그램의 전반적인 구조와 내용을 검토하여 개선 방안을 제시해야 한다. 이를 위해 프로그램의 목표와 목적, 진행 회기 수, 구조와 흐름, 프로그램 활동 요소와 순서 등을 점검할 필요가 있다.

중간 집단상담자는 주로 대인 간 역동의 이해 및 개입, 상담자의 역전이 문제, 집단의 응집력 저하, 집단 내 규범 형성과 같은 집단 전체 역동에 어려움을 호소하는 경우가 많다. 숙련 집단상담자의 경우에는 집단 전체 역동에 대한 어려움을 다루는 데 중점을 둔다. 그러나 중간 집단상담자와 숙련 집단상담자라 하더라도, 개인 역동을 이해하고 다루는 데 어려움이 있으면, 개인 사례개념화를 충분히 포함하여 슈퍼비전을 진행해야 한다.

3) 집단상담 슈퍼바이저로서 생각해 볼 문제

(1) 초심 슈퍼바이저로서 수행과 평가에 대한 불안

슈퍼바이저는 자신이 사례개념화를 적절히 했는지, 슈퍼비전을 효과적으로 제공하고 있는지에 대한 수행 불안과 슈퍼바이지에게 받는 평가에 대한 불안을 느낄 수 있다. 이로 인해 슈퍼바이저는 슈퍼바이지의 반응에 과도하게 민감해지거나, 피상적인 이야기를 하거나, 핵심적이지 않은 부분에 대해 슈퍼비전을 하기도 한다. 이러한 긴장과 예민함은 발달 과정에서 자연스럽게 나타나는 현상이며, 이를 유연하게 수용하고 극복하는 과정 자체가 슈퍼바이저의 역량이 된다. 동시에 이 과정을 넘어가는 데 어려움을 겪는 경험 역시 슈퍼바이저의 성장과 전문적 발달을 촉진하는 데 중요한 요소로 작용한다.

슈퍼바이저는 완벽하고 이상적인 슈퍼비전을 수행하고자 하는 욕구를 적절히 조절해야 한다. 슈퍼비전 회기에서 한 가지 중요한 포인트를 슈퍼바이지에게 전달하는 것만으로도 충분하다는 인식을 갖는 것이 도움이 된다. 또한 슈퍼바이지의 평가에 과도하게 신경 쓰거나 부정적인 평가에 속상함을 느끼는 것은 자연스러운 반응이다. 이러한 감정을 해소하고 자기효능감을 유지하기 위해 자신만의 방법을 마련하는 것이 중요하다.

평가 결과는 어떤 면에서는 중요할 수 있지만, 일회성 피드백이 슈퍼바이저의 전문성을 결정짓는 절대적인 기준은 아니다. 사람들은 특정 전문가에 대해 축적된 인상과 피드백을 바탕으로 평가를 형성하기 때문에, 한 번의 부정적인 피드백이 개인의 가치나 능력 전반에 대한 평가를 좌우하지는 않는다.

슈퍼바이저가 슈퍼바이지로부터 긍정적인 평가를 받기 위해 지나치게 많은 에너지를 쏟는다면 오히려 좋은 슈퍼바이저로 성장하는 데 제약이 될 수 있다. 슈퍼바이지는 슈퍼비전 과정에서 처리해야 할 정보량이 많기 때문에 슈퍼바이저를 격려하거나 칭찬할 여력이 없다는 점을 고려해야 한다. 따라서 외부의 평가나 타인의 인식에 과도하게 의존하기보다는, 주어진 상황 속에서 최선을 다하는 태도가 중요하다.

이 과정에서 유념할 점은, 평가에 대한 불안이 슈퍼바이지와의 관계에서 기준 제시를 회피하는 방식으로 드러나지 않도록 하는 것이다. 슈퍼바이저가 불안을 이유로 원칙을 모호하게 한다면 슈퍼비전의 교육적 효과는 약화될 수밖에 없다. 따라서 자료를 충분히 비하지 않거나 슈퍼비전에 대해 불성실한 태도를 보이는 슈퍼바이지에 대해서는, 슈퍼바이저가 명확한 기준을 제시하고, 그 기준에 도달하지 못할 경우 슈퍼비전의 진행이 어려울 수 있음을 분명히 전달할 필요가 있다. 물론 현실적으로 슈퍼비전이 중요한 수입원이 되는 경우, 혹은 개인적 사정으로 인해 평가와 교육이 적절히 이루어지기 어려운 상황도 존재한다. 그러나 어떤 경우에도 수련 과정을 쉽게 통과할 수 있다는 태도는 지양되어야 하며, 진정으로 교육적 역량을 갖춘 슈퍼바이저는 결국 슈퍼바이지들로부터 선택받는다는 점을 인식할 필요가 있다.

(2) 문지기(gate keeper)의 역할

슈퍼바이저는 때때로 상담자가 되기에 적합하지 않은 슈퍼바이지를 어떻게 다루어야 할지에 대해 깊이 고민하게 되는 순간을 마주하게 된다. 이러한 상황에서 슈퍼바이저는 상담 분야에 입문하려는 이들에게 문지기(gatekeeper)로서의 역할을 수행해야 한다. 오랜 기간 상담자가 되기 위해 수련하고 투자해 온 슈퍼바이지에게 상담 이외의 진로를 고려해보라는 제안을 하는 일은, 슈퍼바이저에게도 쉽지 않고 용기가 필요하다. 때로는 이러한 판단을 '슈퍼비전을 거절하는 방식'으로 표현하기도 한다. 이 같은 상호작용이 일어날 경우, 슈퍼바이지로부터 비난을 받을 가능성도 존재한다. 그러나 교육자의 입장에서 항상 긍정적인 피드백을 기대할 수 없다는 점을 인식하고, 슈퍼비전 과정에서는 다양한 반응이 나타날 수 있음을 염두에 두어야 한다. 슈퍼바이저는 때때로 부정적인 반응이나 평가에 직면하며, 이로 인해 심리적 부담을 느낄 수 있다. 슈퍼바이저가 부정적인 평가를 견디는 것은 감정적으로 거뜬하기 때문이 아니라, 부담을 감내하며 해내는 과정임을 인식할 필요가 있다.

(3) 슈퍼바이저의 역전이

슈퍼비전 과정에서 슈퍼바이저의 역전이 또한 중요하게 점검되어야 한다. 모든 사람은 고유한 역전이 반응을 지니고 있으며, 슈퍼바이저 역시 예외는 아니다. 만약 슈퍼바이저가 자신의 역전이를 적절히 인식하고 처리하지 못해 다수의 슈퍼바이지에게 반복적으로 유사한 역전이 반응을 보인다면, 이는 개인분석의 필요성을 시사하는 중요한 신호가 될 수 있다.

4) 슈퍼바이지가 호소하는 집단상담 슈퍼비전에서 도움받고 싶은 점

(1) 집단상담에서의 시간 분배

집단이 시작되고 초기 단계에서는 비교적 균등한 시간 분배가 강조된다. 비구조화 집단의 경우, 1회기 정도의 시간을 모든 집단원이 고르게 사용할 수 있도록 조율한다. 반면, 구조화 집단에서는 프로그램 내용이나 단계가 정해져 있기 때문에 약 3회기 정도까지는 활동 참여나 과제 수행을 중심으로 각 집단원이 비슷한 수준의 참여 경험을 하도록 한다. 이 시기의 시간 분배는 집단원 간 기회의 평등과 초기 참여의 장벽을 낮추는 목적을 갖는다. 이를 통해 집단원들은 여기서는 나도 이야기할 수 있다는 심리적 안정감을 얻는다.

초기 단계 이후, 작업이 이루어지는 단계에서는 시간 분배에 있어 보다 유연한 조율이 필요하다. 이 시기에는 매 회기, 메인 작업의 대상이 되는 특정 집단원에게 상대적으로 더 많은 시간과 집중이 필요하다. 시간 분배의 '공정성'은 동일한 시간의 분배가 아니라, 개인의 작업이 의미 있게 이루어질 수 있는지를 고려하는 것을 의미한다.

(2) 슈퍼바이지가 호소하는 어려운 집단 상황

① 슈퍼바이지의 발달적 수준에서 개입하기 어려운 상황인 경우

슈퍼비전 현장에서 슈퍼바이지가 초기 단계의 집단상담자이거나, 특정 집단 장면에 대해 경험 부족으로 인해 적절한 개입을 하지 못하는 상황이 발생할 수 있다. 이러한 경우 슈퍼바이저는 슈퍼바이지의 현재 발달 수준을 존중하면서도, 동시에 그가 점진적으로 자신의 역량을 확장해 나갈 수 있도록 균형 있게 개입할 필요가 있다. 즉, 슈퍼바이지가 처음 다루어 보는 내담자 유형이거나 경험이 부족하여 집단 장면에서 개입하기가 지나치게 어려울 때는 집단 내에서는 안정적으로 상황을 마무리하고, 이후 개별 세션을 통해 추가적으로 다루는 것이 적절하다. 필요한 경우, 더 경험이 많은 전문가의 도움을 받

가치 판단적이지 않은 개입

• 집단운영에 있어 집단원의 욕구가 부도덕하다고 해서 이를 단순히 가치 판단적으로 개입하지 않는다. 즉, 집단원의 행동을 가해자로서 나쁘다고 단정 짓는 방식으로 접근하지 않는다. 대신, 그러한 욕구를 통해 집단원이 실제로 채우고자 하는 결핍이 무엇인지 이해하려고 노력한다.

사건을 자기 전체의 본질과 핵심에 놓는 방식을 주목

• 부적절한 관계에 몰입되어서 훼손당하는 부분과 이를 통해 뭔가를 채우는 부분을 동시에 인식할 수 있도록 집단상담자가 도와주어야 한다. 또한, 이 집단원이 특정 사건을 자신의 본질과 핵심에 어떻게 배치하는지 주목해야 한다. 그 사건이 바람직하지 않거나 도덕적이지 않을 수 있으나, 이를 이유로 자신이 죽어야 한다든가 자신이 끝장났거나 복구할 수 없다고 생각하는 자기혐오의 방식으로 받아들이지 않도록 해야 한다. 부분적으로 바람직하지 않고, 적절하지 않으며, 훼손적이고 폭력적일 수는 있지만, 그 사람이 완전히 훼손되었거나 폭력적이거나 끝장났다는 식으로 받아들이지 않도록 작업을 진행해야 한다. 예를 들어, 가해 행위는 분명히 폭력적이고 공격적인 요소를 가지고 있지만, 그 공격성이 그 사람 전체를 대표하는 것은 아니며, 단지 부분적인 성향일 뿐이다.

공격성과 공격성에 둔감한 것에 초점

• 자신의 공격적인 부분이 미친 영향에 대해 둔감할 수 있다. 이 경우, 자신의 공격성과 그에 대한 둔감함에 초점을 맞춰 작업을 진행한다.
• 예시 1: 자신의 잘못에 대해 스스로를 혐오하고 부정적인 이야기를 하며 수년 동안 자신을 비난하는 경우, "이 상처는 쉽게 잊히지 않고 죽는 날까지 기억될 수 있으며, 가장 훼손된 부분으로 남을 수 있다. 그러나 삶은 그런 상처를 지니고도 계속된다. 비록 스스로 그렇게밖에 의사 결정을 하지 못한 자신이 불편하고 초라하며 힘겹더라도, 그것이 삶에서 당신이 배제되어야 할 이유는 아니다." 이러한 방식으로 분화에 초점을 맞춰 진행한다.
• 예시 2: 집단원이 위험한 행동(원나잇, 성병 등)을 할 경우에는 욕구는 그럴 수 있다고 하는 것 대신 이 행동이 진짜 위험한 행동이고 훼손적인 형태라는 피드백을 준다.

도록 안내할 수 있다. 한편, 슈퍼바이지가 집단 경험이 있고 도전할 만하다고 판단되면, 자신의 역량을 시험해 볼 수 있도록 격려할 필요가 있다.

② 비윤리적 행동/범죄 행동이 이슈인 집단원 개입하기

집단상담에서는 때때로 사회적 · 윤리적으로 바람직하지 않거나 건강하지 않은 욕구나 기대를 드러내는 집단원이 있을 수 있다. 이러한 경우, 집단상담자뿐만 아니라 슈퍼바이저도 어떻게 개입해야 될지 고민스러울 때가 있다. 아래의 개입 방식이 앞 페이지(186p)에 제시되어 있으니 참고할 수 있다.

③ 비슷한 사건의 가해자 경험을 한 사람과 피해자 경험을 한 사람이 한 집단에 있는 경우

비슷한 일로 가해자의 경험을 한 사람과 피해자의 경험을 한 사람이 집단에 있을 수 있다. 예를 들면, 학교폭력의 가해자였던 사람과 학교폭력의 피해자였던 사람, 내연녀의 경험을 한 사람과 배우자의 외도로 상처받은 사람이 같은 집단에 있을 때 집단상담자는 이를 어떻게 치료적으로 개입할지 고민하게 된다. 이때 다음의 방법을 활용할 수 있다.

깊은 공포와 두려움에 대해 표면화하고 정말 잘못한 것과 그렇지 않은 것을 구분

- 가해의 경험을 한 사람이 집단에서 이 문제를 다루고 싶어 할 수 있다. 예를 들어, 가해를 한 자신에 대해 스스로를 비난하는 목소리가 커서 괴로울 수 있다. 사람들로부터 받을 거라고 예상되는 비난의 목소리와 자기 내부에서 자신을 비난하는 목소리가 공존한다. "넌 쓰레기야. 넌 매장되어야 해. 죄를 지은 사람이 편해지고 싶어서 집단에서 이 말을 꺼내는 게 말이 돼? 넌 끝까지 이기적이다."와 같은 원색적인 비난의 목소리와 깊은 공포와 두려움이 있을 수 있다. 이러한 점들이 그 사람을 삶에서 나아가지 못하게 한다. 이러한 목소리를 집단에서 내어 놓고 표면화시켜서, 예상되는 비난과 깊은 공포, 두려움에 대해 이야기할 수 있도록 돕는다. 이를 통해 이 사람이 진짜 잘못한 것과 그 비난에 잠식되지 않아야 할 것을 구분할 수 있도록 돕는 작업을 진행한다.

④ 저항 다루기

저항은 존중되어야 하며, 자기 입장을 명확히 표현하는 자기 주장 또한 마땅히 존중받아야 한다. 자기 주장은 숨김없이 자신의 입장을 드러내는 행위인 반면, 저항은 말로 표현하기 어렵거나 스스로 인식하거나 마주하기 힘든 감정이나 경험이 내포되어 있기 때문에 나타나며, 적절한 작업을 통해 이러한 부분이 드러나고 다루어져야 한다. 저항을 존중한다는 것은, 그 밑바탕에는 반드시 나름의 이유나 맥락이 존재하며, 지켜내려는 무엇인가가 있다는 점을 인정하는 것이다. "무엇을 지키기 위해 그렇게 애쓰는 것일까?", "무엇이 그렇게 두려운 것일까?"와 같은 질문을 통해 저항의 의미에 접근할 수 있어야 한다. 예컨대, "그것을 지키기 위해 그렇게 애썼구나", "그 감정을 마주하지 않기 위해 저 반응이 나온 것이구나"와 같이 저항을 이해할 수 있어야 집단 내에서 작업 가능한 지점을 파악할 수 있다.

집단원의 저항은 단지 개인적인 방어기제로만 발생하는 것이 아니라, 집단상담자의 부적절한 개입으로 인해 발생할 수 있다. 집단상담자가 개입을 적절하게 하지 못하거나, 핵심이 아닌 부분에 초점을 맞추거나, 자신의 역전이로 인해 부적절한 반응을 보이는 경우가 이에 해당한다. 예를 들어, 집단원이 역할극을 하지 않으려 할 때 이를 단순히 집단원의 개인적 이슈로 인한 저항으로만 생각해서는 안 된다. 집단상담자의 초기 리딩이 부적절했는지, 어떤 초대나 발언이 집단원에게 불편함을 주었는지, 또는 어떤 요소가 부족하여 집단원이 안전하지 않다고 느꼈는지를 면밀히 검토할 필요가 있다. 이러한 검토를 통해 집단상담자의 개입 방식을 조정할 수 있다. 실제 축어록을 통해 보면 집단상담자의 저항으로 인해 작업이 어려워지는 사례도 적지 않다.

⑤ 적은 수의 집단원으로 집단 운영하기

집단 참여 인원이 중도에 급격히 감소하는 문제는 집단 말기에 가서 고민할 사안이 아니라, 초기 단계에서의 적절한 스크리닝의 문제로 보아야 한다. 또한 집단에 참여하는 구성원들 중에는 집단상담의 성격과 운영 방식에 대해 충분히 이해하지 못한 채 참여하는 경우가 많다. 따라서 초기 오리엔테이션을 철저히 진행하여 집단의 목적과 구조, 참여 규칙을 명확히 안내해야 한다. 특히, 출석의 중요성은 강조되어야 하며, 단순히 "10회기 중 최소 8회기 이상 참여해야 수료할 수 있다"고 안내하는 것을 넘어, 개별 집단원의 출석이 전체 집단에 미치는 영향을 함께 설명함으로써 적극적인 참여를 장려할 필요가 있다. 더불어, 집단상담이 단순한 강의 형식이 아니라, 각자의 이야기를 나누고 개인의 이슈를 다루는 공간임을 명확히 전달해야 한다. 이러한 안내는 집단에 대한 오해를 줄이고, 참여 동기를 강화하는 데 기여한다. 다음은 집단원이 크게 줄어드는 이유이다.

집단원의 수가 크게 줄어드는 경우

- 집단원 2~3명의 하위 역동은 전체 집단 역동에 큰 영향을 미칠 수 있다. 예를 들어, 9명으로 시작한 집단에서 3명이 수업 등의 이유로 이탈하면, 남은 인원은 6명이 된다. 이 상태에서 다시 1명이 학과 행사 등의 사유로 불참할 경우, 실제 참여 인원은 5명으로 줄어든다. 이러한 상황은 남은 집단원들로 하여금 "많은 인원이 오지 않는다"는 인식을 갖게 만들 수 있다.
  정신증이나 심각한 성격장애를 지닌 집단원이 포함되어 있는 경우, 병리적인 집단으로 인식되고 다른 집단원들이 이질감과 불편함을 느끼게 될 수 있다. 그러므로 사전 스크리닝 과정이 반드시 요구된다. 예컨대, 집단원이 눈맞춤을 극도로 회피하거나 대인관계 형성에 현저한 어려움을 보이는 경우 어려운 경우, 상호작용 중심의 집단상담에 적합하지 않을 수 있다. 이와 같은 경우에는 개인상담을 우선적으로 권장하는 것이 바람직하다.

집단원 수가 극히 적은 상태에서 집단을 중도에 해체하는 것은 집단원에게 부정적인 영향을 미칠 뿐만 아니라, 초심 집단상담자에게는 심각한 좌절감을 유발할 수 있다. 특히 성과에 민감한 경우, 향후 집단상담을 기피하거나 중단하겠다는 결심으로 이어질 가능성도 있다. 따라서 이러한 상황에서는 다음과 같은 운영 방안을 고려할 필요가 있다.

집단원이 2명만 남은 경우의 집단운영

- 한 명의 관중이 있고, 한 명의 이야기를 깊게 듣는 개인상담처럼 진행한다.
- 매주 모이는 집단은 결석 문제가 발생하기 때문에 하루 집중 과정으로 진행하고 결론을 내는 것도 한 방법이다. 이때는 집단상담자도 자신의 이야기를 조금씩 나누며, 소그룹 형태로 진행한다.

실습 1

집단상담 슈퍼비전

방법

- 슈퍼바이저와 슈퍼바이지 2명이 한 조가 된다.
- 아래의 사례를 읽고, 슈퍼비전을 진행한다.
- 공개 슈퍼비전: 조별로 진행한 슈퍼비전 내용을 짧게 요약하고, 이후 공개 슈퍼비전으로 진행한다.
- 공개 슈퍼비전에 대해 교수자와 관찰자가 피드백을 제공한다.

사례

1. 집단상담 프로그램 기본 정보

1) 집단상담 유형: 폐쇄형 구조화 집단. 매 학기 전체 학생 대상으로 신청 받아 운영됨
2) 집단상담 명칭: 대인관계 향상 프로그램
3) 집단상담 목표: 자기이해, 자기수용, 타인의 관점이해, 타인 공감, 보편성의 확인, 공감대 형성을 통한 대인관계 능력 향상
4) 집단상담 운영 일정: 주 1회 2.5시간, 8회, 총 20시간. 총 5회기 진행함
5) 집단상담 실시 장소: 대한 대학교 집단상담실
6) 집단 인적 구성: 집단상담자 1명, 집단원 6명
7) 집단 참여자 정보

참여자 및 별칭 이유	사전면담 내용 및 개인 참여 목표
1. 오두막: 다른 사람들이 쉬어갈 수 있는 오두막 같은 사람이 되고 싶음.	난 사람들에게 잘 해 주려고 노력하는데, 사람들은 날 편하게 생각하지 않아서 고민됨. 내가 뭐가 불편한 건지 알고 싶음.
2. 진: 친구들이 부르는 별칭.	나 자신은 별다른 문제는 없는데, 이 프로그램에 신청하는 다른 사람들이 궁금해짐. 여러 사람을 대상으로 상담을 어떻게 하는지도 궁금함.
3. 시작: 이제 곧 졸업하는데, 새로운 시작을 준비하고 싶음. 사람들과 잘 지내고 싶음.	졸업 후 직장에서 사람들과 잘 지낼 수 있을지 걱정됨. 평생 직장이라 평판이 안 좋아지면 고생스러워서 대인관계를 잘 맺고 싶음.

4. 콘크리트: 콘크리트는 여러 재료가 섞여서 만드는데 단단한 건물을 지을 수 있음. 사람들이 나에 대해 뭐라고 하든 단단한 내가 되고 싶음.	2년 전 입학하자마자 여자친구가 있는 과 선배한테 내가 꼬리를 쳤다는 소문. 그런 의도는 없는데, 다들 수근대는 분위기. 얼굴값한다는 뒷담화를 들음. 인간에 대한 불신을 회복하고 싶음.
5. 최고집: 고집이 세서 부모님이 부르는 별칭.	조절이 안 되는 분노가 치솟아서 대인관계가 악화되지 않을까 걱정되서 신청함. 나 자신을 이해하고 싶음.
6. 평정심: 마음이 계속 흔들리는데 평정심을 가지고 싶음.	우울한데 왜 우울한지 모르겠음. 나를 좋아하는 사람에겐 호감이 가지 않았고, 내가 좋아하는 사람은 날 좋아하지 않음. 내가 누군지 모르겠다는 느낌도 듦.

2. 집단상담 프로그램 구성

회기	회기 목표	활동 내용
1	참여 동기 및 집단응집력 강화 집단규범 안내	웜업(텔레게임) 집단 오리엔테이션 자기소개 및 별칭 짓기 집단원 개인 목표 설정
2	대인관계에서의 자기 모습 이해	타인이 되어 자기소개하기
3	대인관계에서의 자기 모습 이해	대인관계 그래프
4, 5	가족역동과 현재 대인관계의 관련성 통찰	가족화 그리기
6 (예정)	중간 피드백 제공, 변화하지 않는 20년 후의 내 모습을 상상하여 직면	형용사 선물하기, 20년 뒤 내 모습
7 (예정)	대인관계에서의 대안적인 행동 시도하여 집단 밖에서의 변화 독려	여기는 실험실
8 (예정)	대인관계 개선방향 점검, 마무리	장점 세례하기, 소감 나누기

3. 집단상담 회기별 요약

1회기

- **오두막**: 별칭 이유(내가 어디에서 가장 편하지? 라는 생각을 했는데, 난 숲이 좋고, 등산하다가 오두막 같은 데서 쉴 때가 정말 편안했던 기억이 남. 나와 지내는 사람들이 나를 편안하게 봤으면 좋겠음.). 난 사실 편입생. 여기 계신 분들과 나이 차이가 남. 과에서 사람들과 어울리는 게 힘듦. 먼저 나에게 뭘 하자고 말해 주는 사람이 없음. 입학했을 땐 이미 끼리끼리 무리가 지어진 상태임. 예전에 다녔던 대학보다 여기가 더 좋은 대학. 뭔가 꿀리는 기분이 들기도 했음. 여기서 그래도 잘 지내고 싶고 또 직장을 다니다 와서 돈도 사람들보다 있는 편이라 내가 쏜다고 커피나 밥도 사줌. 사람들이 먼저 다가오는 그런 사람이 되고 싶음.
- **진**: 별칭 이유(친구들이 부르는 별칭. 영어 이름이기도 함.). 여기 신청할지 고민함. 사실 나 자체로는 별 문제가 없다고 생각함. 단지 다른 사람들은 어떤 고민을 하고 사는지 궁금하기도 하고, 여러 사람을 어떤 방식으로 상담하는지 궁금했음. (집단상담자: 어떤 점에서 궁금?) 그룹 과외도 하고, 학원에서도 가르치기도 함. 아무래도 이런 쪽에서 계속 일을 할 텐데, 애들이 상담을 요청할 때도 있고, 여러 사람을 잘 리드하는 그런 역량을 기르고 싶기도 함. 뭔가를 해결하기보다는 상담 기술 같은 인간관계 기술을 배우고 싶음.
- **평정심**: 별칭 이유(불교에 관심도 많고, 평정심을 지키고 싶음). 사실 요새 기분이 별로 좋지 않음. 난 성적도 좋고, 친구들도 있고, 가족들도 사이가 좋고, 감사하게도 경제적으로 풍족한 편임. 왜 우울한지를 모르겠음. (콘크리트: 특별한 일이?) 최근에 별일도 없음. 늘 같은 생활임. (오두막: 내가 힘들 때 정신과 약을 먹은 적 있는데 도움이 됐음. 우울은 마음의 감기이고, 그냥 방치해서는 안 됨. 운동과 수면, 식사가 중요함.). 고민 중임. (집단에 신청한 이유는?) 인간관계에서 내가 좀 문제가 있나 할 때가 있었음. 전 여자친구가 객관적으로 예뻤는데 난 별다른 매력을 느끼지 않음. 그래도 동아리에서 분위기를 몰아 주니 3년 사귀다가 헤어짐. 헤어질 때도 별다른 느낌은 없었음.
- **콘크리트**: 별칭 이유(콘크리트처럼 단단해지고 싶음. 대학 와서 여러 경험을 하는데 이런 경험들이 재료가 되어서 내가 더 단단해지고 싶음.) (집단상담자: 어떤 경험을 했나?) [잠시 침묵] 별별 일을 겪음. 인간에 대한 불신이 생겼고, 그런데 이제 4학년이라 졸업은 해야 되는데, 이렇게 사람 전체에 대해 부정적으로 생각하는 것 자체가 억울함. 드라마 더글로리 보면 사람이 왕따를 당하면 어떻게 무너지고 상처받는지 나오지 않나. 진짜 아무 이유없이 사람에게 상처를 주는 게 사람이라고 생각함. [집단 잠시 침묵] (오두막: 용서해야 비로소 마음이 홀가분해지고 앞으로 나아갈 수 있음. 억울함은 콘크리트 님을 단단하는 게 아니라 방어적으로 만듦.) [리더가 오두막의 마음을 묻자, 어린 나이에 고생을 한 거 같아 마음이 아프다고 전달함.]
- **시작**: 별칭 이유(이제 졸업 학기고 새로운 시작을 기다리고 있음). 오두막 님처럼 저도 나이가 있음. 학

교 휴학하고 고향에 내려가 공시 준비를 오래 함. 지방직이고 좁은 곳이라 일하며 만나는 상사나 동료들을 퇴직할 때까지 계속 만나야 하는데, 내가 잘할 수 있을지 두려움. 졸업하기라 학교 왔는데, 동기도 없고 낯선 상황이라 긴장되고 두려워짐. 졸업 후 바로 취업할 텐데 갑자기 자신감이 사라짐.

- **최고집:** 별칭 이유(어려서 떼도 잘 쓰고 고집이 있어서 부모님이 애칭처럼 최고집이라고 부름). 난 사실 친구도 많은 편이라 여기 신청해도 되는지 고민은 했는데, 분노조절장애가 있다는 생각이 들 때가 있었음. 술을 마시다가 뒷자리 사람들이 시비를 걸었는데, 갑자기 화가 나서 쌍욕을 하며 싸웠고 식당 주인이 경찰을 부름. 별다른 일은 아니었고, 그냥 부딪히고 그 쪽이 먼저 시비를 걸었음. 술이 약한 편이라 많이 마시지도 않았는데 갑자기 미친 듯이 화가 났음. 또 몇 년 전에 친구랑 싸웠는데, 사람들은 친구랑 싸우고 화해하는데, 나는 친구가 아예 연락을 차단하는 게 몇 번 있어서, 내가 뭔가 문제가 있다고 생각함.

2회기: 타인이 되어 소개하기

[오두막이 커피를 사서 옴]

- **콘크리트:** [초등학교 친구]. 콘크리트는 굉장히 씩씩하고 외향적이고 인기가 많은 친구. 소풍에서도 앞에 나가서 춤을 추는 아이고 공부도 잘했음. 난 내향적인 편이라 콘크리트가 항상 멋지다고 생각. 대학에 가면서 콘크리트의 성격이 변함. 다들 학교 얘기하는데 콘크리트는 학교 얘기를 하지 않음. 문제가 생겼다고 생각함. 얼마 전 콘크리트가 왜 힘들었는지 얘기해 줬고, 내가 상담을 권했음. 콘크리트는 예뻐서 인기가 늘 많았음. 그런데 입학하자마자 여자친구가 있는 선배에게 꼬리를 쳤다는 소문이 돌게 됨. 콘크리트는 신입생이라 밥 사준다고 하면 밥 먹고, 친절하게만 대했는데, 어느새 소문이 파다하게 났다고 함. 선배 여자친구도 과선배였는데, 선배들끼리 들으라는 듯이 얼굴값한다고 복도에서 떠들었다고 함. 같은 동기들은 선배 눈치 보느라 콘크리트와 떨어져 지내서 콘크리트는 대학 와서 왕따를 당하게 됨. [눈물] [콘크리트 자리로 와서 이야기 시작] 친구에게 말한 거 자체가 내가 괜찮아진 증거. 과내에서는 놀지 않지만 동아리 사람들은 있고, 내가 기죽어 지내지 않아 나름 잘 이겨내 왔다고 생각했는데, 문제는 저번 방학 동안 인턴을 하면서 일을 가르쳐 주던 분이 술을 마시다가 스킨십을 시도함. 난 거절했는데, 내가 그 분이랑 사귄다는 소문이 남. 아니라고 했고, 인턴을 그만두고 싶었지만, 취업도 힘든 이런 시기에 이런 스펙도 없으면 어떻게 해야 하지라며 그냥 버텼음. (집단상담자: 지금은 어떤가?) 이런 이야기하려면 눈물이 나는 게 또 화가 남. 담담해지고 싶음.
- **최고집:** [중학교 친구] 최고집은 고집이 셈. 자기 주관이 강함. 최고집은 중학교 때 회장도 하고 굉장히 외향적. 추진력이 강하고 힘든 내색 없이 여러 일을 도맡아 함. 남들은 최고집이 굉장히 어른스럽다고 생각하지만 나한텐 전화하거나 술 마실 때마다 힘든 얘기를 계속해서 부담스러움. (콘크리트: 친구가 힘든 이야기를 하면 부담스럽다니 조금 충격이다) [최고집] 내가 평소에 친구가 부담스러울 수도 있겠다고 생각하며, 말을 하지 말아야지라고 생각해 왔음.

- **평정심**: [친동생] 우리 가족은 사이가 정말 좋음. 여행도 많이 다니고 경제적으로도 여유로운 편. 형은 제 고민을 잘 들어줌. 형이 고등학교 때부터 기숙사에서 살아서 방학 때 주로 봄. 내가 어렸을 적 형들 친구들이 우리 집에 자주 놀러왔고, 나와도 자주 놀아줌. 내가 지금 고3이라 이전처럼 자주 연락을 못해 아쉬움. [동생이 지금의 자신을 잘 모를 거 같다고 하여 평점심이 이야기함] 내가 힘든 이야기를 다른 사람 것도 있고, 다른 사람이 날 걱정하는 것도 싫어서 혼자 생각함.
- **시작**: [유치원 때부터 친구] 같은 아파트 단지라 유치원 때부터 계속 친구. 시작은 자기 선이 분명한 사람. 자기의 선 안에 들어온 친구는 정말 잘해 주는데, 다른 친구에겐 진짜 관심은 없는 모습. 그리고 좋아하는 것이나 잘하고 싶은 건 정말 열심히 함. 월드컵 때도 다른 애들은 한국 시합일 땐 학원을 빼기도 했는데, 시작은 학원이랑 도서관에 감. 시작은 먼저 연락을 잘 하지 않음. 평소 잘 지내는 거 같은데, 방학이 시작되면 대학 친구들과 연락을 굳이 하지 않고 관심도 없어 보였음. 시작은 먼저 다가가고 친근하게 대하기는 하는데, 진짜 자기 친구로 인정하기까지는 시간이 걸림. 예전에 중학교 때 친구와 심하게 싸웠고 많이 속상해 한 이후로 그런가 생각함. (집단상담자: 친구는 시작 님과 친구로 지내는 게 어떤가?) 편하고 좋음. (최고집: 어떤 점이 좋은가?) 그냥 오래되어서 그런 거 같음.
- **오두막**: [교회 친구] 오두막은 진짜 에너지가 넘침. 난 조용한 편인데 오두막이 먼저 다가와 줘서 고마웠음. 부녀회장 같은 스타일임. 처음 봤는데 10년 본 사람처럼 친근하게 대함. 오두막은 교회 청년부 회장임. 뭔가를 해 보자고 늘 앞장서서 독려함. 완전 긍정왕. 사람들한테 관심 많아서 교회에서 처음 보는 사람 있으면 먼저 말 검. 목사님, 사모님, 권사님들도 오두막을 예뻐함. 교회 행사도 빠지는 법이 없음. 대학에서도 동아리니 행사니 뭐든 열심히 함. 남에게 먼저 베풀고 사랑을 주어야 한다고 말하면서 카○오로 커피 선물도 자주 보냄. 근데 요새 좀 현타가 온다고 했음. 먼저 다가가고 사랑을 주고, 속해 있는 모임을 잘되게 해 보려고 이것저것 신경을 많이 쓰는데 사람들이 자기 마음을 몰라주는 거 같다고 말함. 자기는 생일을 다 챙기는데, 오두막 생일에는 막상 챙겨 주는 사람이 적어서 진짜 보답을 바라지 말고 베풀어야 하는데 자꾸 억울한 생각이 들어 기도 중이라고 했음. 사실 오두막은 교회 청년부 일로 화가 많이 나 있음. 같이 봉사하자고 해도 빠지는 사람, 성실하지 않은 사람들을 보면 실망스럽다고 함. 이왕 하는 거 열심히 해 보자고 전화를 했더니, 사람들이 부담스럽다고 했다고 함.
- **진**: [초등학교 친구] 진은 무덤덤한 친구. 자기 고민을 잘 말하지 않고, 어른스럽고 세상이 어려운 게 없다고 느낌. 진이 공부를 잘하고, 친구 고민을 잘 들어주고 챙겨 줌. 요새 진로 고민이 많아 보임. 전공이 순수학문이라 대학원을 가야 하는지, 취업을 해야 하는지 고민하고 있음. [진으로 돌아와 이야기] 이 부분은 이 친구가 모르는 거라 내가 하고 싶음. 우리 부모님은 돈이 없음. 부모에게 의지할 수 없어서 내가 알아서 독립적으로 살아옴. 지방서 살다가 여기 학교에 오니 잘사는 애들이 많았음. 별 걱정 없이 여행 다니고 비싼 가방도 사고, 알바하지 않아도 잘사는 모습. 대학교 1학년 때는 내 자신이 초라해 보일까 봐 두렵기도 했는데, 지난 일임. 의지할 수 없으니 강인해지니 그건 좋은 점임. (집단상담자: 무슨 일이 있었나?) 디테일한 건 잘 잊음. 원래 고생 많이 하면 고생스러워도 고생인 줄 모름. 힘들어도 달달한

것을 먹으면 풀림.

3회기: 대인관계 그래프

- **평정심**: 초~중학교까지 대인관계가 좋지도 나쁘지도 않았음. 고등학교 때 그래프가 내려간 것은 친했던 친구가 자살을 했기 때문. 고등학교를 기숙사가 있는 곳으로 갔는데, 애들끼리 끈끈하게 친하게 지냄. 같이 자고, 먹고, 공부함. 그런데 고 1 때 그중 한 명이 자살함. 뉴스에선 성적 고민으로 죽었다고 하는데 막상 우리들은 걔가 그렇게 성적 때문에 고민한 건가? 싶음. 대한민국 고등학생이면 성적 고민 하나쯤은 다 있음. 근데 얘는 그게 특별해 보이진 않았음. 유서도 없었고. 친구들끼리 걔 이야기는 피함. 그런데 이건 오래된 일. 내가 진짜 슬퍼서 우는 건지, 우울해서 일부러 슬퍼지려고 눈물이 나는 건지 모르겠음. 사실 진짜 내가 우울이 시작됐던 것은 내가 처음으로 좋아한다고 느꼈던 친구가 있는데, 이미 남자친구가 생겼음. 초등학교 때부터 알던 사인데, 왜 이제야 좋아했다는 걸 깨달았는지 너무 후회됨.
- **콘크리트**: 대학교에 들어가면서 집이 경제적으로 어려웠음. 아버지가 갑자기 암 선고를 받고 돌아가심. 안 그래도 힘든데, 대학 때 꼬리친다는 말을 듣고, 인턴하며 또 상사와 사귄다, 먼저 유혹한다는 얘기 듣는데 왜 인생이 이렇게 억울한지 모르겠음. (진: 나는 사람에 대한 기대도 없어서 억울한 마음이 크지 않은 듯함. 사람들이 착하다고 당연하게 믿고 시작하면 상처받기 쉬움) [집단원이 동조하며 고개를 끄덕임. 집단상담자는 진이 어른처럼 조언을 하는 게 불편한데, 모든 집단원이 진에게 동조하자 위축되어 말을 하지 못함] 사람에 대한 기대가 없어져야 하는데, 나는 기대가 있는 것 같음.
- **최고집**: 원래는 내향적이고 혼자 조용한 애였는데 중학교 때 활발한 애들이 멋있어 보여서 외향적으로 나서는 성격으로 바뀜. 중 2 때 어머니가 암으로 오래 병원 생활을 해서 우울했음. 아버지도 돈 버느라 바빠서 내가 동생을 챙겼음. 그래도 학교에서는 활발하게 활동했던 것으로 기억함. 대학교 와서 동아리에서 진짜 헌신적으로 했는데 뒷소문이 돌았음. 대학 갔는데 이번엔 아버지가 교통사고 당함. [눈물] 우리 집은 묵묵하게 책임감 있게 해내는 것이 미덕인 집. 아버지도 힘든 티를 한 번도 내신 적이 없음.
- **진**: 여기에는 가족관계가 아니라 반영되지 않음. 초등학교 때 기억은 없고 중학교 때는 그냥 애들이 사춘기 여자애들이 다들 그렇듯 까칠하고 사나우니 불편했음. 밥 먹을 때 적당히 어울리고, 혼자 만화 보고 놀았음. 걔네들이 친구란 생각은 안 했고, 필요에 따라 어울리는 정도. 고등학교 땐 마음에 맞는 친구들이 생겨서 그래프가 올라감. 처음 대학 입학하고서는 혼자 밥 먹고 강의 듣다가 좀 과에 익숙해지고 친구 생기니 그래프가 상승함. 난 감정적이고 순수하기보단 계산적임. 사람 성향 파악을 좀 하는 거 같음. 관계 맺을 때 이러면 이 사람이 좋아하겠고, 나한테 유리하겠지? 계산함 (오두막: 가족관계가 반영하지 않는 것은 어떤 이유?) 대인관계니까 친구라고 생각한 거 같음.
- **시작**: 인간관계가 단절이 되면 상처를 받음. 내가 무슨 잘못을 해서 그랬는지 이해가 안 가는 경우가 있음. 그냥 사소한 장난인데 상대가 상처받았다면서 연을 끊어버림. 이럴 때 그래프가 내려감. 다른 사람들이 그러는 것은 상관없는데, 내 사람이라고 생각한 사람들이 나에게 이러면 상처가 됨. 친해지면 까

면서 장난쳐서 그런가 싶기도 함. 남자들은 친해지면 거칠게 얘기도 하고 그런데 그런 것 때문에 그런가 싶기도 함. 내가 지원하는 직렬은 여자들이 많아서 더 걱정됨.

- **오두막**: 극단적인 상황은 없었음. 사람들과 두루두루 잘 지낸 거 같은데, 내 믿음을 배신하는 애들이 있음. 친하다고 생각해서 비밀 이야기를 했는데, 다 소문나서 창피하기도 했었고, 난 어려서부터 친구들한테 뭘 잘 사줬는데, 내가 돈이 없을 때는 정작 사주는 친구가 없었음. 여기 학교에 한 번에 온 사람들과 달리 전 방황을 좀 한 적이 있었음. 큰일은 아니지만 어릴 적 호기심에 담배도 피우고, 노는 애들이랑 어울린 적도 있었음. 그래서 수능 망하고 대학을 잘 못 가기도 했고, 다시 공부해서 여기 들어오게 된 것. (방황의 이유가?) 철없어서 그런 거 같음. 모태신앙 집안이고, 할아버지가 교회 장로님이라 뭔가 억눌리는 느낌에 그랬던 것 같음.

4회기, 5회기: 가족화 그리기

- **시작**: [가족이 서로를 바라보며 크게 입을 벌려 말을 하는 그림] 우리 집은 진짜 남의 이야기를 들어주고 생각하기보다 자기 하고 싶은 말과 행동을 함. 내가 힘들다고 하면, 넌 안 힘들다고 함. 이러니 나도 타인의 입장에서 생각하는 게 잘 안 되는 거 같음. 내 말을 잘 들어주고 장난 잘 받아주는 사람들과 관계가 잘 됨. 내 돈은 나를 위해서 쓴다고 생각. 다른 사람을 위해서 쓰는 것도 결과적으로는 나를 좋아해 달라고 쓰는 거니 나를 위해 쓰는 것임 (오두막: 모든 사람들이 순수하게 자기 생각을 아예 안 하고 베풀 수가 있나? 거기에 다른 사람을 위하는 마음이 있으면 그것도 충분히 좋은 마음. 시작 님이 아직 어려서 뭔가 순수한 거 같은데 동생 같아서 안쓰러운 마음이 듦. 자기를 사랑하는 마음을 가지면 직장에 가서도 잘 적응할 거 같음) (집단상담자: 오두막 님 길게 얘기했는데…….) (오두막: 시작 님 이제 사회에 나가는데, 나도 사회생활을 해 봐서 도와주고 싶은 마음. 리더 님은 저만 이야기를 하면 자꾸 끊는 느낌. 솔직히 속상함. 난 노력하는데 여기서 내 고생을 알아주는 사람이 없음) (집단상담자: 속상한 마음을 반영해 주고, 노력하는 마음에 감사함. 우리 모두 각자 애썼고. 첫날 말씀드렸듯이 조언보다는 그 사람 입장에서 생각해 보자).
- **최고집**: [가족이 각자 활동을 하고 있는 그림] 우리 집은 책임감이 강하고 자기주장이 있는 편임. 감정적이기보다 합리적임. 어릴 적엔 부모님께 대들면 파리채가 부러지도록 맞았음. 아빠와 엄마는 각자 자식에 대한 책임감 하나로 이혼하지 않았다고 함. 부모님이 사이좋게 대화하는 것을 본 적이 없고, 냉랭하게 감정 없이 이야기하고, 같이 어디에 놀러 가지 않음. 그래도 서로가 아플 때 최선을 다 함 (진: 어떻게?) 병원비나 간병비가 모자라지 않았음. 이 정도면 완벽한 부모라고 생각함. (콘크리트: 안쓰러움) 난 내가 안쓰럽지 않음.
- **평정심**: [텃밭에서 함께 농사지으며 웃고 있는 부모님, 평정심은 혼자 방 안에 있음. 동생은 웃는 얼굴로 마당에서 여자친구와 전화하는 모습] 서로 연락을 자주 하며 화목한 집안. 엄마가 예민한데, 아빠가 허허 웃으며 맞춰 주고 있음. 부모님이 경제적으로도, 정서적으로도 매우 잘 해 주시고, 부족함 없이 키워

주셨는데, 내가 어떻게 보답해야 할지 모르겠음. 내가 진짜 행복하게 지내는 게 맞는데 우울한 게 이해가 되지 않음.

- 콘크리트 [가족사진의 구도] 엄마는 매사 긍정적인 사람. 아빠가 어려운 와중에도 다른 사람에게 돈을 빌려 주기도 함. 실제 생활은 엄마가 벌어서 먹고 살았음. 엄마는 직장에 다니면서 쉬는 날에는 청소 알바를 함. 난 엄마가 애틋하고, 누구보다 잘돼서 효도하고 싶음. 처음에 과에서 왕따 당할 때도 아무렇지 않은 척 버팀. 우리 엄마 힘든 거 생각하면 이 정도는 아무것도 아님. 인턴 때도 그래서 버팀.
- 진: [대학 입학식 때 찍은 가족사진] 콘크리트와 비슷. 아빠는 대학은 좋은 곳을 나왔는데 경제력이 없고, 엄마는 억척스러운 사람. 아빠는 고시 준비를 하다가 망하고, 동네 일손을 돕고, 명상하기를 좋아함. 좋은 점은 나에 대해서도 뭐가 되라던가 뭘 하라고 하지 않음. 엄마는 나에게 성공하라고 귀에 못이 박히도록 이야기함. 엄마가 아빠 만나 고생한 거 보면 같은 여자로서 아까워서 이혼했으면 좋겠음. 돈 때문에 어릴 적엔 좀 서러운 일이 있었음. 이젠 뭐 어쩔 수 없으니 별 기대를 하지 않음. 엄마는 고생하는 게 불쌍해서 애틋하지만 각자 알아서 잘 살았으면 좋겠음. 그래도 학대도 방임도 안 했으니, 이 정도면 만족함.
- 오두막: [왕관을 쓰고 왕좌 자리에 앉은 어머니와 아버지. 오두막은 멀리 떨어져서 다른 쪽을 바라보고 있음] 할아버지는 교회 장로님, 아버지는 의사. 할아버지와 아버지의 말은 곧 법임. 사실 어렸을 적 많이 맞았음. 아주 어릴 때는 내가 무조건 잘못한 거라고 생각했음. 난 무조건 어느 대학에 가야 했고, 아버지 뒤를 이어 의사가 되라는 말을 들었음. 좀 더 커서 말을 안 듣고 내가 방황했던 시절에는 집에서 나가란 소리까지 들었다. 성적표가 나오는 날 내 성적에 따라 그날 메뉴가 달라졌음. 잘 보는 날엔 외식이고, 못 보는 날엔 굶었음. 밥 먹을 자격이 없다는 소릴 들은 적이 있음. 남들은 다 가진 휴대전화도 중학교 때야 가질 수 있었음. 난 좀 오버도 하고 말도 잘해서, 영업직이 잘 맞을 것 같다고 생각했음. 고등학교 내내 놀면서 사람들한테 잘 다가가고 말도 잘하니까 영업을 하면 잘 맞을 거라고 생각했음. 부모님은 교회에 내가 어디 대학 갔다는 이야기를 꺼내지 못하게 하셨고, 유학 준비 중이라고 얘기했음. 부모님도 연약한 인간이라 용서함.

4. 슈퍼비전을 통해 도움받고 싶은 점

1) 진은 담담한 표정으로 힘든 이야기를 아무렇지 않게 이야기하는데, "날 문제 있는 사람으로 대하지 말라는" 진의 태도가 느껴져 개입이 힘듭니다. 좀 더 직접적으로 다룬다면 어떻게 해 볼 수 있을까요?
2) [3회기] 진이 인지적으로 조언을 전달하는 게 집단상담자는 불편했는데, 집단 전체는 동조하고 있어서 집단상담자가 위축되는 기분이 들어 개입이 어려웠습니다. 그 상황에서 어떻게 하는 게 좋았을까요?

3) [4, 5회기] 오두막은 집단에서 계속해서 조언하고 나서지만, 다른 집단원들은 이를 고마워하거나 동의하는 분위기가 아닙니다. 집단상담자가 오두막의 반복된 조언을 잠시 멈추고 그 부분을 짚자, 오두막은 다소 반발적인 태도를 보였습니다. 이러한 상황에서 어떻게 개입하는 것이 더 적절했을지 고민됩니다.

실습 2

집단상담 슈퍼비전

방법

- 슈퍼바이저 1명과 슈퍼바이지 1명, 관찰자로 역할을 나눈다.
- 슈퍼바이지는 사전에 집단상담 슈퍼비전 보고서를 작성하고, 슈퍼바이저에게 실습 첫날 보고서를 전달한다.
- 슈퍼바이저는 사전에 읽고 피드백할 내용을 정리하여 슈퍼비전을 실시한다.

슈퍼비전 후 나누기

- 슈퍼바이저의 역할을 하면서 경험을 나눈다.
- 슈퍼바이지는 무엇이 어떻게 도움이 되었고, 어떤 점은 아쉬웠는지 이야기한다.
- 관찰자가 피드백한다.
- 사례에서 나타난 주요 역동에 대해 정리하고 논의한다.
- 슈퍼바이지의 어려움에 대해 어떻게 다르게 피드백할 수 있을지 논의한다.

실습 3

슈퍼비전에 대한 슈퍼비전

방법

- 슈퍼비전에 대해 교수자와 참여자가 평가한다.
- 슈퍼비전에 대한 슈퍼비전을 통해 배운 점을 정리한다.

제7장

어려운 집단원

학습목표

1. 어려운 집단원의 문제행동 패턴에 대해 공감적 이해를 개발한다.
2. 경계선 성격 특성을 지닌 집단원의 심리적 역동을 이해하고 다룰 수 있다.
3. 자기애성 성격 특성을 지닌 집단원의 심리적 역동을 이해하고 다룰 수 있다.
4. 집단상담자의 역전이 반응을 이해하고 활용할 수 있다.

들어가며

- 자신에게 어려웠던 내담자는 어떤 유형이었는가?
- 어려운 내담자를 유형화해 본다면 어떻게 나눌 수 있겠는가?
- 집단상담자로서 어떤 역전이를 경험해 보았는가?
- 역전이를 일으키는 집단원이 있을 때 어떻게 대처하는 게 효과적이었는가?

어려운 집단원, 혹은 문제 집단원이라는 개념은 집단상담에서 종종 언급되는 개념이다. 이들은 집단과정에서 특정한 문제를 일으키거나 집단 역동에 부정적인 영향을 미칠 수 있는 사람들로 정의된다. Yalom과 Leszcz(2025)는 과연 문제없는 집단원이 존재할 수 있는지에 대한 의문을 제기한다. 모든 집단원은 각기 다른 문제와 과제를 안고 있으며, 이러한 문제는 집단과정에서 서로 다른 방식으로 드러날 수 있다. 따라서 모든 집단원은 어느 정도의 문제를 가지고 있다고 볼 수 있다. Gans와 Alonso(1998)는 어려운 집단원이란 집단 내 상호작용 속에서 발생하는 개념임을 주장한다. 즉, 집단원의 행동이나 문제는 그들이 속한 집단의 맥락과 상호작용 속에서 형성된다. 따라서 어려운 집단원을 다루기 위해서는 집단 전체의 상호작용과 역동을 이해하는 것이 필요하다.

어려운 집단원이라는 개념은 매우 주관적이며, 다양한 방식으로 정의될 수 있다. 예를 들어, 치료하기 어려운가, 함께 있기가 어려운가, 도와주기가 어려운가, 혹은 좋아하기가 어려운가 등 다양한 관점에서 어려움을 정의할 수 있다(Rutan, Stone, & Shay, 2014). 이러한 다양성은 집단상담자가 집단원을 이해하고 접근하는 데 있어서 유연한 시각을 가질 필요성을 시사한다. 어려운 집단원이 발생하는 원인은 매우 다양하다. 이는 내담자의 문제나 진단, 잘못된 집단 배치나 추천(referral) 문제, 집단상담자의 역전이, 혹은 내담자 개인의 문제가 아니라 전체 집단의 이슈 등 다양한 요인에 의해 발생할 수 있다(Rutan, 2005). 이러한 다양한 원인을 이해하는 것은 어려운 집단원을 효과적으로 다루기 위해 중요한 단계이다. 그럼에도 불구하고, 어려운 집단원을 다루는 문제는 많은 집단상담자들이 어려움을 느끼는 부분이다(Dies, 1992). 대부분의 집단상담 교재에서는 이러한 어려운 내담자에 대한 다양한 접근 방법과 전략을 소개하고 있으며, 이는 집단상담자들에게 중요한 학습 주제가 된다.

Yalom과 Leszcz(2025)는 어려운 집단원을 몇 가지 유형으로 분류한다. 이러한 유형에는 독점자, 조용한 집단원, 도움을 거절하는 불평가, 정신분열적/정신병적 혹은 양극성 우울 집단원, 그리고 성격장애 특성 집단원(schizoid, borderline, narcissistic client)이 포함된다. 특히, 성격장애적 특성을 지닌 내담자는 상담자에게 강한 감정적 반응, 즉 역전이를 유발하는 경향이 있다. 이는 상담자가 내담자에 대해 강한 긍정적 또는 부정적 감정을 느끼게 하여 상담 과정에 영향을 미칠 수 있다. 성격장애적 특성이 강한 내담자는 집단상담에 참여하기 전에 사전 스크리닝이 중요하다. 이는 집단상담의 효과를 극대화하고, 집단 내에서 발생할 수 있는 문제를 예방하는 데 도움이 된다. 성격장애적 특성을 연속선상(continuum)에 있는 특성의 관점으로 볼 경우, 이는 우리 주변에서 그리고 집단상담에서 종종 마주하게 되는 문제에 해당한다. 성격장애적 특성은 단순히 극단적인 병리적 상태로만 간주할 것이 아니라, 다양한 정도와 형태로 나타날 수 있는 특성으로 이해해야 한다. 이는 집단상담자가 내담자를 보다 유연하고 포괄적으로 이해하는 데 도움을 준다.

이번 장에서는 성격장애 중 경계선 성격장애와 자기애성 성격장애의 특징을 가진 집단원과 감정을 경험하고 표현하는 것에 대한 저항이 심한 집단원을 이해하고, 집단상담자의 역전이에 대해 다루어보도록 한다. 또한 집단상담자에게 역전이를 일으키거나 여러 어려운 상호작용이 일어날 때 집단의 역동과 과정을 이해하는 데 도움이 되는 세 가지 리더십 역할(정서적 리더, 도전적 리더, 희생양 리더)의 개념을 살펴보도록 한다.

1. 경계선 성격장애

1) '경계선' 용어의 발달

(1) 정신분석적 기원

경계선 용어의 발달은 19세기 후반으로 거슬러 올라간다. 당시 정신건강 전문가들은 정상(sanity)과 비정상(insanity) 사이의 심리적 경계(borderland)에 있는 것처럼 보이는 환자들에 대해 인식하기 시작했다. 1950년대에 이르러, 성격적으로 장애가 있는 것처럼 보이는데 이상할 정도로 혼란스러운 방식으로 장애가 있는 내담자들이 주목받기 시작했다. 이들은 정신증이 있지는 않으나, 신경증 환자들이 갖는 일관성을 결여한 환자들로 분류되었다. 이에 따라 경계선 수준의 성격 구조에 대한 개념이 발달하게 되었다(Kernberg, 1975, 1975; Masterson, 1976; Stone, 1980, 1986).

(2) DSM에서 연구 시작: 1980년대

1980년대에 이르러, 정신분석 영역에서만 다루어지던 경계선 성격장애 개념이 좀 더 보편적으로 받아들여지게 되었다. DSM 연구진은 경계선 성격장애에 대한 연구를 시작하면서, 기능의 수준(level of functioning), 정체성 통합 결여, 현실검증력을 유지한 상태에서 원시적 방어기제에 의존하는 경계선 성격 구조의 본연의 측면에 대한 가치가 저하되면서, 경계선 성격장애는 경계선 수준에서 히스테리 심리를 갖는 것으로 정의되었다. 이와 같이 정신분석 성격 구조(borderline personality organization)와 경계선 성격장애(borderline personality disorder)는 구분되었다.

현대에는 대상관계적 관점이 우세해지고 있다. 이는 융합(merging)과 완전한 분리(separation) 사이의 갈등, 그리고 트라우마적 유기(traumatic abandonment)와 같은 문제들을 중심으로 한 관점이다. 이와 같은 현대적 이해는 경계선 성격장애를 보다 포괄적이고 복합적인 시각에서 이해하도록 돕는다.

(3) 원인에 대한 다양한 설명

경계선 성격장애의 원인은 여러 가지 요인에 의해 설명될 수 있다. 먼저 경계선 성격장애는 다양한 요인에 의해 영향을 받을 수 있다. 유전적 소인과 신경생물학적 차이 등 생물학적 요인이 발달에 기여할 수 있으며, 정상적인 분리-개별화 과정이 원활히 이루어지지 않을 경우 자아 정체성의 혼란과 감정 조절의 어려움으로 이어질 수 있다. 또한 유아기 부모와의 불안정한 상호작용이나 불안정한 애착 유형, 부모의 일관성 없는 양육 태도와 정서적 방치, 역기능적 가족체계에서의 경계 부족도 중요한 위험 요인으로 작용한다. 이와 더불어 어린 시절의 신체적 · 정서적 · 성적 학대나 방임과 같은 외상 경험 역시 경계선 성격장애의 발달에 큰 영향을 미친다.

(4) 특징

경계선 성격장애는 다음과 같은 특징을 가진다.

- 경계선 성격장애 환자는 부인, 투사적 동일시, 분리 등의 원시적 방어기제를 사용함.
- 타인에 대한 가치절하(devaluation): 자존감을 유지하려는 무의식적 전략으로 타인을 가치절하함.
- 정체성 혼란: 비일관성, 비연속성을 보이며 자신의 정체성에 대한 혼란을 겪음.
- 자기에게 중요한 사람들을 설명하기 어려움: 자신과 자신에게 중요한 사람들을 일관되게 설명하기 어려움.
- 정체성 문제를 직면할 경우 분노로 반응: 정체성 문제를 직면하면 분노로 반응하는 경향이 있음.
- 정서 인내 및 조절의 어려움: 슬픔, 수치심, 부러움 등 다양한 감정이 분노로 표출되는 경향이 있음.
- 관계에서 거리에 대한 어려움: 삼켜지는 것에 대한 두려움과 유기에 대한 두려움이 공존함.
- 분리–개별화 과정 중 재접근분기 단계에서 정체된 것으로 보임.
- 상담자에 대한 극단적 태도: 상담자를 하나님과 같은 힘과 미덕으로 보거나, 약하고 무능한 존재로 보는 극단적 태도를 보임.

출처: McWilliams (2011).

(5) 집단상담에서 경계선 성격장애 환자의 특징

- 다른 사람이 너무 중요: 대인관계에서 고통, 거절에 대한 과도한 민감성.
- 높은 조기 종결률(3달 시점에 34~67%, 6개월 후 남은 사람들은 34~57% 정도)(Yeomans et al., 1994).
- 대인관계 거리에 대한 어려움으로 집단 참여에 어려움: 지각, 결석, 자기보호적 반응, 독점, 도움 거절적 불평가로 표현되기도 함.
- 분노 표출은 거리에 대한 두려움으로부터 자기를 보호하는 기능.
- 집단상담에서 현실적인 목표 설정이 중요.
- 자기 행동이 타인에게 미치는 영향에 대한 통찰 부족으로, 피드백을 받았을 때 놀라거나, 상처, 방어적으로 반응할 수: 집단원의 놀람과 상처에 공감적으로 반응하는 것이 효과적(vs. 해석, 직면).
- 타인의 정서적 신호, 의도를 알아차리는 능력의 결함에 대한 인식 증가.

• 직접 해석보다는 유사한 문제를 가진 다른 집단원에 대한 해석: '불안하거나, 두려움을 느낄 때 다른 사람을 공격하는 방식으로 행동하는 것'에 대한 피드백.
• 아무리 어려운 내담자라도 관계를 피하기보다는 관계 안에 있기를 원한다는 것을 기억할 필요가 있음.
• 경계선 내담자의 필요와 전체로서의 집단의 필요 간 균형 유지 필요: 경계선 내담자는 직접적인 질문, 관심을 강하게 요구하는 경향. 다른 집단원들도 특별한 관심에 대한 기대를 갖게 될 수 있음.

출처: Rutan, Stone, & Shay (2014).

참고: 변증법적 행동치료(Dialectical Behavior Therapy: DBT)

■ DBT는 심한 정서 불안정, 자살 사고, 자해 행동 등을 보이는 내담자, 특히 경계선 성격장애 환자를 위해 개발된 인지행동치료에 기반을 둔 심리치료로, 개인치료와 집단 기술 훈련을 결합한 형태임.

■ DBT의 특징

① 변화를 추구하면서도 현재를 수용하는 균형을 강조하는 '변증법적 사고'를 중심으로 함.
② 개인치료(주 1회)와 집단기술 훈련(주 1~2회)을 병행하며, 내담자는 일상생활에서 기술을 실천하는 과제와 기록표를 사용함.
③ 치료자는 공감과 수용을 바탕으로 변화 동기를 북돋는 태도를 유지함.

■ 집단기술 훈련에서는 4가지 기술훈련 모듈인 마음챙김 기술, 고통감내 기술, 감정조절 기술, 대인관계 효율성 기술을 훈련함.

1) 마음챙김 기술

마음챙김은 DBT 전체 치료의 기초가 되는 기술로, 현재 순간에 주의를 기울이고 있는 그대로를 수용하는 능력을 키우는 훈련임. 이는 감정에 휘둘리지 않고, 자신의 내적 상태를 인식하며 반응을 조절하는 데 기반이 됨.

① WHAT 기술

- 관찰하기(Observe): 자신의 감정, 생각, 신체 감각 등을 판단 없이 '지켜보는' 능력
- 기술하기(Describe): 자신이 경험하고 있는 것을 언어로 명확하게 표현하기
- 참여하기(Participate): 지금 하고 있는 활동에 온전히 몰입하며 집중하는 상태

② HOW 기술

- 무판단적인 태도(Non-judgmental): 상황이나 감정을 좋고 나쁨으로 평가하지 않고, 있는 그대로 수용
- 한 가지에 집중하기(One-mindfully): 멀티태스킹이 아닌, 한 번에 한 가지에 주의를 집중하기
- 효과적으로 행동하기(Effectively): 상황에서 자신이 원하는 목적과 가치에 부합하는 행동 선택

2) 고통감내 기술

위기 상황에서 감정을 폭발시키거나 자해하는 대신, 감정을 견뎌내고 생존할 수 있는 대안적 기술

① RADICAL ACCEPTANCE(급진적 수용): 바꿀 수 없는 현실을 있는 그대로 받아들이기

② TIP 기술: 신체 생리 반응을 조절하여 감정 강도를 낮추는 기술(예: 찬물로 얼굴 씻기, 격렬한 운동 등)

③ 자기 위로 기술(Self-soothing): 오감(시각, 청각, 후각, 미각, 촉각)을 이용해 스스로를 안정시키는 방법

④ 분산 전략(Distraction): TV 보기, 산책, 음악 듣기 등 고통을 완화할 수 있는 활동에 일시적으로 몰입하기

3) 감정 조절 기술

내담자가 자신의 감정을 정확히 인식하고, 조절 가능한 방식으로 다루는 기술

① 감정 이해하기: 감정이 발생하는 원인과 과정을 인지하고, 감정의 신호를 해석하기

② 감정 명명하기: 모호한 감정을 정확하게 이름 붙여 표현하기

③ 감정의 기능 파악하기: 감정이 주는 정보와 역할을 이해하기(예: 두려움은 위험을 알려 줌)

④ 취약성 감소 전략: 충분한 수면, 규칙적인 식사, 스트레스 관리 등으로 정서적 안정 유지

⑤ 긍정 정서 증진: 감사하기, 의미 있는 활동 찾기, 성취감 느끼기 등

⑥ 고통을 흘려보내기: 정서적 고통이 사라지지 않더라도 흘려보내며 삶을 지속하는 연습

4) 대인관계 효율성 기술

자신의 욕구를 분명하게 표현하면서도, 타인과의 관계를 유지할 수 있도록 훈련

① 요구하기: 내가 원하는 것을 명확히 말하고, 요구가 정당함을 표현하는 기술

② 거절하기: 부담되거나 부당한 요구에 대해 죄책감 없이 거절하는 법

③관계 유지 전략: 친밀한 관계를 유지하며 의사소통하기 위한 균형 잡힌 접근

④ 자기존중 유지: 자신의 가치와 감정을 지키면서 대화하는 기술(자기비하, 회피 방지)

⑤ 대표적 스킬: DEAR MAN, GIVE, FAST

- DEAR MAN: 자신의 요구를 표현하는 공식(Describe, Express, Assert, Reinforce)
- GIVE: 관계 유지 중심 전략(Gentle, Interested, Validate, Easy manner)
- FAST: 자기 존중 중심 전략(Fair, Apologies not overused, Stick to values, Truthful)

2. 자기애성 성격장애

1) 특징

자기애적 성격장애는 외부로부터 인정을 통해 자존감을 유지하는 방식으로 성격이 조직된 사람을 지칭한다. 누구나 자신이 누구인지, 어떻게 스스로를 가치롭게 느끼는지에 대해서는 취약함을 느낀다. 중요한 사람으로부터 인정을 받으면 자기에 대한 가치감을 느끼고, 인정받지 못하면 자존감에 상처를 입는 것은 자연스럽다. 자기애적 성격 특성을 가진 사람들은 자존감을 유지시켜 줄 대상(narcissistic supplies)을 지나치게 중시하기 때문에, 과도하게 자기 자신에게 몰두하는 경향을 보인다. 자기애성 성격장애는 외현적(과시형)과 내현적(옷장속 유형)으로 나눌 수 있다. 공통적인 특성으로는 자기에 대한 불충분함, 수치심, 약함, 열등감에 대한 내면의 느낌 혹은 공포감이 있다.

2) 방어기제

(1) 이상화와 가치절하

자신을 이상화하고 타인을 가치절하하거나, 타인을 이상화하고 자신을 가치절하하는 경향이 있다. 이러한 경향은 누가 더 나은 의사인지, 어디가 더 좋은 학교인지 등 순위를 매기는 방식으로 나타난다. 자기애적 부모는 자녀에게 비현실적인 기대를 강요하는 경우가 많다.

(2) 완벽주의

자기애성 성격장애 환자는 비현실적인 기준을 세우고 자신이 그 목표를 달성했다고 믿거나, 기준에 도달하지 못한 것을 자기 자신의 가치 문제로 귀인한다. 이들은 상담을 통해 자신을 더 완벽하게 만들기 위해 노력하는 경향이 있다. 자기와 타인에 대한 만성적 비판의 태도를 가지며, 실존의 모호함 가운데 즐거움을 발견하는 능력이 부족하다. 연인이나 멘토를 '완벽한 사람'으로 여기고 그 사람과의 동일시를 통해 자기과대감을 느끼며, 타인을 이상화하다가 결함이 나타나면 그 이상을 폐기하는 경향이 있다. 이러한 완벽주의적 접근은 자기패배적 성격을 띠며, 완벽함은 달성 불가능하기 때문에 결과적으로 자기경멸과 자기혐오를 불러일으킨다.

3) 관계 패턴

자기애성 성격장애 환자는 자기 문제를 인식하고 상담을 받는 경우가 드물지만, 중년 이후에는 관계에서 문제가 있음을 느끼는 경우가 있다. 이들은 타인을 판단 없이, 이용하지 않는 방식으로 있는 그대로 수용하는 것, 이상화하는 것 없이 타인을 사랑하는 것, 수치심을 느끼지 않으면서 진실한 감정을 표현하는 것에 어려움을 겪는다. 상담자의 수용은 친밀감에 대한 정서적 이해의 원형으로 작용할 수 있다. 사랑 능력의 결함은 자신이 너무 중요하게 여겨져 타인을 자신의 자기 대상 이상으로 보지 못하는 데서 비롯된다. 자녀의 성취나 역할 때문에 자녀를 중요하게 여기는 자기애적 부모는 자녀에게 이러한 특성을 발달시킬 수 있다. 보통의 부모는 자기애적 필요와 함께 진심 어린 공감으로 자녀를 대한다.

4) 집단상담에서 자기애적 내담자의 특징

자기애적 내담자는 집단상담에서 개인상담이 제공하는 안전성이 부족하다고 느낀다. 집단에서는 자기에 대한 반응이 없을 수 있고, 이는 큰 위험으로 지각될 수 있다. 집단상담은 일정 수준의 신뢰가 쌓이기 전까지는 집단원 모두에게 자기애적 상처(narcissistic injury)를 줄 수 있다. 자기애적 내담자는 이로 인해 심각한 자기혼란(disturbance of the self)을 보인다. 집단은 타인에 대한 존중의 결여, 이야기 독점, 도움 거절형 불평가, 항상 초점을 자기에게로 가져오는 행동 등 자기애적 병리를 드러낸다. 이들은 자신이 무시되었다는 느낌이나 충분한 관심을 받지 못했다는 느낌을 호소한다. 집단의 대화를 비판, 무시, 비난으로 인식하며, 이는 편집증 수준으로 나타나기도 한다. 자기애적 상처를 다룬 후에도 여전히 분노를 유지하는데, 자존감과 자기통합(self-cohesion)을 지키기 위해 분노를 유지하는 것이 필요하다고 느낀다. 애착 형성과 타인과의 친밀한 관계를 맺지 않기 위해 싸우는 것처럼 보일 수 있다. 이들은 다른 집단원들의 위로에 저항하며, 근본적으로는 수치심이 존재한다. 자기애적 내담자는 두 가지 방식으로 고통스러운 감정을 경험한다. 첫째, 타인의 반응에 대한 내적 욕구를 인식하고 그것을 수치스럽게 여긴다. 둘째, 이상적 자기에 대한 기준을 달성하지 못한 것에 대한 수치심을 느낀다.

3. 감정의 경험, 표현에 대한 저항이 심한 집단원

정서적 통찰(emotional insight)은 감정을 인식하고 이해하며 이를 기반으로 행동을 결정하는 능력을 말한다. Rako와 Mazer(1983)은 "자신에게 어떤 감정이 든다는 것을 인정하고 알아차린 다음, 그것을 견디고 마지막으로 그 감정을 가지고 어떻게 할지 결정할 수 있어야 한다"라고 강조했다. 정서적 통찰은 집단원의 긍정적 변화에 필수적인 요소이다. 그러나 집단에는 감정을 경험하고 표현하며 이해하는 것에 대한 저항이 존재한다. 많은 사람들은 감정을 충분히 경험하고, 그 감정에 대한 이해를 토대로 판단하는 데 어려움을 겪는다. 따라서 집단원들이 감정을 느끼고 표현하고 이해하도록 돕기 위해서는 이러한 저항을 이해하는 것이 필수적이다. 설명의 초점은 집단원의 감정 저항이지만, 집단상담자 역시 감정 저항을 경험할 수 있음을 고려하는 것이 중요하다.

1) 감정 경험에 대한 저항

사람들은 감정을 느끼는 것을 회피할 수 있다. 첫째, 두려움, 수치심, 죄책감과 같은 감정이 고통스럽기 때문에 이를 회피하고자 한다. '감정적'이면 통제감을 상실하고 문제해결이 불가능하다고 느낀다. 그러나 자아 강도가 높은 사람일수록 감정을 더 편안하게 느낄 수 있다. 둘째, 일부 문화에서는 감정을 표현하는 것이 약점으로 간주될 수 있다. 예를 들어, 전통적으로 감정을 억제하고 침착함을 유지하는 것을 미덕으로 여기는 문화에서는 감정을 표현하는 것을 부적절하게 여길 수 있다. 감정은 나쁘고, 약한 것, 수치스러운 것으로 통제되고 억압하도록 사회화되는 경우가 있다.

(1) 접근 방법

정서중심치료(Greenberg, 2023)에서는 감정을 다루기 위해서는 우선 적절한 수준의 정서 각성이 필요하다고 본다. 이때의 각성은 집단원이 감정에 압도되지 않도록 균형을 유지하는 것이 중요하다. 감정 각성을 돕는 방법으로는 "약간 화가 난 것처럼 보이네요", "슬퍼 보이네요"와 같이 감정을 반영하는 개입을 사용할 수 있으며, 지금-여기에서 일어나는 정서 경험에 주의를 기울이도록 초점을 맞추는 것도 도움이 된다.

감정을 탐색할 때는 일차적 감정과 이차적(반응적) 감정을 구분하는 작업이 필요하다. 일차적 감정(예: 슬픔, 분노, 두려움, 기쁨 등)은 경험을 깊이 탐색함으로써 정서적 변화로 이어질 수 있는 반면, 이차적 감정(예: 무망감, 지루함, 텅 빈 느낌 등)은 그 자체가 부적응적이기 때문에 감정에 깊이 들어가도 변화가 일어나지 않거나 오히려 상태를 악화시키는 경우가 많다.

따라서 이차적 감정이 나타날 때는 우선 이러한 감정이 부적응적임을 집단원이 인식하도록 돕고, 그 감정이 어떤 기능과 의미를 가지고 있는지 탐색하는 과정이 필요하다. 이차적 감정은 타인과의 접촉을 회피하게 만들거나 심리적 거리를 증가시키고, 개인 내부에서는 혼란감과 답답함 같은 정서적 불편을 지속시키는 경향이 있다. 또한 상대에게 혼란이나 좌절감을 불러일으켜 관계적 연결을 어렵게 만들고, 이로 인해 도움을 주고받기보다는 방어적 거리를 유지하는 상호작용 패턴이 지속되기 쉽다. 그렇기 때문에 이 감정의 특성을 이해하고 그 이면에 있는 필요와 두려움을 살펴보는 것이 중요하다.

(2) 감정 표현에 대한 저항

사람들은 감정을 표현하면 거절, 수치심, 무시, 비난과 같은 부정적 결과를 초래할 것이라고 생각하고 표현하기를 두려워한다. 또한 이러한 부정적 결과가 자신의 자존감에 영향을 미칠까 봐 두려워한다. 사람들은 자신의 이러한 두려움이 행동으로 나타나서, 이것이 결국 자신들이 두려워하는 대인관계적 결과를 만드는 것을 모를 수 있다. 예를 들어, 수치심이 많은 사람은 타인에게 경멸감을 느끼게 하는 행동을 하고, 비판받는 것을 두려워하는 사람은 비판적이거나 판단적인 태도를 보이며, 존재감이 없는 것을 두려워하는 사람은 자기에게 과도하게 몰두되어 다른 사람들을 간과할 수 있다.

감정 표현을 돕기 위한 첫 번째 작업은 집단원들이 자신의 두려움이 집단에서 어떻게 나타나는지를 살펴보고, 이러한 두려움을 인정하게 하는 것이 변화의 중요한 분기점이 될 수 있다. 감정 표현을 돕는 방법으로는 감정을 말로 표현해 주는 것이 있다. 감정을 행동으로 보여 주는 사람들에게는 이를 말로 표현하고 해석해 주는 것이 중요하다.

(3) 감정 이해에 대한 저항

정서적 경험에 담긴 의미를 탐색하는 과정에서 집단원들은 저항을 보일 수 있다. 오랫동안 유지해 온 방어를 내려놓는 것은 취약감을 불러일으키고, 정체성의 중요한 부분을 상실한다는 허무함을 동반할 수 있기 때문이다. 또한 집단상담자가 '숨은 의미'를 찾으려 할 때, 집단원은 때때로 그 과정에서 통제당한다고 느낄 수도 있다. 일부 집단원은 감정의 의미 탐색을 권유받을 때 분노를 드러내기도 한다. 이는 어린 시절 미해결된 갈등과 욕구와 다시 직면하는 과정에서 비롯될 수 있으며, 경우에 따라서는 변화에 대한 책임을 회피하려는 반응일 수도 있다. 감정 이해에 대한 저항은 과거에 무관심한 태도로 나타나기도 하는데, 이는 과거 경험에 대한 기억의 부재나 정서적 요소가 배제된 서술로 드러난다. 또한 저항은 감정의 적절성을 판단하려 하거나, 집단원 간의 감정 차이를 수용하지 못하는 방식으로도 표출된다.

이러한 저항을 다루기 위해서는 집단원이 사고와 감정을 통합할 수 있도록, 명료화와 해석을 활용한 담아 주기(containment)가 필요하다.

4. 역전이

역전이는 상담자의 미해결된 정서적 경험이 내담자의 자극에 의해 활성화되며 나타나는 상담자의 강렬한 정서 반응으로 정의되어 왔다(김지은, 조성호, 2006). 역전이는 상담자의 해결되지 않은 감정으로부터 비롯된 내담자에 대한 정서적 반응으로(Gelso & Hayes, 1998), 과거에는 역전이 반응을 상담에 부정적으로 작용하는 요소로 간주하여 제거의 대상으로 인식했으나, 최근에는 그 개념과 역할을 새롭게 이해하려는 관점이 확산되고 있다. 역전이는 상담자와 내담자의 상호 주관적인 장(field) 안에서 발생하는 정서적 반응으로, 이는 치료적인 통찰에 중요한 도구가 된다(Stolorow, Brandchaft, & Atwood, 1987). 집단상담의 맥락에서도 역전이는 극복해야 할 장애물이라기보다 집단 작업을 위한 유용한 자료로(Winnicott, 1949), 집단과 내담자에 대한 이해를 심화시킬 수 있는 통로가 되기 때문에 집단 장면에서의 역전이 현상에 대해 이해하고, 이를 다루는 것은 효과적인 집단상담을 위해 필수적이다.

1) 역전이의 유형

Racker(1968)은 역전이를 일치적 역전이와 상보적 역전이로 나누었다. 일치적 역전이는 상담자가 내담자를 공감적으로 동일시하는 것이다. 상보적 역전이는 상담자가 내담자의 내적 대상과 동일시하는 것이다. 예를 들어, 어머니에게 비난받아온 내담자가 강한 분노를 표현할 때 상담자는 내담자를 비판하는 마음이 생길 수 있는데, 이는 내담자의 내적 대상인 어머니와 동일시하게 된 것이다. 이와 비교하여 투사적 동일시는 내담자가 부인하는 자신의 측면을 상담자에게 투사하여 상담자가 상당한 대인관계적 압력으로 인해 그 투사를 받아들이는 것이다. 이는 상담자가 내사하고 있는 것이 전적으로 내담자로부터 오는 것이라는 점에서 상보적 역전이와 구분된다(Grinberg, 1979).

2) 집단에서 나타나는 일반적인 역전이 반응

(1) 분노, 수치심과 같은 정서적 반응

집단에서는 '좋은 사람'이고 싶은 욕구에 따라 '분노'를 회피할 수 있다. 역전이로서의 분노는 작업의 일부분으로 활용되어야 하며(Winnicott, 1949), 집단상담자는 엄마와 같이 집단원의 분노를 담아내고 그들과 다른 방식으로 다루어야 한다. 집단상담은 개인상담보다 집단상담자의 '수치심'을 자극하는 환경이다. 다수의 집단원 앞에서 완벽한 집단상담자가 된다는 것은 대단히 매력적이며, 실패는 더 큰 굴욕감을 가져온다.

예를 들어, 수치심 역전이 반응은 집단상담자의 심리 내적 상태에 따라 다르게 나타난다. 집단상담자가 특정 집단원을 구하지 못했을 때, 실패에 대한 수치심을 경험한다(MacNab, 1995). 집단상담자가 '모든 것을 알고 개입하려는 욕구'는 과대감과 완벽함을 느끼며 수치심에 저항하려는 시도일 수 있다(Gans, 1989). 부적절한 양육을 경험한 집단상담자는 끈질기게 '훌륭한' 존재이고자 하는 역전이를 보일 수 있다. 예를 들어, 초과 근무를 한다든가, 집단을 중단하고 휴가를 가고 싶은 감정을 회피하는 모습을 보일 수 있다. 돌봄이 부족했던 집단원의 끈질긴 요구에 부응하려 애쓰는 집단상담자의 노력 역시 역전이 반응이다. 상담이 '초기 손상을 보상해 줄 수 없다'는 불가피한 좌절은 작업의 일부이다.

집단의 역동에 따라 집단상담자는 다양한 역전이 반응을 경험할 수 있다. 이는 집단의 특성과 상호작용 방식에 따라 달라지며, 집단상담자는 이러한 반응을 인식하고 적절히 다루는 것이 중요하다.

가학적인 집단은 집단상담자를 당혹스럽게 만들 수 있다. 이러한 집단은 집단상담자에게 도전하거나, 비판적이고 공격적인 태도를 취하는 경향이 있다. 집단원들이 집단상담자의 권위에 도전하거나, 집단상담자의 지도 방식을 공개적으로 비판하는 경우이다. 이는 집단상담자로 하여금 자신의 능력과 권위에 대해 불안감을 느끼게 할 수 있다. 이 밖에도 집단상담자는 수치심을 부인하는 집단의 '투사적 동일시'로 수치심을 느낄 수 있다. 또한 수치심을 다루는 집단의 '공감적 역전이'로 수치심을 느낄 수 있다.

(2) 집단상담자나 집단원의 민족, 성 등 차이에 따른 반응

집단의 성별 구성이나 집단상담자의 성별에 따라 집단 내에서 특정한 성역할 기대가 나타날 수 있다. 예를 들어, 만약 집단원이나 집단상담자가 여성이라면, 집단원들은 그녀를 부드럽고, 공감적이며, 감정 표현에 능숙할 것이라는 기대를 가질 수 있다. 반면에, 집단원이나 집단상담자가 남성이라면, 집단원들은 그가 강하고, 경쟁적이며, 분노를 다루는 데 능숙할 것이라고 기대할 수 있다.

(3) 집단 주제에 따른 반응

집단 주제에 따라 역전이 반응이 나타날 수 있다. 예를 들어, 트라우마를 다루는 집단에서는 집단상담자가 집단원들의 고통과 과도하게 동일시(overidentification)하거나, 반대로 이러한 고통에 회피하여 감정적으로 거리를 두려는 반응을 보일 수 있다. 또는 집단상담자가 가해자 역할로 강력하게 끌어들여질 수 있다.

3) 역전이의 출처

집단상담은 개인상담과 달리, 다수의 집단원과 집단상담자 간의 상호작용, 집단 전체가 만들어 내는 분위기, 하위 집단의 형성 등 복합적인 상호작용 구조로 인해 역전이의 발생 경로와 원인이 더욱 다양하게 나타난다. Rutan과 Stone(2001)은 다음과 같이 집단상담자의 역전이 반응을 유발하는 원인을 상담자 개인의 심리 내적 요인과 집단의 역동적 요인으로 구분하여 설명하였다.

(1) 심리 내적 요인

집단상담자의 개인적인 미해결 갈등이나 이슈가 집단상담 중 활성화될 수 있다. 예를 들면, Vannicelli(1989)는 많은 치료자가 집단상담을 선택한 동기가 자신의 원가족의 역기능을 다루고자 하는 '어른 아이'였다고 언급했다. 이러한 동기는 역전이의 단서로 작용할 수 있으므로, 이를 조심스럽게 탐색해 볼 필요가 있다.

집단상담자가 집단의 투사적 동일시를 통한 촉발할 수 있다. 단, 집단상담자의 모든 강렬한 반응이 투사적 동일시로 해석하는 데 유의할 필요가 있다(Sandler, 1987, 1993 재인용; Gabbard, 1995). 예컨대, 집단상담자의 강렬한 반응이 투사적 동일시가 아닌 공감적인 반영에 기초한 '역할-반응성(role-responsiveness)'에 따른 것일 수 있다. 즉, 집단이 형성한 가족 역동과 집단원의 압력에 반응하여 집단상담자가 과거 가족 안에서 자신의 역할을 할 수 있다. 예를 들어, 집단상담자가 자신의 가족 내에서 보호자 역할을 했던 경험이 있다면, 집단 내에서 보호자 역할을 다시 수행하게 되어 강한 정서적 반응을 보일 수 있다.

(2) 집단의 역동

집단 내에서 상담자와 집단원 사이, 집단원 상호 간에 다양한 전이가 발생하며, 집단상담자의 역전이는 집단 구조와 상호작용 속에서 발생한다(Rutan & Stone, 2001). 역전이는 다양한 요인들이 상호작용한 결과로 나타나는데, 특히 집단의 구성, 집단의 발달 단계, 그리고 집단의 주제가 상담자의 역전이에 영향을 크게 미친다. 먼저, 집단원들의 성별, 연령, 성격 특성 등 집단 구성에 따라 집단상담자가 집단원들에게 특정한 정서적 반응을 경험하게 되는 데 영향을 미친다. 또한 집단 발달 단계에 따라 집단은 분위기와 요구가 달라지고, 이에 따라 나타나는 역전이 반응 또한 변하게 된다(Yalom & Leszcz, 2025). 집단에서 탐색되는 주제 중 특정한 주제는 집단상담자의 개인사, 가치, 과거 경험과 연결되어 정서적으로 자극한다. 다음은 이러한 역동이 나타나는 예이다.

집단 발달 단계와 역전이 반응

1) 스크리닝 단계

- 집단인원의 미달될 경우, 집단상담자는 무의식적으로 참여시키지 말아야 할 집단원을 끌어들이길 원할 수 있음. 특히, 다른 집단의 집단상담자와 경쟁 이슈가 있는 경우, 더욱 강한 반응을 일으킬 수 있음.

2) 집단 초기 단계

집단상담자는 자신의 미해결적 과제에 따라 집단원에 대한 의식적 · 무의식적 기대를 가지거나, 집단원으로 하여금 자신에게 어떤 기대를 갖도록 유도할 수 있음(Roth, 1990).

- 집단 초기, 집단상담자에 대한 이상화는 일반적이며, 집단상담자 역시 이를 믿고 싶어 할 수 있음.
- 집단 초기에는 집단원 간에 양가적 감정을 가지는 경우가 많으며, 이때 집단상담자는 이러한 양가성을 회피하고자 할 수 있음(Brabender, 1987).

집단의 특성과 역전이

- '의존적' 집단은 집단상담자의 이상화 이슈를 자극할 수 있음.
- '싸움 또는 도망' 집단은 그러한 도전에 대한 반응으로서 집단상담자는 권위적일 수 있음.
- '높은 수준의 친밀감을 성취한' 집단에서 집단상담자는 외로움을 느낄 수 있음(Liebenberg, 2002).

4) 역전이 다루기

(1) 역전이 반응을 자각하기

역전이 반응을 효과적으로 다루기 위해 첫 번째 단계는 자기 인식을 통해 자신의 감정과 반응을 자각하는 것이다. 다음과 같은 신호들을 통해 역전이 반응을 자각할 수 있다.

- 강렬한 정서적 반응 또는 반응의 부재, 부적절한 정서적 반응
- 집단원을 향한 갑작스럽거나 설명하기 어려운 태도 변화

- 집단원/집단에 대한 편견, 편애
- 소진감, 막힌 느낌, 집중하기 어려움
- 새로운 자료를 얻었음에도 집단원/집단에 대해 고정된 반응을 유지
- 치료 규범의 변화(예: 집단상담자의 지각, 규범을 위반한 집단원에 도전하지 않음) 등

집단상담자의 자기 인식을 높이기 위해서는 명상, 요가, 일기 쓰기, 개인 분석, 균형 잡힌 삶, 건강한 자기돌봄 등이 도움이 된다. 다음의 예와 같이 집단의 반응을 통해서도 집단상담자는 자신의 역전이 반응을 인식할 수 있다.

집단상담자가 불가피한 사유로 10분 지각을 했을 때, 집단상담자는 즉시 사과하고 그 이유를 집단에게 설명했다. 그러나 집단은 침묵으로 반응했다. 이 상황에서 집단상담자는 자신의 사과와 변명이 집단의 반감과 분노를 피하기 위한 것이었음을 자각했다. 또한, 자신의 지각과 빠른 사과가 집단에게 어떤 감정을 불러왔는지 탐색했다. 집단은 집단상담자를 비난하거나 분노, 버려짐 등의 경험을 이야기했고, 이 과정을 통해 집단은 유용한 작업을 재개할 수 있었다. 이러한 과정은 집단상담자가 자신의 역전이 반응을 인식하고, 이를 집단 작업에 유용하게 활용하는 사례가 된다.

(2) 역전이 반응의 출처를 이해하기

집단상담자는 역전이 반응이 내적 요인 때문인지, 외적 요인에 기인한 것인지 알아차려야 한다. 내적 요인에는 집단상담자 자신의 오래된 이슈, 미해결된 갈등, 개인적인 문제 등이 있으며, 외적 요인에는 집단원이나 집단이 만든 영향, 즉 집단의 투사적 동일시, 집단의 발달 단계, 집단의 특성 등이 원인일 수 있다.

외적 요인에 의해 나타난 반응이라면, 첫째, 공감적 공명인지 투사적 동일시인지, 둘째, 집단의 상태에서 비롯된 것인지 탐색할 필요가 있다.

(3) 역전이에 반응하기

집단상담자는 역전이를 집단원과 집단에 대한 정보를 얻는 유용한 과정으로 인식할 필요가 있다.

최고의 반응은 역전이와 함께 존재하는 것이다. 성급하게 반응하지 않고, 역전이와 함께 존재하면서 집단에 대한 더 깊은 이해와 개입에 확신을 주는 정보를 얻는 것이 중요하다.

집단상담자의 건강한 자기개방은 집단원들에게 모델링이 될 수 있다. 그러나 원칙적으로 전이적 투사로부터 얻는 것이 집단상담자의 개방에서 얻는 것보다 많다. 즉, 집단상담자는 자신의 감정과 반응을 적절히 관리하면서 집단원들이 자신의 감정을 투사하고 탐색할 수 있는 안전한 환경을 제공해야 한다. 이러한 과정을 통해 집단상담자는 역전이 반응을 잘 다루고, 집단원들과의 작업에서 더 깊은 이해와 효과적인 개입을 할 수 있다.

5. 정서적 리더, 도전적 리더, 희생양 리더

Beck(1981a, 1981b)은 집단에서 특정 집단원들이 정서적 리더(emotional leader), 도전적 리더(defiant leader), 희생양 리더(scapegoat leader)의 역할을 수행하는 것을 관찰하였다. 이 세 가지 역할은 이 리더십 역할들은 단순히 개인의 특성을 반영하는 것이라기보다는, 집단 상호작용의 일부이다. 특히, 이 역할들은 집단 내에서 갈등이나 긴장, 혼란 같은 어려운 상호작용이 일어날 때, 그러한 현상의 의미를 파악하고 치료적 개입의 방향을 찾는 데 중요한 단서가 된다.

1) 정서적 리더

정서적 리더는 공감하고, 직면하며, 반영하고, 타인을 지지하는 능력이 뛰어나다. 이들은 집단이 안전하고 응집력 있는 공간으로 기능하는 데 핵심적인 역할을 한다. 정서적 리더는 일반적으로 집단 문화에 긍정적인 영향을 미치며, 그 영향은 격려받아야 할 자원이다. 그러나 때때로 집단상담자는 자신을 현명하고 자비로운 리더로 보이고자 하는 욕망 속에서 정서적 리더와 경쟁하려는 충동을 경험하기도 한다. 집단상담자는 그러한 충동을 자각하고 자제할 수 있어야 한다.

정서적 리더에게 집단 안에서 영향력을 발휘할 충분한 여유와 신뢰를 주는 것이 필요하다. 집단원으로부터 나오는 긍정적인 피드백은 진정성 있게 경험되고, 집단원 간의 자연스러운 갈등은 건설적인 긴장감을 유도한다. 정서적 리더는 이러한 흐름 속에서 귀중한 촉매가 될 수 있다. 그러므로 정서적 리더를 인식하고, 그들이 집단에 기여할 수 있는 공간을 열어주는 일은 집단의 성장과 회복력을 증진하는 데 큰 도움이 된다.

2) 도전적 리더

도전적 리더는 보통 집단상담자에게 가장 회의적인 시각을 가진 집단원이다. 이들은 집단상담자의 접근 방식이나 개입 방식에 대해 의문을 품으며, 일정한 심리적 거리를 유지한다. 그러나 이러한 태도는 집단상담자가 이상화되는 것을 방지하고, 집단이 민주적으로 기능하도록 돕는 중요한 역할이다. 이들은 집단 내에서 집단상담자에 대한 맹목적인 복종을 막고, 다양한 관점을 허용하는 분위기를 형성하는 데 기여한다.

집단상담자는 도전적 리더가 표현하는 비판에 대해 방어적인 태도를 취하기보다는, 열린 자세로 듣고 존중하는 태도를 유지해야 한다. 집단원들은 집단상담자가 이러한 도전적 리더의 목소리를 존중하는 모습을 보았을 때, 이상화 없이도 집단상담자와 집단을 신뢰할 수 있으며, 그로 인해 더 안전하고 진정성 있는 분위기가 조성된다. 그러므로 도전적 리더에게 자신의 시각과 불만을 표현할 수 있는 충분한 자율성과 재량을 부여하는 것은 매우 유익하다.

3) 희생양 리더

희생양 리더는 종종 적절한 순간에 말하지 못하고 집단에 자연스럽게 어울리지 못하며, 문제를 일으키는 경향이 있다. 일반적으로 다른 집단원들은 희생양 리더를 집단에서 내보내야 한다고 생각할 수도 있으며, 실제로 집단에서 쫓아내자는 분위기가 형성되기도 한다. 희생양 리더는 대체로 다른 집단원들과 의미 있는 접촉을 유지하는 데 어려움을 겪으며, 가장 낮은 기능 수준에 머무는 사람처럼 보일 수 있다. 그럼에도 불구하고 이들은 집단 안에서 중요한 리더십 역할을 수행하고 있는 존재이다. 이들은 종종 감정적이고 변덕스러워지며, 집단 내 긴장도를 높이고 집단원들의 불안을 증폭시킨다. 이러한 요소는 집단상담자에게 도전이 될 수 있다. 이들은 순응하지 않고 집단의 암묵적 질서를 벗어나지만 집단에 포함되기 위해 부단히 도전하는 존재이다. 따라서 집단은 정서적으로 더욱 확장되고, 인자하며 포용적인 태도를 갖추어야만 희생양 리더를 통합할 수 있다.

집단상담자는 집단 대화를 통해 집단원들이 희생양 리더를 향해 품고 있는 감정을 자각하도록 해야 한다. 이를 통해 집단원들은 자신의 반응에 대해 책임을 질 수 있고, 동시에 희생양 리더 또한 자기 책임을 확대해 나갈 수 있는 기회를 얻게 된다. 집단이 희생양을 설정할 때, 집단원들은 자신들의 부정적인 감정이 오직 그 희생양 리더에 대한 감정인 것처럼 인식한다. 그러나 충분한 지지가 주어진다면, 그 감정들은 단지 촉발된 것일 뿐이며, 집단원 모두가 나름대로 공유하고 있는 감정임을 깨달을 수 있다. 집단 전체의 관점에서 이 인물이 희생양 리더의 역할을 하고 있다는 점을 인식할 수 있을 때, 그 사람의 문제를 단순히 개인의 차원에서 보지 않고 집단 전체의 문제로 끌어올릴 수 있다. 여기서 핵심은 그 집단원이 집단과 어떤 방식으로 관계를 맺고 있으며, 집단은 또 어떻게 그 집단원과 상호작용하고 있는지를 살펴보는 것이다. 이는 개인적 차원의 문제보다 훨씬 더 본질적이고, 집단 역동을 심층적으로 이해하는 데 도움이 되는 접근이다.

실습 1

사례: 경계선 성격장애

1. 사례 1에 대한 분석

20대 후반의 여성 집단원 A는 자신은 낯선 사람들 앞에서 말하는 것이 너무 어렵다고 하면서 자신이 집단에서 안전감을 느끼기 위해서는 다른 집단원들이 먼저 자신들의 삶에 대해 세세하게 이야기를 해 주는 것이 필요하다고 말을 한다. A는 다른 사람들의 이야기를 듣고 나서도 진심 어린 공감의 반응보다는 자신이 왜 상대방의 이야기를 이해할 수 있는지를 자기의 경험을 나누며 이야기한다. 집단원 B는 A에 대해, 다른 사람들이 자신을 배려하고 돌봐 주는 것을 당연하게 생각한다고 느끼는 것 같고, A가 힘들다고 해도 마음속에서는 공감의 마음이 들기보다는 외면하고 싶은 마음이 든다고 이야기한다. A는 B의 피드백을 듣고 나서는, 자신에게 이 집단이 도움 되지 않는 것 같다. 집단원 B도 그렇고 이 집단도 그렇고 자신을 제대로 알지도 못하면서 몇 번의 만남을 자신을 평가하는 모습을 참을 수 없다고 크게 화를 낸다.

1) 집단원 A에 대해서 사례개념화를 해 봅시다.

2) 집단원 A에게 어떤 개입을 적절할지 작성해 봅시다.

2. 사례 2에 대한 분석

집단원 B는 감정의 기복이 심하고, 집단에서도 다른 집단원이 이야기를 할 때 경청하기보다는 자기에게로 관심을 돌리는 경향이 있다. 오늘도 다른 집단원이 이야기를 하는데 무관한 이야기로 이야기의 흐름을 끊는 모습을 보이자 또 다른 집단원 C가 "방금 ○○ 님 이야기하는데 또 끊으셨네요."라고 말을 한다. 집단원 B는 이에 대해 강하게 부인하며 자신은 그런 사람이 아니라고 화를 낸다. 하지만 지난 회기에 집단원 B는 이에 대해 강하게 부인하며 자신은 그런 사람이 아니라고 화를 낸다. 그러나 지난 회기에서 집단원 B는 집단 안팎에서 자신이 상대방의 말을 경청하기보다 자신의 방식대로 해석하는 경향이 있다는 피드백을 들었다고 말한 바 있다. 집단원 B의 행동에 대해 몇몇 집단원들이 어떻게 느꼈는지 이야기하고 있는데, 집단원 B가 C를 보더니, "그냥 우리 잘 지내죠."라고 말을 한다. 집단상담자는 집단원 B가 깊이 있게 자기탐색을 하지 않을 뿐만 아니라, 상대방이 무슨 말을 하는지 진심으로 듣기보다는 피상적인 수준에서 좋은 관계를 맺기에 급급한 듯 보여지는 모습에 불편감을 느낀다.

1) 집단원 B에 대해서 사례개념화를 해 봅시다.

2) 집단원 B에게 어떤 개입을 적절할지 작성해 봅시다.

3. 사례 3에 대한 분석

40대 초반의 여성 C는 오랫동안 개인상담을 받다가, 상담자의 제안에 의해 현 집단상담을 시작하게 되었다. C는 개인상담자에 대해 강한 애착과 동시에 분노를 가지고 있었고, 상담의 진전을 이루지 못했다.

C는 집단상담 첫 시간에 자기 이야기를 거의 하지 않았고, 집단상담자의 초대가 있을 경우에는 집단을 계속 할지 말지 아직 결정하지 못했다고 하면서 조금 지켜보는 시간이 필요하다고 말하곤 했다. 그동안 별다른 자기개방을 하지 않던 C는 4회기 째에 갑자기 집단상담자 중 한 명을 향해, 차갑고, 거부적이고, 통제적이라고 강한 비난을 퍼부었다. 왜 그렇게 생각했는지를 탐색했으나 그렇게 생각하게 된 배경에 대해 구체적인 이야기를 하지 못하였다. 반면, 다른 집단상담자에 대해서는 부드럽고, 따뜻하고, 배려하는 사람이라고 매우 다른 입장을 취했다. 집단원들 모두 C의 흑백논리적 사고에 놀라움을 표현한다.

1) 집단원 C의 두 집단상담자에 대한 양극단적 태도를 해석해 봅니다.

2) 치료적 환경을 만들기 위해 두 집단상담자가 어떻게 해야 할지 작성해 봅시다.

3) 친밀감과 관련된 경계선 성격장애 내담자의 특성이 어떻게 표현되고 있는지 생각해 봅시다.

4. 모의집단상담

사례 1과 2에서 제시된 시나리오를 바탕으로 모의집단상담을 실습합니다.

1) 집단상담자로서 느낀 점을 나누어 봅시다.

2) 집단원으로서 느낀 점을 나누어 봅시다.

3) 집단상담자의 개입에 대해서 느낀 점을 나누어 봅시다.

4) 집단상담자의 개입을 검토하고, 대안 반응을 논의해 봅시다.

실습 2

사례: 자기애성 성격장애

1. 사례 1에 대한 분석

다음의 사례를 읽으며 조별로 토의해 봅시다.

20대 후반의 여성 집단원 A는 그동안 집단에서 남자친구와 사귀게 된 이야기, 관계가 잘 진행된다는 이야기를 해 왔었다. A가 남자친구에 대한 이야기를 할 때 특별한 감정을 느끼기 어렵게 무미건조한 방식으로 이야기하였고, 특별히 관계가 잘 진전되기를 바라는 마음을 느끼기 어려웠다. 몇 주 후 A는 갑작스럽게 남자친구와 헤어졌다고 이야기를 하였다. 배경을 탐색한 결과, A는 그동안 남자친구와의 관계에서 계속 문제가 있었는데 그런 문제를 보기를 회피해 왔다는 것이 분명해 보였다. A는 자신이 괜찮은 사람이라고 느끼기 위해 남자친구가 필요했던 것이라고 말을 하면서, 그 결과 그등안 자신의 남자친구가 자신이 원하는 모양의 남자친구라는 환상 속에 있었고, 그러다 보니 그 사람이 가진 문제점, 좋은 점들을 보기를 거부했던 것 같다고 말을 한다. 집단은 A가 남자친구의 실제를 보기를 회피했던 것, 또 그러한 이야기를 집단에서 진지하게 나누지 않는 모습을 비판하기 시작한다.

1) 집단원 A가 남자친구의 문제를 보는 것을 회피했던 이유를 생각해 봅시다.

____

____

____

2) 집단원 A가 집단에서 남자친구에 대해 이야기를 하는 것을 회피한 이유는 무엇인지 생각해 봅시다.

____

____

____

3) 집단원 A가 남자친구와 집단을 대하는 방식에 어떤 공통점이 있는지 생각해 봅시다.

4) 집단원 A는 집단상담자에게 어떠한 역전이를 유발할 수 있을지 생각해 봅시다.

5) 집단원 A의 문제를 사례개념화해 봅시다.

6) 집단원 A에게 적절한 개입은 무엇인지 논의해 봅시다.

2. 사례 2에 대한 분석

다음의 사례를 읽으며 조별로 토의해 봅시다.

30대 중반의 남성 집단원 B는 다른 집단원들이 이야기할 때면 상대방의 이야기를 집중해서 듣지 않고 지루해하는 모습을 보인다. 상대방이 중요한 집단 작업을 할 때도 참여하기보다는 뒤로 빠져 있고, 어떤 때는 상대방이 지금 몇 분 동안 이야기를 하고 있는지 재고 있는 것처럼 시간을 계속 체크한다. 또한, B는 다른 사람이 이야기를 하면 어떻게 해서든 자기와 연관 시켜서 자기 이야기를 하는 모습을 보이곤 했다. 집단원이 결석을 하면 아쉬워하기보다는 자신이 말할 시간이 좀 더 많겠다는 말을 아무렇지 않게 한다. B는 또한 집단상담 시작 전에 집단상담자와 둘이서 이야기할 기회를 바라며 늘 집단에 조금 일찍 오곤 한다.

오늘 회기에서는, 그동안 집단에서 이성관계로 힘들어했던 집단원 C가 드디어 남자친구와의 관계가 잘 진전되어 결혼 날짜를 잡았다고 말을 했고, 모두들 이에 대해 기쁨을 표시하고 있다. 집단원 A는 평소처럼 시계를 여러 번 보더니 “그럼 C 님 이제 집단 그만 하시겠네요?”라고 말을 한 후, 집단상담자 쪽으로 몸을 돌리더니 “C 님이 집단을 나가시면 새로운 집단원은 안 받으면 좋겠네요”라고 말을 한다. 많은 집단원들이 화나는 얼굴을 하면서, “B 님이 사람에 대한 배려가 부족하구나 하고 생각은 했지만, 그래도 뭔가 이유가 있겠지 싶어서 이해해 보려고 했어요. 그런데 이 건은 정말 너무하네요.”라고 하면서 언제 C가 집단을 그만둔다고 했느냐, 왜 C가 잘된 것에 대해 같이 기뻐해 줄 수 없느냐라고 말을 한다. B는 이에 대해 진심으로 이해가 안 된다는 표정을 지으며, “나는 없는 것을 C가 갖게 되었는데 여러분은 어떻게 기뻐할 수 있나요?”라고 말을 한다.

출처: 본 사례는 Motherwel & Shay(2005)의 Complex dilemmas in group therapy의 사례를 수정한 것임.

1) 집단원 B의 수치심과 열등감 어떻게 표현되고 있고 있으며, 행동에 어떤 영향을 미칠 수 있는지 나누어 봅시다.

2) 집단원 B는 집단상담자에게 어떠한 역전이를 유발할 수 있을지 생각해 봅시다.

3) 집단원 B에 대한 사례개념화를 해 봅시다.

4) 집단원 B에게 적절한 개입이 무엇일지 논의해 봅시다.

3. 모의집단상담

사례 1과 2에서 제시가 된 시나리오를 바탕으로 모의집단상담을 실습합니다.

1) 집단상담자로서 느낀 점을 나누어 봅시다.

2) 집단원으로서 느낀 점을 나누어 봅시다.

3) 집단상담자의 개입에 대해서 느낀 점을 나누어 봅시다.

4) 집단상담자의 개입을 검토하고, 대안 반응을 논의해 봅시다.

실습 3

감정 인식과 경험 촉진

1. 사례 1

20대 중반의 여성 집단원 A는 지난주 삼촌이 돌아가셔 장례식에 참석하느라 집단을 빠지게 되었다. 집단원들이 삼촌의 죽음에 대한 위로를 표하며 집단원 A의 마음을 살핀다. A는 삼촌에 대해 좋은 기억이 많다고 하며 담담하게, 웃는 모습을 보인다. 집단원 A의 어머니는 미혼모로 집단원 A를 키웠고 어린 시절 할머니, 할아버지, 삼촌과 함께 살았다고 한다. 집단원 A는 삼촌에 대해 좋은 어린 시절 기억을 가지고 있다. 커서는 정치적 관점이나 삶의 가치관에서 삼촌과 차이를 느끼지만, 어린 시절 그녀에게 삼촌은 아버지와 같은 존재라고 말을 한다.

1) 집단원 A가 삼촌에 대한 감정에 접촉할 수 있도록 개입해 봅시다.

2. 사례 2

다음의 사례를 읽으며 조별로 토의해 봅시다.

이혼남인 집단원 하늘은 집단에서 전처에 대한 불만을 지속적으로 이야기해 왔다. 그는 전처가 자신을 떠난 일에 강박적으로 몰두해 있으며, 그 결과 지금-여기에서 다른 집단원들과 상호작용을 맺는 데 어려움을 보였다. 이에 집단상담자는 집단원들에게 하늘의 이야기를 듣는 것이 어떤지 묻고, 하늘의 결혼생활과 집단 내 행동 사이에 유사한 점이 있는지 언급한다. 이러한 개입에 대해 일부 집단원들은 눈을 크게 뜨거나 지루한 표정을 짓는 등 비언어적 반응을 보인다. 다른 집단원들은 하늘의 이야기를 듣는 것이 힘들고, 그의 감정을 이해하기 어렵다고 하거나 집단 시간이 낭비되는 것 같다고 말한다. 하늘이는 이러한 집단원들의 피드백에 기분 나쁜 표정을 지었으나, 직접적으로 표현하지 않고 삐친 듯 가만히 있는다. 집단상담자는 하늘이가 집단에서 피드백에 반응하는 방식과 전처와의 갈등에서 보인 반응 사이에 유사성이 있다고 이야기를 한다. 집단 작업을 통해 하늘이는 결혼생활 당시 아내가 자신을 비난할 것에 대한 깊은 불안과 두려움이 있었으며, 이를 차단하려 했음을 인식하게 된다. 또한 그는 이러한 패턴이 부모가 어린 시절 언제나 차갑고 비판적이었던 경험과 연결되어 있음을 이야기한다.

1) 하늘이가 자신에 대한 사람들의 비판에 대한 불안감, 두려움에 접촉해 보고, 그것의 의미를 탐색해 볼 수 있도록 개입해 봅시다.

3. 사례 3

집단원 광수는 집단상담이 끝날 때 회기 정리 시간이면 늘 삶에 대한 무의미감에 대한 감정을 표현한다. "집단상담도 별로 도움이 되지 않는 것 같아요. 뭐 집단이 문제가 아니라 제 문제입니다. 특별히 하고 싶은 것이 없고, 그런데도 왜 계속 집단에 오는지 모르겠어요."라고 말한다. 집단상담자는 광수가 이러한 감정을 특히 집단이 끝날 즈음 반복해서 표현한다는 점을 이야기하고, 그의 느낌이 집단의 종료나 사람들과의 이별과 관련이 있는지를 묻는다. 이러한 해석은 광수가 집단에서 여러 차례 언급한 바 있는 버림받음에 대한 두려움과 강한 분리불안의 감정을 근거로 한다. 집단상담자는 다른 집단원들에게 광수의 삶에 대한 무의미감, 무력감에 대해 어떻게 느끼는지 묻는다. 어떤 집단원들은 광수가 사람들을 밀쳐내는 것 같아 화가 난다고도 하고, 자신이 중요한 사람이 아니라고 말하는 것 같다는 느낌을 표현하기도 한다. 집단상담자는 혹시 삶에 대한 무의미감을 다른 사람들도 느껴 본 적이 있는지 묻고, 혹시 모두가 느끼는 이러한 감정을 광수에게 투영함으로써 우리는 느낄 필요가 없었던 것은 아닌지 묻는다.

1) 광수가 무망감, 무의미감이라는 감정을 통해 사람들과 거리를 두는 패턴을 인식하고, 감정 작업을 통해 광수가 집단에서 분리되지 않고 통합될 수 있게 개입해 봅시다.

실습 4

정서적 리더, 도전적 리더, 희생양 리더에 개입하기

1. 사례 1

나무는 집단원들의 감정에 민감하게 반응하며, 공감과 지지를 아끼지 않는다. 많은 집단원들이 나무에게 진심으로 고마움을 표현하는 일이 많았다. 한 집단원은 나무가 친정 언니처럼 무슨 이야기를 해도 될 거 같은 느낌이 든다고 표현하기도 했다. 어느 날 집단상담자(바람)는 집단원인 구름이 반복적으로 회피적인 태도를 보이고, 중요한 자신의 이야기를 가볍게 이야기하는 것에 주목하고, 그에게 집중적인 개입을 시도했다.

그런데 이 개입 도중, 나무가 끼어들어 집단상담자의 개입 방식에 의문을 제기했다.

"바람 님, 지금 구름을 너무 몰아붙이시는 것 같아요. 구름은 지금 준비가 안 된 것으로 보여요."

이 발언 이후 구름은 침묵하고, 다른 몇몇 집단원들도 나무를 동조하는 반응을 보인다. 집단상담자는 순간적으로 자신의 리더십이 도전받고 있다는 감정, 그리고 나무가 집단의 중심이 되어 가는 듯한 불편감을 느낀다.

1) 집단상담자로서 나무의 입장을 헤아려 보고, 치료적으로 개입해 봅시다.

2. 사례 2

다음의 사례를 읽으며 조별로 토의해 봅시다.

집단상담에 참여한 낙엽은 여러 집단상담의 경험이 있다. 그는 집단 초반부터 집단상담자(바람)의 말이나 기법에 대해 자주 질문을 던지며, "그렇게 하면 정말 도움이 되나요?", "왜 그렇게 질문하시죠?"와 같은 말을 자주 한다.

어느 회기에 집단상담자는 집단원 나비의 돌아가신 아버지에 대한 애도작업을 하기 위해 빈 의자 기법을 사용하려 했다. 나비는 감정이 매우 복받쳐 있는 상태였고, 집단상담자는 나비를 초대하고 있었다.

이때 낙엽이 말을 끊고 비판적으로 말한다.

"바람 님, 이런 방식이 효과가 있다고 보시나요? 이건 너무 연기 같고 억지 같아요."

집단상담자는 개입이 방해받았다는 느낌을 받아서 "낙엽 님, 지금 나비 님와 중요한 작업을 진행하고 있는 중입니다. 이 방식의 효과 유무에 대한 판단은 잠시 뒤로 미룰까요?"라고 말하였다.

그러나 낙엽은 이것은 집단이고, 자신은 집단에 참여하는 집단원이기 때문에 집단에서 벌어지는 일을 자유롭게 말할 수 있다고 대응하였다.

1) 집단상담자로서 낙엽의 입장을 헤아려 보고, 치료적으로 개입해 봅시다.

3. 사례 3

집단상담의 경험이 많았던 모래는 상담 분야의 대학원에 입학했다. 집단 시작 시점부터 그의 태도는 이미 리더에 가까웠다. 모래는 다른 집단원들에게 조언을 건네고 방향을 제시했다. 하지만 정작 자신에 대해서는 거의 나누지 않았다. 감정을 드러내거나 연약함을 인정하는 일은 드물었고, 대신 그는 집단에서의 '전문가'로서의 위치를 지키려 하며, 다른 집단원들로부터 피드백이 오면 곧잘 불편해하며 방어적인 태도를 보이곤 했다.

모래는 집단상담자의 말과 반응에 민감하게 반응했으며, 다른 집단원의 말에는 진심 어린 관심을 보이지 않았다. 시간이 지나면서 다른 집단원들은 점차 그에게 거리감을 느끼기 시작했다. 집단상담자 역시 점점 모래가 집단의 흐름에 방해가 된다고 느끼며, 그와의 상호작용 속에서 긴장감을 경험하였다.

1) 집단상담자로서 모래의 입장을 헤아려 보고, 치료적으로 개입해 봅시다.

제8장

비구조화 집단

학습목표

1. 비구조화 집단상담의 목적과 기능을 이해한다.
2. 비구조화 집단상담의 과정에 대해 학습한다.
3. 집단상담자의 역할과 자질을 이해한다.

들어가며

- 비구조화 집단상담의 경험이 어떠했는가?
- 비구조화 집단을 시작하기 어렵게 하는 이유는 무엇인가?

비구조화 집단은 과정 중심의 집단으로, 구조화 집단과 달리 사전에 계획된 활동이 없다. 대신 집단 내에서 발생하는 '지금-여기(now-here)'의 상호작용과 집단과정 자체에 초점을 맞추어 치료적 효과를 얻고자 하는 형태이다(강진령, 2019a, 2019b). 따라서 이러한 상호작용 중심 집단에서는 집단상담자가 주로 집단원 상호 간 또는 집단 전체와의 상호작용을 촉진하게 된다(Earley, 2004).

일반적으로 구조화 집단 운영부터 집단상담 경험을 시작하는 경우가 많기 때문에, 집단상담자는 비구조화 집단 운영에 대해 부담을 느낄 수 있다. 권경인, 현은정과 성윤희(2020)의 연구에 따르면, 숙련된 집단상담자들 역시 비구조화 집단을 운영하는 데 필요한 자질, 제한된 시간 내 집단을 자연스럽게 마무리하는 역량, 집단 역동에 따라 예기치 않게 발생하는 상황에 대처하는 방법 등에 대해 교육적 요구를 나타낸 바 있다.

이번 장에서는 비구조화 집단의 주요 기능과 첫 세션을 중심으로 한 집단과정을 설명하고, 집단상담자의 역할 및 자질에 대해 간략히 논의하고자 한다. 집단상담자의 역할과 자질은 구조화 여부와 관계없이 모든 집단상담 상황에서 공통적으로 요구되는 내용이라고 할 수 있다.

1. 비구조화 집단의 기능

사람들의 많은 심리적 문제가 대인관계의 문제에서 유래한다. 개인의 정서적 문제는 종종 원가족이나 중요한 타인과의 관계 속에서 형성되기 때문에, 이러한 문제들은 본질적으로 관계의 문제로 볼 수 있다. 집단원이 표면적으로는 개인적 문제로 보이는 우울이나 불안을 호소하더라도, 그 기저에는 대인관계적 어려움이 자리하는 경우가 많다. 그러므로 구조적 제한을 최소화하고 구성원 간의 자발적인 상호작용을 촉진하는 비구조화 집단은 집단원으로 구성되는 축소된 사회를 만들어 대인관계의 문제를 효과적으로 다룰 수 있다(Yalom & Leszcz, 2025). 구체적으로 살펴보면 다음과 같다.

집단이 시작되고 시간이 흐르면서 집단원들은 점차 자신의 본래 모습을 드러내기 시작한다. 집단원들은 자신들이 사회적 상황에서 다른 사람과 상호작용하는 방식대로 집단에서 상호작용을 하고, 지금까지 만들어 왔던 모습의 대인관계를 집단 내에서도 만들어 낼 것이다.

집단이 진행되면서 구성원들 사이에는 점차 미묘하고 복합적인 상호작용이 나타난다. 이러한 과정 속에서 집단은 하나의 작은 사회처럼 기능하게 되며, 그 안에서 각 집단원은 자신이 일상에서 사용해 온 고유한 방어 행동을 드러낸다. 특히, 상호작용이 자발적으로 일어날수록 이 축소된 사회는 더 빨리 발달하게 되고, 그 결과 각 집단원이 지닌 핵심적인 대인관계 문제나 행동 양식이 자연스럽게 재현된다. 이러한 재현은 집단상담의 중요한 치료적 기회로 작용한다.

따라서 집단상담자는 집단원들이 반복적으로 드러내는 부적응적 대인관계 패턴을 인식하고, 피드백과 자기성찰의 과정을 통해 스스로 통찰을 얻도록 돕는다. 집단상담의 과정에서 집단원들은 점차 자신이 타인에게 어떻게 비춰지는지를 객관적으로 바라보게 되며, 자신의 행동이 일정한 대인관계 패턴으로 반복되고 있음을 깨닫는다. 이어서 이러한 행동이 왜 나타나는지, 즉 그 내면에 자리한 심리적 동기와 감정을 이해하게 되고, 나아가 자신이 현재의 성격적 · 정서적 상태에 이르게 된 근원을 통찰하게 된다(Yalom & Leszcz, 2025).

2. 비구조화 집단과정

1) 첫 세션 시작하기

집단상담을 시작할 때 상담자는 집단의 규칙과 규범을 함께 논의하며, 참여자들이 집단의 진행 방식에 대해 이해할 수 있도록 안내해야 한다. 특히 비구조화 집단에서는 상호작용이 집단의 중심 과제가 될 것임을 명확히 제시할 필요가 있다. 이때 상호작용적 작업이란 집단 내에서 서로에 대한 감정이나 관계, 그리고 그 순간의 경험을 솔직하게 나누는 과정을 의미한다.

상호작용이 활성화되기 위해서는 집단이 심리적으로 안전하고 지지적인 분위기 속에서 운영되어야 한다. 집단상담자는 비난이나 비판적 언행을 세심하게 조절하여, 구성원들이 자신의 생각과 감정을 자유롭게 표현할 수 있도록 돕는다. 이를 통해 집단원들은 자신의 경험을 검열 없이 탐색하고 타인의 반응을 수용할 수 있는 공간을 확보하게 된다.

비구조화 집단에서는 구조화된 활동을 병행할 수도 있으나, 때로는 특별한 과제 없이 자연스럽게 대화를 시작할 수도 있다. 예를 들어, 집단 초기에는 "다른 집단원 한 사람을 선택해 첫인상이나 느낀 점을 이야기해 보세요."와 같은 방식으로 대화를 열어 상호작용의 감각을 배우도록 도울 수 있다. 이러한 시도의 목적은 정답을 찾는 것이 아니라, 집단원들이 상호작용 중심의 대화 방식을 배우고 익히는 것이다.

집단의 목적과 기대에 대해 집단원들이 함께 논의할 시간을 갖는 것은 중요하다. 집단상담자는 집단 내에서 무엇을 해야 하는지를 구체적으로 지시하기보다는, 집단원들이 서로의 관계를 탐색하고 자신들의 회피 행동을 인식하도록 돕는 역할을 수행한다. 아울러 집단상담자는 모든 집단원이 상호작용에 참여할 수 있도록 격려해야 한다. 이러한 과정을 통해 집단원들은 자신이 집단의 일원이라는 소속감을 느끼고, 점차 상호작용에 적극적으로 참여하게 된다(Yalom & Leszcz, 2025).

2) 상호작용 촉진하기

집단상담의 핵심은 집단원 사이의 '지금-여기' 상호작용을 통해 자신의 대인관계 패턴을 인식하고 변화하는 것이다. 집단 안에서 느끼는 감정과 관계 경험을 나누는 과정이 곧 치료의 과정이다. 다음은 집단에서 상호작용을 촉진하는 실천 방안이다(Earley, 2004; Yalom & Leszcz, 2025).

(1) 상호작용적 작업 강화하기

상호작용적 작업을 강화하기 위해서는 무엇보다도 그러한 상호작용을 집단원에게 분명하게 격려하고 요청해야 한다. 개인 자문 시간을 통해 집단원들에게 자신의 감정에 접근하도록 하고, 이러한 감정을 집단에서 꺼낼 수 있음을 설명한다. 이는 집단에서 자발적인 상호작용을 촉진하는 방법이다. 집단원이 상호작용을 회피하는 듯한 모습을 보일 때는 그 망설임 이면에 있는 정서적 요인을 탐색하도록 돕는다. 또한 집단 안에서 드러나는 미묘한 정서적 반응에 주목하고 이에 대해 질문하는 것도 중요하다.

집단 밖의 문제를 다루는 것이 필요할 때라도, 반응의 초점은 집단원과 집단이 맺는 관계에 두어야 한다. 그러나 집단 밖 문제가 집단 내의 대인관계적 유사성을 보이는 경우에는 이를 다루어야 한다. 즉, 한 집단원의 집단 밖 문제가 다른 집단원에게 정서적으로 공명하거나 마음에 와닿는다면, 집단상담자는 집단원들이 자신의 삶 속에서 경험한 유사한 문제를 함께 나누고 탐색하도록 촉진해야 한다. 그리고 집단 밖의 문제에 대해 말하면서 표현하는 방식에 주목하고, 그 밑에 있는 감정에 대해 접촉하도록 한다. 개인 작업이 필요하지만, 너무 많은 개인 작업이 이루어지지 않도록 주의해야 한다. 그렇지 않으면 집단원들이 집단 밖의 문제에 대해 점점 더 많이 언급하게 될 수 있다.

집단 밖의 문제를 다룰 때에는, 이를 집단 내 상호작용적 작업으로 전환하는 것이 중요하다. 한 집단원이 집단 밖의 문제를 꺼낼 때, 집단상담자는 그 주제가 집단 안의 다른 집단원에게 어떤 유사한 감정이나 반응을 일으키는지 질문하거나, 이전에 집단에서 유사한 문제를 발견한 적이 있다면 그 점을 언급할 수 있다. 집단상담자는 집단원에게 집단 내 상호작용 과정에서 해당 주제와 관련된 반응이 언제, 어떤 상황에서 일어나는지를 주의를 기울이고, 자신의 반응이 일어날 때 이를 인식하여 즉시 표현하도록 요청해야 한다. 특히, 타인과의 관계 맺기나 정서적 접근을 어려워하는 집단원에게는, 집단 안에서 가까워지고 싶은 한 사람을 지목하게 하는 방법이 효과적이다.

집단상담자는 집단원이 자신의 문제를 집단 앞에 꺼내 놓을 때, 그것이 어떤 느낌으로 다가오는지를 질문할 수 있다. 또한 그 문제에 대해 이야기하면서 집단원들이 집단으로부터 무엇을 기대하거나 바라는지를 탐색하도록 도와, 집단과의 정서적 접촉이 이루어지도록 한다. 혹은 집단 밖의 문제를 함께 나누고 싶은 사람을 집단 내에서 한 명 선택하게 하고, 그들 간의 정서적 접촉을 탐색하도록 돕는다.

(2) 솔직함을 강조하기

상호작용 중심적 집단에서는 자신의 감정에 솔직한 것이 중요하다는 점을 강조한다.

그러나 집단원들은 그러나 많은 집단원들은 솔직함이 자신이나 타인에게 상처를 줄 수 있다는 두려움 때문에 솔직하기 어려울 수 있다. 이때 집단상담자는 이에 대해 직접적으로 도전하지 않는다. 직접 도전하게 되면, 집단원은 강요당하거나 자신의 명예가 손상되는 것으로 경험하게 되고, 그로 인해 치료적 동맹이 손상될 수 있기 때문이다. 집단상담자는 "그 사람이 자신이 느끼고 있는 모든 것을 다 이야기하고 있지 않은 것 같다" 정도로 표현하는 것이 좋다.

집단원들이 서로에 대해 주고받는 이야기를 온전히 믿지 못할 때 서로에게 도전을 하도록 격려해야 한다. 집단원들은 이러한 종류의 도전을 해도 된다는 승인이 필요하다. 예를 들어, 어떤 집단원이 다른 집단원의 말을 믿지 못하는 듯한 태도를 보일 경우, 집단상담자는 "방금 ○○이 한 말을 당신은 믿습니까?"라고 물을 수 있다. 비록 집단원이 '믿는다'고 대답하더라도, 이러한 개입은 솔직한 피드백과 정직한 상호작용이 허용되는 집단 규범을 확립하는 데 도움이 된다.

(3) 부정적 감정 표현에 대한 공감적 이해를 통해 이를 수용하기

부정적인 감정 표현 자체가 일상생활에서는 두려운 경험이기에 집단에서 이를 표현한다는 것 자체가 대단히 용기 있는 행동이므로, 이 용기에 대해 격려하고 수용해 주어야 한다. 부정적 감정을 표현했을 경우, 격려한 후에 다루어야 할 주제는 다음과 같다.

부정적 감정을 표현한 후 다루어야 할 주제

- 내담자의 부정적 정서의 강도 및 방향의 적절성 탐색
- 부정적 정서 표현 방식의 적절성 확인
- 부정적 경서 이면에 숨어 있는 욕구(소망, 바람) 탐색
- 부정적 정서 표현 후 자신의 감정 및 생각의 변화 탐색
- 부정적 정서 표현 후 타인(표현의 대상자 및 다른 집단원)의 정서 및 사고의 변화 탐색

부정적 감정뿐 아니라 긍정적 정서 (즐거움, 기쁨, 타인에 대한 감사) 표현 역시 수용과

격려가 필요하다. 긍정적인 감점을 표현했을 때 다루어야 할 주제는 다음과 같다.

긍정적 감정을 표현한 후 다루어야 할 주제

- 긍정적 정서 표현의 적절성 확인
- 긍정적 정서 이면의 요구(소망, 바람) 탐색
- 긍정적 정서 표현 후 자신 및 타인의 감정 및 생각의 변화 탐색

3. 집단상담자의 역할과 자질

Lieberman, Miles, 그리고 Yalom(1973)은 요인분석을 통해 집단상담자의 주요 기능을 네 가지로 구분하였다. 이는 집단을 구조화하고 방향을 제시하는 운영 기능, 구성원에 대한 공감과 돌봄을 담당하는 돌봄, 집단 내 정서적 표현을 자극하는 정서 자극, 그리고 경험의 의미를 탐색하고 해석을 돕는 의미 부여이다. 이후의 연구에서는 이러한 네 가지 기능에 더해, 집단원의 자기인식 증진, 치료적 집단규범의 확립, 상담자의 투명성과 자기 활용 또한 중요한 역할로 제시되고 있다(The American Group Psychotherapy Association, 2007).

1) 집단상담자의 역할

(1) 운영 기능(executive function)

운영 기능은 집단의 구조와 경계를 설정하고 유지하는 역할을 포함한다. 집단상담자는 집단의 규칙과 한계를 명확히 하고, 시간을 관리하며, 집단원이 이탈하거나 혼란이 생길 때 이를 중재해야 한다. 즉, 집단상담자는 집단의 경계가 잘 유지되고 있는지를 항상 주의를 기울여야 한다. 집단상담자가 주의해야 할 몇 가지 사안은 다음과 같다.

집단운영 시 주의점

- 집단원의 참석 관리
- 집단운영 시간 관리
- 집단원들이 중요한 주제에 적극적으로 참여하고 있는지 확인
- 집단원들의 정서적 표현이 치료적 작업을 촉진하는 형태인지 점검
- 집단원들의 불안 수준이 적정한지 확인

(2) 돌봄(caring)

집단상담자는 집단원들의 안녕과 그들이 받는 치료의 효과를 고려해야 한다. 이는 집단상담에서 매우 중요한 요소로, 집단의 분위기와 치료적 환경을 결정짓는 핵심적인 부분이다. 집단상담자는 집단원들이 서로를 어떻게 대하고 존중하는지에 대한 분위기를 설정하며, 집단 내에서 신뢰와 상호 존중이 유지되도록 해야 한다.

집단상담의 목적은 집단원들이 서로에게 도움이 되려는 노력을 기울이는 환경을 만드는 것이다. 집단원들은 서로의 복지를 위해 최선을 다한다는 믿음을 가져야 하며, 이는 집단원들이 비판적인 피드백을 받을 때도 적용된다. 집단원들은 자신에게 주어진 피드백이 궁극적으로는 도움을 주려는 것임을 느낄 수 있어야 한다.

집단상담자는 이러한 신뢰가 손상되었다고 느낄 때, 이를 해소하기 위해 노력해야 한다. 집단원들이 서로에게 신뢰를 잃게 되는 상황이 발생하면, 집단상담자는 이를 해결하고 집단원들이 다시 신뢰를 회복할 수 있도록 도와야 한다. 이는 집단 내의 모든 상호작용이 긍정적이고 지원적인 방향으로 이루어질 수 있도록 하는 데 필수적이다.

(3) 정서 자극(emotional stimulation)

집단상담에서 집단상담자는 집단원들이 자신의 감정, 가치, 개인적인 태도들을 자유롭게 표현하도록 장려하는 노력을 기울여야 한다. 이는 집단과정이 치료적으로 이루어지기 위해 매우 중요한 요소이다. 정서가 담긴 대화는 집단원들이 자신의 내면을 탐색하고, 타인과의 관계에서 느끼는 감정들을 표출할 수 있는 기회를 제공한다.

그러나 동시에 집단상담자는 집단원들이 '지금-여기'의 상호작용 속에서 서로의 반응을 관찰하고 배우며, 자기성찰의 과정을 경험할 수 있도록 조율해야 한다. '지금-여기'의 상호작용은 집단원들이 현재 순간에 발생하는 감정과 행동을 중심으로 이루어지는 상호작용을 의미한다. 이 과정을 통해 집단원들은 자신의 행동과 감정이 집단 내에서 어떻게 받아들여지고 이해되는지를 깨닫게 된다.

이러한 자기성찰은 단순한 감정 표현을 넘어, 그 감정이 집단 내에서 어떤 반응을 불러일으키는지, 그리고 타인에게 어떤 의미로 전달되는지를 돌아보게 한다. 이를 통해 집단원들은 타인에 대한 이해와 공감 능력을 넓히고, 자신의 대인관계 방식을 인식하며 변화시킬 수 있다.

(4) 의미 부여(meaning-attribution)

집단상담자는 집단원들이 자신과 타인, 그리고 집단 밖 사람들의 행동과 감정을 더 깊이 이해하도록 돕는다. 이러한 이해는 단순한 지적 통찰을 넘어, 자신의 삶을 변화시키는 구체적 행동으로 이어질 수 있어야 한다. 그러나 중요한 점은, 이해와 통찰의 발달이 결코 정서적으로 중립적인 경험이 아니라는 것이다. 집단원들에게 진정으로 도움이 되는 통찰은 정서를 포함하는데, 그 이유는 집단원들이 다루고 있는 문제가 정서적으로 중요한 문제들이기 때문이다. 집단원에게 진정한 의미를 갖는 통찰은 종종 감정적 깊이를 동반하며, 이는 집단의 치료적 변화를 이끄는 핵심 동력이다.

통찰은 여러 방식으로 촉진될 수 있다. 집단상담자의 해석은 중요한 촉진 도구 중 하나이다. 집단상담자는 집단원들의 행동과 감정에 대한 해석을 통해 새로운 이해를 제공할 수 있다. 그러나 통찰은 집단상담자의 해석만으로 이루어지는 것이 아니라, 집단원들 간의 상호작용 속에서도 발생할 수 있다. 집단원들이 서로에게 하는 코멘트는 종종 중요한 통찰을 유도한다. 이러한 상호작용은 집단원들이 서로의 경험을 공유하고, 그 속에서 자신을 더 깊이 이해하게 하는 중요한 요소이다.

이러한 과정을 통해 집단원들은 자신과 타인의 경험을 보다 깊이 이해하고, 이를 바탕으로 자신의 삶을 변화시키기 위한 구체적인 행동을 계획할 수 있게 된다. 통찰은 단순한 이해를 넘어서는 정서적 깊이를 가지며, 이는 집단상담의 치료적 효과를 극대화하는 데 중요한 역할을 한다.

따라서 집단상담자는 집단원들이 자신에게 정서적으로 중요한 주제에 대해 깊이 성찰하고, 그 경험 속에서 의미를 찾아낼 수 있도록 도와야 한다. 이를 통해 집단원들은 자신을 더 잘 이해하고, 삶의 방향을 새롭게 정립해 나갈 수 있다.

(5) 집단원의 알아차림 증진(fostering client self-awareness)

집단상담에서 가장 중요한 통찰 중 하나는, 집단원들이 타인이 자신에게 어떻게 반응하고, 자신의 행동이 타인에게 어떤 영향을 미치는지를 인식하는 것이다. 이러한 통찰은 집단 내에서의 대인관계 피드백을 주고받음으로써 발달한다. 집단원들은 서로의 반응을 통해 자신이 어떻게 보이는지를 알게 되고, 그 과정에서 이전에는 몰랐던 자신의 행동양식이나 감정 표현 방식을 새롭게 자각하게 된다. 이러한 통찰은 '대인관계 학습'의 핵심 요소이다(Yalom & Leszcz, 2025).

(6) 집단 규칙 설정(establishing group norms)

집단상담자는 집단원들에게 가르칠 교훈을 직접적으로 전달하기보다는, 치료적인 집단 규칙을 만들고 이를 강화하는 데 주력해야 한다. 집단 규범은 자연스럽게 발전하기도 하지만, 집단원들이 치료적으로 상호작용하도록 하기 위해 때로는 직접적인 개입이 필요하다. 이러한 개입은 다음과 같은 방법으로 이루어질 수 있다.

집단원들의 치료적 상호작용을 위한 집단상담자의 직접적 개입 방법

- 집단상담자는 선택적으로 반응하여 긍정적인 상호작용을 장려하고 부정적인 상호작용을 최소화한다.
- 집단상담자는 가장 가치 있다고 생각되는 질문을 미리 준비하여, 집단원들이 깊이 있는 생각을 하도록 유도한다.
- 집단원들이 특정한 방법으로 상호작용하도록 격려하여, 치료적 목표를 달성할 수 있도록 돕는다.

상호 간에 피드백을 주고받는 것은 집단상담자들이 가장 관심을 기울이는 대화 방식 중 하나이다. 집단상담자는 피드백에 대한 모델링을 위해 자신에게 주어지는 피드백이나 자신이 피드백을 요청했을 때, 가능한 개방적이고 방어적이지 않게 노력해야 한다.

또한, 집단상담자는 '지금-여기(here and now)'의 경험을 활용하여, 집단원 개인, 하위집단, 그리고 집단 전체에서 나타나는 주요 주제를 드러내도록 돕는다. 이를 위해 집단원들에게 지금 이 순간에 일어나는 사건이나 감정에 어떻게 반응하고 있는지를 묻고, 그 경험에 주의를 기울이게 할 수 있다. 집단원들이 다른 집단원들과 집단상담자에게 어떻게 관계 맺고 있는지 탐색하는 것은 모두의 불안 수준을 높이는 유용한 방법인데, 이는 배움의 기회를 강력하게 한다.

(7) 집단상담자의 투명성(transparency)과 self의 활용

집단상담자는 자신의 개인적 경험이나 감정을 집단에서 다룰 때, 그 목적이 분명해야 한다. 즉, 자기개방은 집단의 치료적 과정을 촉진하기 위한 수단일 때만 이루어져야 하며, 집단상담자의 불안이나 불편함을 해소하기 위한 방식으로 사용되어서는 안 된다. '정당한' 자기개방은 세부 사항을 적절히 유지하고, 초점을 집단원에게 두는 것이며, '과도한' 자기개방은 자신을 과장하고 초점을 집단상담자로 옮기는 특성을 가진다(Rachman, 1990).

집단상담자의 사적인 문제를 집단에 공개하는 것은 보편성을 통한 치료 효과가 있을 수 있지만, 일반적으로는 신중해야 한다. 집단원들 사이에 자기개방의 빈도와 깊이에서 큰 차이가 나지 않도록 집단상담자는 그 균형을 조정해야 한다(Yalom & Leszcz, 2025). 그러나 집단 작업과 관련된 자기개방은 일반적으로 유익하다. 집단상담자의 적절한 자기개방은 집단원의 경험이 정상적이라는 느낌을 주고, 집단원들 간의 자기개방을 촉진한다(강진령, 2019a, 2019b).

집단상담자는 집단 내에서 지금-여기와 관련된 반응을 함으로써 상호작용을 촉진해야 한다. 사실에 대해 말할 필요가 있을 때는 세부 사항을 지나치게 공개하지 않고, 집단원에게 미칠 영향을 고려해 신중하게 표현해야 한다. 예를 들어, 특정 집단원에게는 도움이 되더라도, 다른 집단원에게 혼란을 줄 가능성이 있다면 개입을 조정하는 것이 바람직하다. 또한 집단상담자에 대한 이상화가 필요한 단계의 내담자가 있을 경우, 자기개방은 일시적으로 유보하는 것이 좋다(Earley, 2004).

집단상담자는 자신의 존재가 단지 언어를 통해서만이 아니라, 목소리의 톤, 신체 자세, 복장, 상담실의 분위기 등 다양한 방식으로 표현된다는 점을 인식해야 한다. 집단상담자의 자기개방에는 집단 주제와 관련된 긍정적인 개인 경험을 나누거나, 집단원과의 상호작용에서 자신이 느낀 점을 공유하는 것도 포함될 수 있다. 이때 피드백은 집단원에게 부끄러움이나 방어심을 유발하지 않도록, 건설적이고 공감적인 방식으로 전달되어야 한다.

집단상담자와 집단원이 긍정적인 치료동맹을 맺고 관심과 걱정을 보이는 방식으로 피드백을 제공하는 것은 그 집단원뿐 아니라 집단 전체에도 긍정적인 영향을 미친다. 집단상담자는 집단에서 치료적인 상호작용을 촉진하며, 집단원들이 서로를 존중하고 지지하는 환경을 조성해야 한다. 이러한 환경에서 집단원들은 자신을 더 개방하고, 서로의 경험을 통해 배우며, 더 나은 대인관계를 형성할 수 있게 된다.

2) 집단상담자의 자질

(1) 자기수용

자기를 수용하는 집단상담자는 자신을 있는 그대로 받아들이고 인정하며, 자신의 약점조차도 자신의 일부로 받아들이는 태도를 가진다. 자기수용은 집단과정을 촉진하는 중요한 요소로 작용한다. 집단상담자가 자신이 완벽하지 않은 존재라는 사실을 인정하면, 집단원들 역시 있는 그대로 받아들일 수 있게 된다. 이를 통해 집단상담자는 집단원들과의 상호작용을 보다 정확하게 이해할 수 있으며, 이러한 이해는 집단과정의 촉진으로 이어진다(강진령, 2019a, 2019b).

집단상담자의 자기수용은 집단 내에서의 신뢰 형성에 중요한 역할을 한다. 집단원들이 집단상담자의 수용적인 태도를 경험하면, 그들 역시 자신의 약점을 더 쉽게 드러내고, 이를 통해 집단 내에서 더 깊은 수준의 상호작용이 가능해진다. 이는 집단의 치료적 효과를 극대화하는 데 기여한다.

또한, 자기수용은 집단상담자가 집단원들의 감정, 가치, 개인적인 태도들을 더 잘 이해하고 존중하는 기반이 된다. 집단상담자의 이러한 태도는 집단원들이 자신을 더욱 개방하고, 집단 내에서 더 자유롭게 표현할 수 있도록 도와준다. 결국, 이는 집단 전체의 역동성을 풍부하게 하고, 치료적 상호작용을 증진하는 결과를 낳는다.

따라서 집단상담자의 자기수용은 집단과정의 효과성을 높이는 데 필수적인 요소로 작용하며, 이를 통해 집단원들이 더 건강한 대인관계를 형성하고, 자신을 더 깊이 이해하는 과정을 돕는다.

(2) 개방적 태도

개방적 태도란 새로운 경험을 수용하고, 자신과 다른 모습의 삶과 그 가치를 열린 마음으로 받아들이는 자세를 말한다(강진령, 2019a, 2019b). 집단에서 필요한 경우 집단상담자는 자기 경험을 드러내기도 한다. 집단상담자의 솔직성과 편안한 자기개방은 집단원들에게 모델이 되며, 집단 분위기를 편안하고 진솔하게 만드는 요인으로 작용한다(권경인, 김창대, 2008). (* 집단상담자의 자기개방과 관련해서는 집단상담자의 역할 부분에서 상술하였으므로, 여기에서는 생략한다.)

개방적 태도를 지닌 집단상담자는 다음과 같은 특징을 보인다(강진령, 2019b).

- 쉽게 위협을 느끼지 않는다.
- 정서적으로 쉽게 불안정해지지 않는다.
- 부정적 피드백에 과민하게 반응하지 않는다.
- 집단원의 긍정적 피드백뿐만 아니라 교정적 피드백도 솔직하게 다룬다.

집단에서는 개인상담과 달리 집단상담자에게 반발하고 불만을 표현하는 일이 종종 발생한다(권경인, 김창대, 2008). 이들의 불만 중에는 정당한 것도 있지만, 시기심이나 질투, 권위에 대한 도전, 혹은 타인에 대한 감정의 투사로 인한 부당한 경우도 존재한다(강진령, 2019b). 개방적 태도를 지닌 집단상담자는 집단원들의 피드백이 긍정적이든 부정적

이든 치료적으로 의미가 있으며, 집단 발달 과정에서 집단상담자의 권위에 도전하거나, 집단상담자에게 타인에 대한 감정 투사가 발생할 수 있다는 것을 알기 때문에, 개방적인 자세로 그 원인과 자신의 감정을 탐색한다. 또한 자신의 실수를 방어하거나 회피하지 않고 인정하며, 이를 집단의 학습 자원으로 전환함으로써 집단원들에게 진정성과 자기성찰의 모범을 보인다(Earley, 2004).

개방적 태도를 지닌 집단상담자는 집단원들과의 신뢰를 쌓고, 집단 내에서의 상호작용을 촉진하는 데 중요한 역할을 한다. 이는 집단원들이 자신의 감정과 경험을 솔직하게 나누고, 서로의 피드백을 통해 성장하는 데 기여한다. 집단상담자의 개방적 태도는 집단의 치료적 효과를 극대화하며, 집단원들이 더 깊이 있는 자아성찰과 대인관계 형성을 할 수 있도록 돕는다.

(3) 위험 감수 경향

집단상담자는 집단원들이 저항하거나 공격적인 반응을 보일 때, 이를 단순한 위협이 아니라 성장과 작업의 기회로 인식하고 적극적으로 다룬다(권경인, 김창대, 2008). 집단상담자는 갈등이나 불편한 상황을 회피하지 않고 그 안에서 정서적 의미를 탐색하도록 돕는 태도가 필요하다. 이러한 위험 감수는 집단의 회복력과 변화를 신뢰하는 태도에서 비롯되며, 집단의 성장 과정을 촉진하는 중요한 자질이다.

(4) 다양성을 다루는 역량

뛰어난 집단상담자들은 다양성에 호감을 느끼며, 다양한 성격과 병리, 장애가 있는 사람들을 소화한다(권경인, 김창대, 2008). 이들은 집단원 간의 차이를 단순히 인정하는 데 그치지 않고, 그 다양성 속에서 배우려는 태도를 지닌다. 이러한 자세는 집단원으로부터 신뢰를 얻는 핵심 요인이다.

집단상담자는 다양한 삶의 경험을 통해 넓은 이해의 폭을 갖게 되며, 이는 서로 다른 가치관과 삶의 맥락을 지닌 집단원들을 공감적으로 이해하는 데 도움이 된다(강진령, 2019a, 2019b; Corey & Corey, 2015).

반면, 특정 문화나 집단에 대한 편견이나 고정관념을 지닌 집단상담자는 다양한 문화적 배경에 대한 이해가 부족하여 자신의 가치관을 집단원들에게 강요하거나 주입하려는 잘못을 범할 수 있다(Debiak, 2007). 그러므로 집단상담자는 자신의 삶의 문제를 인식하고, 자신이 경험한 사건에 대한 감정을 성찰하며, 다양한 관점에서 세상을 바라보려는 노력이 필요하다(강진령, 2019a, 2019b).

아무리 경험이 많은 집단상담자라 하더라도 집단원의 문제를 똑같이 경험할 수는 없지만, 인간의 감정은 어느 정도 보편적인 특징이 있어 원인은 다를지라도 비슷한 사건과 일에 대해 공통적인 느낌을 경험하게 된다(DeLucia-Waack et al., 2014). 이러한 보편성에 대한 이해는 집단상담자가 집단원들과의 상호작용에서 차이를 넘어 공감대를 형성하는 데 중요한 역할을 한다.

(5) 유머 감각

유머 감각은 집단원들에게 치료적으로 의미 있는 웃음을 선사할 수 있는 말이나 행동을 할 수 있는 능력으로, 기법이 아닌 집단상담자의 인간적 특성에 가깝다(강진령, 2019a, 2019b). 집단원들이 각자의 이슈에 깊이 몰입하면 시야가 좁아질 수 있는데, 집단상담자의 적절한 유머는 상황을 다른 각도에서 바라보게 하여 심리적 여유를 회복하도록 돕는다. 단, 유머와 농담은 집단원을 놀림거리나 희생양으로 만드는 데 사용되어서는 안 되며, 상대에 대한 존중과 배려, 돌봄이 전제되어야 한다.

(6) 자발적 모범

자발적 모범이란 집단상담자가 집단원들과의 대인관계에서 자발성, 개방적 태도 등을 실천하는 등 바람직한 행동의 모델 역할을 함으로써 집단원들의 행동 변화를 돕는 것을 말한다(강진령, 2019a, 2019b). 이때 모델 역할은 집단원의 욕구를 고려하여 이루어져야 한다. 모방학습의 기회는 집단과정을 촉진하는 강한 원동력이다.

집단규범은 집단 밖 사회의 문화와 규범과는 상당히 다르며, 집단원들은 집단 초기부터 자신들에게 익숙한 문화에서 벗어나 새로운 행동을 시도해 보도록 압력을 받게 된다. 집단원은 새로운 행동을 시도하는 것이 괜찮은지 우려할 수 있는데, 집단상담자의 모범은 이때 도움이 된다. 집단원들이 주저하는 행동을 집단상담자가 기꺼이 자유롭게 실행

했을 때, 긍정적인 결과가 나타나는 것을 직접 관찰하고, 이에 자극을 받은 집단원이 변화를 시도해 보게 하는 효과가 있다.

또한 집단 초기에 집단상담자의 행동은 집단규범 형성에 영향을 미친다. 집단상담자가 보여 주는 행동뿐 아니라 보여 주지 않는 행동 역시 메시지를 전달한다. 예를 들어, 불성실하게 집단을 참여하는 집단원에게 집단상담자가 아무런 반응을 하지 않는 것은 다른 집단원들에게 '집단은 빠져도 된다'라는 생각을 하게 하여, 집단규범에 영향을 미칠 수 있다.

(7) 공감적 이해 능력

공감적 이해는 집단원의 감정을 함께 느끼고, 이해한 것을 말과 행동으로 나타내는 것이다. 이는 집단상담자가 집단원의 정서를 실제로 경험해 보려는 태도에서 비롯되는 것으로(강진령, 2019a, 2019b), 정서적 교감에서 필수적이다. 공감적 이해는 집단원들에 대해 민감하고 정확하게 이해한 것을 바탕으로 집단원과 교류할 수 있게 한다. 집단 장면에서 집단상담자가 집단원들의 세세한 감정, 행동 또는 경험 모두에 대해 공감해 주지 못할 수 있으나, 이해하려는 의도를 갖고, 이를 전달하는 것이 중요하다.

(8) 심리적 에너지

심리적 에너지란 집단원들을 이해해 주고, 이들의 욕구를 충족시키기 위해 사용되는 집단상담자의 내적 자원으로, 이러한 자원은 집단이 효과가 있다는 믿음에 바탕을 두고 있으며, 이러한 에너지는 집단상담자의 전문가적 카리스마로 표현되기도 한다(강진령, 2019a, 2019b). 심리적 에너지가 충분한 집단상담자의 특징은 다음과 같다. 집단상담자는 자기를 솔직히 표현하고, 실행 중심적인 행동을 통해 집단에서 생동감 넘치는 리더십을 발휘한다(Gladding, 2016). 또한 자신의 약점을 기꺼이 인정하고 이를 숨기는 데 에너지를 쓰지 않으며(Chen & Rybak, 2018), 집단원이 스스로 통찰하여 변화한 것을 집단원이 노력한 결과로 돌려줌으로써 지속적인 변화 동기를 만들고, 일상생활에도 적용할 수 있는 힘을 북돋아 준다(강진령, 2019a, 2019b).

집단상담은 심리적·신체적 에너지가 필요한 과정이기 때문에 집단상담자는 자신의 에너지 수준을 자주 확인해야 한다. 일반적으로 예상치 못한 집단원의 저항을 만나거나, 집단원이 중도 탈락하거나, 집단 효과에 의문을 제기하는 집단원을 만나면 집단상담자의 심리적 에너지가 급격히 소모되기 쉽다. 또한 집단의 성과에 대해 비현실적으로 높은 기대를 하는 집단상담자, 집단의 성공에 매달리는 집단상담자, 집단원의 극적 변화를 기대하는 집단상담자는 집단에 대해 실망하고 비관적인 태도를 갖기 쉽다.

(9) 창의성

집단상담자의 창의성이란 기존의 운영 방식을 단순히 반복하지 않고 새로운 기법, 활동, 방식을 만들어 이를 집단상담에 적용할 수 있는 능력, 순간순간 독창적일 수 있는 능력, 이론적 접근을 기반으로 하되, 집단에서 나타나는 단서를 토대로 집단원의 문제를 탐색할 방법을 찾아내는 능력을 의미한다(강진령, 2019a, 2019b). 이러한 집단상담자가 이끄는 집단은 진부하거나 지루하지 않고 생생하다. 유머가 풍부한 집단상담자와 함께 집단을 이끌거나, 때때로 집단에서 약간의 거리를 유지하는 것은 창의적인 관점을 갖는 데 도움이 된다(강진령, 2019a, 2019b).

(10) 서두르지 않고, 기다림

뛰어난 집단상담자는 사람에 대한 신뢰와 집단의 회복력에 대한 믿음을 바탕으로, 집단원들이 스스로 상호작용할 수 있도록 서두르지 않고 기다릴 줄 안다(권경인, 김창대, 2008). 경험이 많아지면 집단상담자는 빠르게 진단하거나 결론을 내리려는 유혹에 빠질 수 있다. 그러나 진정한 기다림은 기회를 엿보며 결과를 재촉하는 '벼름'이 아니라, 집단원과 함께 머무르며 과정을 지켜보는 태도를 의미한다. 집단상담자가 너무 앞에 나서서 상황을 너무 명확하게 만들어 놓으면 집단원들이 다양하게 참여할 수 있는 기회가 제한된다.

(11) 집단과 집단원에 대한 신뢰

집단상담자는 문제보다는 가능성에 초점을 두는 태도를 유지해야 한다. 각 개인이 스스로 성장할 수 있는 내적 힘을 지닌 존재라는 집단상담자의 신뢰는, 집단상담을 운영하는 전 과정에서 중요한 영향력을 미친다(권경인, 김창대, 2008). 또한 집단원들은 집단에 기여할 수 있는 자원과 역량을 지니고 있다. 그들은 집단상담자가 제공하기 어려운 직접적이고 생생한 피드백을 주거나, 집단상담자가 해서는 안 되거나 하기 원치 않는 지지를 줄 수 있다. 때로는 집단상담자가 미처 인식하지 못한 부분을 발견하고, 집단의 어려움 속에서 서로의 통찰과 기술을 활용해 문제를 해결하기도 한다. 물론 집단이 치료적으로 기능하지 않을 때는 집단상담자의 개입이 필요하지만, 집단 자체가 서로를 도울 수 있는 힘을 지니고 있다는 점을 기억해야 한다(Earley, 2004).

(12) 유연함과 융통성

집단상담자는 집단상담에 대한 기대를 현실적으로 조절할 수 있어야 한다. 집단원에게 지나치게 높은 기대를 갖는 것은 집단상담자 자신의 욕구가 반영된 것임을 인식하여 이를 스스로 조절해 가는 과정은 상담자를 더욱 편안하고 유연한 상태로 이끈다(권경인, 김창대, 2008).

유연함과 융통성은 집단상담자의 중요한 자질로, 집단의 변화나 예상치 못한 상황에 대처할 수 있는 능력을 의미한다. 집단상담자가 유연한 태도를 가질 때, 집단원들은 보다 자유롭게 자신의 문제를 탐색하고, 다양한 해결 방안을 시도할 수 있는 심리적으로 안전한 환경을 경험하게 된다. 이는 집단원들의 자율성을 존중하고, 그들의 개별적인 필요와 목표에 맞춘 접근 방식을 가능하게 한다.

또한 유연한 집단상담자는 자신의 이론이나 방법에 경직되지 않고, 집단의 흐름과 집단원들의 반응에 따라 개입의 방향을 적절히 조정할 수 있다. 이러한 접근은 집단 내에서 창의적이고 개별화된 개입을 가능하게 하며, 집단원들의 참여와 몰입을 더욱 높이는 결과로 이어진다.

실습 1

비구조화 집단상담 운영하기

방법

- 집단상담자, 관찰자, 집단원의 역할을 나눈다.
- 비구조화 집단의 오리엔테이션이 끝난 이후 시점부터 시작한다.

1) 집단상담자로서 느낀 점을 나누어 봅시다.

2) 관찰자로서 느낀 점을 나누어 봅시다.

3) 집단원으로서 느낀 점을 나누어 봅시다.

4) 집단상담자의 개입에 초점을 두고 느낀 점을 나누어 봅시다.

5) 집단상담자의 개입을 검토하고, 대안 반응을 논의해 봅시다.

제9장

집단 종결 및 평가

학습목표

1. 집단의 종결(매 회기, 전체 집단) 시 과업, 어려움과 대처 방안을 이해한다.
2. 집단 종결 후 집단원과 집단원, 집단원과 집단상담자의 관계 설정에서 나타나는 어려움의 해결 방안을 모색한다.
3. 집단성과 평가를 이해한다.
4. 집단 종결 단계에서 나타날 수 있는 집단상담자의 역전이를 이해한다.

들어가며

- 집단 종결 시 어떤 어려움이 있었는가? 그 어려움을 어떻게 대처했는가?
- 집단 종결 시 성과를 어떻게 평가했는가?
- 집단 종결 시 어떤 감정을 경험했는가? 이러한 감정이 집단 종결 과정에서 어떠한 영향을 미쳤는가?

집단의 종결은 치료의 마침표가 아니라(Yalom, 1985), 집단과 집단원의 변화를 이끄는 과정의 한 단계로 이해되어야 한다(Yalom & Leszcz, 2025).

집단의 종결은 개별 회기의 종료, 전체 집단의 마무리, 그리고 일부 집단원의 중도 탈락 등의 형태로 나타난다. 일반적으로 집단상담은 여러 회기로 구성되어 있고, 회기별 종결은 특정 회기가 끝나고 그에 따른 활동이 종료되는 것을 의미한다. 이 경우 한 회기가 종결되면 새로운 회기가 시작된다. 집단의 목표가 달성되었거나 집단의 필요성이 사라졌을 때 또는 집단상담의 시간과 회기가 정해져 있는 경우에는 집단 전체의 종결이 이루어진다. 개별 집단원이 집단 참여를 중단하는 경우도 종종 발생한다. 이사, 가족 문제, 건강, 학업 문제와 같은 개인적인 문제, 집단의 상호작용에서 경험한 어려움, 우울, 불안과 같은 심리적 문제 등의 이유로 집단원은 참여를 중단할 수 있다.

이러한 집단 종결에서 집단상담자와 집단원은 다양한 감정을 경험할 수 있다. 집단원들은 종결 시점에 상실감과 슬픔뿐 아니라, 성취감, 기쁨, 새로운 출발에 대한 기대를 함께 경험하기도 한다. 이러한 감정은 종결에 따른 변화와 새로운 시작에 대한 복합적인 반응을 반영한다. 종결 단계에서는 집단원은 집단이나 집단상담자에게 과거의 경험에 기반한 감정을 느낄 수 있다. 집단상담자는 이러한 전이를 이해하고 적절하게 다루어 종결과정을 도와야 한다. 또한 집단상담자는 집단원들의 종결과정에 감정적으로 반응할 수 있다. 집단원의 분노, 불안 또는 슬픔에 대한 집단상담자의 역전이 반응은 상담 과정을 효과적으로 지원하는 데 영향을 줄 수 있다. 그러므로 집단상담자는 이러한 역전이를 인식하고 적절하게 다루어야 한다.

요컨대, 집단의 시작과 끝은 모두 치료적 과정의 일부이며, 종결은 단순한 마무리가 아니라 변화를 정리하고 새로운 성장의 단계를 준비하는 심리적 통합의 시기이다. 이 장에서는 개별 회기와 전체 집단의 종결, 집단원 중도 탈락 시의 개입 방안, 그리고 집단의 성과 평가 방법과 종결기에 나타나는 상담자의 역전이에 대해 살펴보고자 한다.

1. 집단 회기 종결

회기 종결은 단순한 마무리가 아니라, 그날의 치료적 경험을 정리하고 통합하는 과정이다. 집단상담자가 종결을 위해 사용하는 시간은 회기의 길이와 성격에 따라 다르다. 예를 들어, 1시간 내외의 회기는 약 3~5분, 2~3시간 정도의 회기는 5~10분 정도가 적절하다(Jacobs et al., 2016). 과업 중심 집단은 요약으로 간단히 마무리할 수 있지만, 치료 집단에서는 주요 논의점과 목표를 함께 정리하고 미완의 주제를 점검해야 한다. 집단상담자는 집단원들의 생각과 감정을 나누도록 격려해야 하는데, 특히 회기 동안 거의 말이 없었던 집단원들의 이야기를 듣는 것이 중요하다. 소극적인 집단원들은 부정적으로 인식될 수 있기 때문에 집단상담자는 그들이 집단에 연결될 수 있도록 돕고, 다른 집단원들이 그들의 경험을 이해하도록 도와야 한다(Corey et al., 2015; Jacobs et al., 2016).

종결 시간이 가까워졌음을 자연스럽게 알리고 회기를 정리하는 안내를 제공하는 것이 중요하다.

회기 종결 시, 활용할 수 있는 멘트

- 이제 마쳐야 할 시간입니다. 오늘 회기에 대해 어떻게 생각하나요? 여러분들에게 어떤 의미를 주었나요?"
- 10분 정도 후에 마쳐야 하는데, 이번 시간을 마무리해 볼까요?
- 여기서 멈추는 것이 좋을 듯하네요. 남은 몇 분 동안 오늘 회기를 요약해 볼까요?
- 시간이 얼마 남지 않았으므로 오늘 우리가 해 온 것을 살펴보도록 합시다.

1) 과업

(1) 회기에서 중요한 경험을 요약하고 강조하기

회기에서 중요한 경험을 요약하고 강조하는 것은 회기가 끝난 후에도 집단원들이 그

것들을 기억할 수 있도록 도와주며, 회기의 영향력을 증대시킬 수 있다. 이를 통해 집단원들은 서로가 경험한 중요한 순간들을 다시 한번 공유하고, 그 경험이 집단 전체에 미친 의미를 더욱 명확히 이해할 수 있다. 또한, 집단원들은 다른 사람에게 중요했던 것을 듣는 기회를 얻게 되어 상호 간의 이해와 공감을 높일 수 있다(Yalom & Leszcz, 2025; Corey et al., 2015).

(2) 책임 강화하기

회기의 마지막에 목표를 재확인하고 다음 회기로 나아가는 데 필요한 작업을 강조함으로써 집단원들에게 명확한 방향성을 제공할 수 있다. 이러한 과정은 집단원들이 이후 활동에 보다 적극적으로 참여하도록 촉진한다(Corey et al., 2015).

활용할 수 있는 멘트

- 오늘 우리는 각자 자신의 생활에서 변화하고 싶은 부분에 대해 이야기했습니다. 마치기 전에 몇 분 동안 각자의 목표에 대해 간단히 이야기해 볼까요.

(3) 집단원의 실천 의지 강화하기

집단에서 학습한 내용을 집단 밖에서도 실천하려는 의지를 강화하는 것은 지속적인 발전과 성장을 이루는 데 도움이 된다. 집단원이 계획하고 있는 행동 변화 목표를 정리하고, 그에 따른 구체적이고 계획을 수립하도록 돕는다. 또한 집단원들의 실천 목표와 계획이 현실적인지 함께 검토하고, 행동을 실천할 때 예상되는 어려움이나 장애물을 함께 탐색하며 그에 대한 대응 방안을 모색해야 한다. 더불어 집단원들이 계획한 행동을 지속적으로 실천할 수 있도록 지지와 격려를 제공하는 것이 중요하다(Corey et al., 2015; Jacobs et al., 2016).

(4) 회기에서 미결 사안 확인하기

회기가 종결 시점에는 좀 더 다루어야 할 필요가 있는 주제들이 등장하게 된다. 이때 다음 회기에서도 그 주제를 이어서 다루고자 하는 이전의 주제나 걱정거리에 다시 초점을 맞추는 기회를 제공한다. 특히, 회기 동안 일어난 일에 대하여 집단원들 사이에서 어떤 긴장감이 존재한다면 이는 다루어야 할 것이다.

때때로 어떤 집단원은 결정이 시급하다거나 그 주제가 그 집단원에게는 심각한 불편을 초래하는 수가 있기 때문에 다음 회기까지 기다릴 수 없는 미해결된 과제들을 가질 수도 있다(Jacobs et al., 2016). 그때 집단상담자는 집단원들에게 그 주제를 다루는 회기를 연장할지 물을 수 있다. 만일 그것이 불가능하다면 집단상담자는 회기를 마치자마자 그 집단원을 개인적으로 만날 수도 있다.

집단 회기는 시간이 제한되어 있기 때문에 집단상담자는 미해결된 과제를 다음 회기로 넘겨야 할 경우도 있다. 그러나 집단원들이 직접 그들의 미해결된 과제가 있을 때 이를 언급하도록 함으로써 집단상담자는 그들이 그 주제를 끝내도록 도울 수도 있고, 그들에게 다음 회기에서 그 문제를 다시 토론할 수 있음을 확인시켜 줄 수도 있다(Jacobs et al., 2016). 미해결된 과제를 언급하는 행위 자체가 집단원에게 자신의 생각과 감정을 정리하고 문제를 재구조화할 기회를 제공하며, 다음 회기에서 그 주제를 다시 다룰 수 있다는 심리적 여유와 기대를 형성하게 한다(강진령, 2019b).

활용할 수 있는 멘트

- 오늘 회기에서 표현하지 못한 감정이나 생각이 남아 있나요? 금방 나눌 수 있는 내용이라면 지금 함께 다루고, 조금 더 시간이 필요하다면 다음 회기에서 이어가도 좋습니다.
- 오늘 다루고 싶었으나 이야기하지 못한 주제나 부분이 남아 있나요?

2) 회기 종결 활동

회기 종결 단계에서는 집단의 흐름을 정리하고, 각 집단원이 자신의 경험과 의미를 정리할 수 있도록 돕는 활동이 필요하다.

다음은 집단의 크기, 시간, 목적에 따라 선택적으로 활용할 수 있는 대표적인 종결 활동들이다(Jacobs et al., 2016; Yalom & Leszcz, 2025).

(1) 라운드

라운드는 회기를 돌아보며 모든 집단원이 순서대로 발언하는 방식이다. 각자에게 인상 깊었던 순간, 배운 점, 또는 느낀 감정을 간단히 말하게 함으로써 집단원들이 자신이 경험한 의미를 정리하고, 집단에서의 자신의 역할과 기여를 인식하도록 돕는다. 발언은 1~2문장 정도로 제한하는 것이 좋으며, 이 과정을 통해 집단원들은 서로를 인정하고 존중하는 분위기 속에서 회기를 마무리할 수 있다. 또한 짧은 라운드는 다음 회기에 대한 기대감을 높이고, 지속적 참여 동기를 강화하는 효과가 있다(Jacobs et al., 2016).

(2) 짝을 지어 이야기하고, 이후 전체 집단에서 말하기

모든 집단원이 자신의 이야기를 나눌 기회를 갖지 못할 때, 짝을 이루어 상호 간에 이야기를 공유하고, 그 후에는 집단 전체에게 간단히 발표하는 방식을 활용할 수 있다.

집단상담자가 짝을 지어 줄 수도 있고, 집단원들끼리 상호 선택할 수도 있다. 이야기를 나눌 때는 비슷한 걱정이나 문제를 가진 두 집단원이 짝이 될 수 있다. 이러한 방법을 통해 집단원들이 서로의 이야기를 나누고 소통하는 기회를 가질 수 있으며, 전체 집단에서는 간단하게 그 내용을 공유하여 효율적인 소통이 이루어질 수 있다(Jacobs et al., 2016; Yalom & Leszcz, 2025).

(3) 한두 명의 집단원이 집단에서 있었던 일을 요약하기

한두 명의 집단원이 집단에서 있었던 일을 요약하는 것은 집단원들이 집단에 있었던 일을 간단히 돌이켜 볼 수 있도록 돕는다. 이를 위해 요약할 지원자를 요청할 수도 있고,

잘할 것 같은 집단원을 선택할 수도 있다. 한 집단원이 요약하면, 다른 집단원들에게도 그들이 느낀 점을 덧붙일 기회를 주는 것이 중요하다. 이를 통해 집단원들은 집단에서 있었던 일에 대해 공유하고 소통하며, 서로의 관점을 이해할 수 있다(Jacobs et al., 2016).

(4) 집단상담자가 요약하기

집단상담자가 요약하는 것은 집단에서 있었던 일들을 한두 가지 주요한 점으로 간결하게 정리하는 것이다. 집단상담자는 어떤 점을 강조할지 결정할 수 있으며, 특정 집단원의 평가에 초점을 둘 수도 있다. 그러나 집단상담자가 한두 명의 집단원들에게 중요한 것을 간과할 수도 있으며, 이로 인해 해당 집단원들이 상처받을 수 있다. 이를 예방하기 위해 집단상담자의 요약 후 집단원들이 추가로 보충할 수 있는 시간을 제공하는 것이 좋다(Corey et al., 2015; Jacobs et al., 2016).

3) 회기 종결 시 필요한 기술

회기 종결 단계에서 집단상담자는 집단원들이 경험을 정리하고 의미화할 수 있도록 돕는 다양한 기술을 사용해야 한다. 이 과정은 다음 회기로 이어지는 심리적 연속성을 확보하고, 집단원 간의 신뢰와 응집력을 유지하는 데 기여한다(Jacobs et al., 2016; 강진령, 2019b).

(1) 목적명료화와 제지하기

목적명료화와 제지하기는 회기 종결의 목적을 분명히 하고, 새로운 주제는 다음 회기에서 다루도록 안내하는 기술이다. 만약 새로운 주제를 시작하려는 집단원이 있다면, 지금은 회기를 마무리하는 단계임을 상기시키고 다음 회기에 다룰 것을 제안한다(Jacobs et al., 2016).

활용할 수 있는 멘트

○○ 님이 말씀하신 부분이 중요한 주제라는 건 충분히 느껴져요. 하지만 지금은 오늘 회기를 정리하는 시간이라 새로운 이야기를 깊게 다루기에는 시간이 부족합니다. 이 주제는 다음 회기에서 먼저 다루어 보면 어떨까요?

(2) 집단에서 나온 주제와 개인적 경험의 관련성(패턴 등) 등을 보여 주기

집단에서 나온 주제와 개인적 경험의 관련성을 보여 주는 것은 집단에서 나온 주제와 집단원 개인적 경험을 함께 묶는 기술이다. 주제들, 문제들 그리고 개인적 경험들에 대한 상호 연관성을 만들고, 집단상담자가 이들이 서로 관련되어 있음을 밝힌다. 그런 다음 집단원들이 이러한 상호 연관성을 볼 수 있는 방법을 통해 나누는 것이 중요하다. 이것은 집단원들이 스스로 할 수 없는 것이며, 집단상담자의 역할은 이러한 관련성을 강조하고 이해를 돕는 것이다. 이를 통해 집단원들은 주제와 개인적 경험 사이의 연관성을 파악하고, 이를 통해 더 깊은 이해와 공감을 얻을 수 있다(Yalom & Leszcz, 2025; Jacobs et al., 2016).

(3) 회기 진행 중 적극적이지 않은 집단원을 초대하기

일부 집단원은 말수가 적거나 참여가 소극적일 수 있다. 집단상담자는 이러한 집단원들을 주의 깊게 관찰하고, 그들이 무엇을 생각하고 느끼는지에 대해 관심을 표현하는 것이 중요하다. 그들이 자신의 의견을 자유롭게 표현할 수 있도록 격려하고 유도하여 그들이 집단에 소속감을 느끼고 참여하도록 돕는다(Corey et al., 2015).

(4) 소원

'소원' 활동은 집단원들이 서로를 위해 진심 어린 바람을 전하는 과정으로, 상호 지지와 응집력을 강화한다. 이는 집단원 간의 관계를 정서적으로 마무리하고 긍정적 정서를 공유하는 데 효과적이다(강진령, 2019b).

(5) 특정 집단원에게 초점 맞추어야 할 경우

새 집단원이 처음 참석한 경우에는 집단상담자가 약간 다른 접근 방식을 취할 필요가 있다. 새로운 집단원에게 초점을 맞추는 것은 그들이 집단의 분위기에 자연스럽게 적응하고, 정서적으로 편안함을 느낄 수 있도록 돕는 과정이다. 집단 회기의 마무리 단계에서 약간의 시간을 따로 할애하여, 새 집단원이 자신의 생각이나 경험을 표현할 수 있도록 격려한다. 또한 다른 집단원들도 새로운 집단원을 환영하고, 자신들의 경험과 이야기를 공유하도록 장려할 수 있다. 이러한 소통의 기회는 새 집단원이 집단 내에서 자신의 역할을 찾고, 다른 집단원들과 관계를 형성하는 데 도움이 된다. 종료 부분에 이러한 과정을 포함함으로써 집단원들 간의 유대감을 증진하고, 새 집단원은 더욱 편안하게 참여할 수 있다.

한편, 집단이 종결되기 전에 특정 집단원이 집단을 떠나야 하는 경우에도, 그 집단원에게 초점을 두는 시간이 필요하다. 집단상담자는 이 시간을 활용해 집단원이 참여의 이유와 목표를 되돌아보도록 돕고, 집단에서 그 집단원이 이룬 성장과 다른 집단원들로부터 받은 피드백과 격려를 회상하게 할 수 있다. 이러한 경험은 다른 집단원들에게도 자신이 집단을 떠날 때를 생각하게 하고, 떠날 준비를 위해 무엇인가를 할 필요가 있다는 것을 일깨운다. 또한 떠나는 집단원에게 할애하는 시간은 그들의 떠나는 이유와 관련된 주요 이슈를 탐색하는 데에도 도움이 된다. 이를 통해 집단원들은 그들의 결정에 대해 이해하고 공감할 수 있게 된다. 이 시간을 활용하여 떠나는 집단원이 집단에서 느꼈던 감정을 표현하고, 이에 대한 집단원들의 지지와 격려를 받을 수 있도록 돕는다.

떠나는 집단원에게 주어지는 시간은 집단의 특성, 목적, 그리고 회기의 길이에 따라 다르다. 개방적인 집단에서는 집단원이 집단을 떠나는 경우가 더 자주 발생하기 때문에, 집단원을 떠나보내는 데 과도한 시간을 들이지 않도록 주의해야 한다. 일반적으로는 작별 인사를 위해 약 5~10분 정도의 시간을 확보하는 것이 적절하다(Jacobs et al., 2016; Yalom & Leszcz, 2025).

4) 회기 종결 시 고려할 부분

시간 제한을 명확히 인식시키는 것은 집단원들이 주어진 시간 안에서 효율적으로 작업하고 목표를 달성하는 데 도움이 된다. 그러나 작업이 종결까지 완료되지 않은 경우에는 집단상담자가 탐색이 불완전하다는 것을 인정하고, 집단원들에게 다음 단계에 대해 고민하고 준비할 기회를 제공하는 것이 중요하다. 이는 집단원들이 집단 활동에 대한 책임감을 느끼고, 다음 단계에 대해 준비하게끔 격려한다. 집단상담자는 다음과 같이 말할 수 있다.

활용할 수 있는 멘트

- "오늘 모임 이후부터 다음 모임 사이에 내가 어떤 생각과 감정의 변화를 경험하는지 관찰하고 짧게 기록해 보세요. 다음 시간에 함께 나누면 좋겠습니다."
- "오늘 집단에서 얻은 점 중, 다음 모임 전까지 생활 속에서 실천해 보고 싶은 점이 있다면 어떤 게 있을까요? 한두 문장으로 이야기해 볼까요?"

집단상담자가 집단원들에게 다음 모임까지의 시간을 고려하도록 요청하는 것은 집단원들이 다음 모임에서 어떤 작업을 수행할지를 생각하고 준비할 수 있도록 돕는다. 이는 다음 모임에서 효율적으로 활동을 진행하고, 집단의 목표를 달성하는 데 도움이 된다. 이러한 대화를 통해 집단원들은 집단 활동의 성과를 되새겨보고, 다음 단계에 대한 계획을 세우게 된다. 이러한 과정을 통해 집단원들은 자신의 과제를 책임 있게 이어 가며, 집단 내 협력적 분위기를 유지할 수 있다(Jacobs et al., 2016).

2. 집단 전체 종결

집단 전체를 종결하는 것은 단순한 마무리가 아니라, 집단원이 일상에서 활용할 수 있는 새로운 이해와 결심, 변화 동력을 가지고 떠나도록 돕는 전환 과정이다(Yalom & Leszcz, 2025; Corey, 2015).

1) 종결 준비하기

집단상담자는 집단 초기 단계부터 종결 시점이 예정되어 있음을 명료화하고, 한정된 시간 안에 다루고 싶은 주제를 적극 탐색하도록 동기를 높여야 한다(Corey, 2015; Yalom & Leszcz, 2025). 이때 집단원에게 다음과 같이 말할 수 있다.

활용할 수 있는 멘트

이번 집단에서, 오늘이 우리가 원하는 것을 살펴볼 수 있는 마지막 시간이라고 가정해 본다면 이 시간을 어떻게 사용하고 싶으세요?

마지막 회기 이전에 집단원들은 집단의 종결에 대한 자신의 생각과 감정을 솔직하게 표현하고, 종결 전에 자신이 무엇을 하기를 원하는지 확인하도록 격려받아야 한다.

집단원들이 집단의 종결을 다루는 것을 피한다는 신호에 주의를 기울여야 한다. 예를 들어, 집단원들이 오래전에 작업해 왔던 주제들을 이야기하기 시작하거나 작업의 집중도가 떨어지는 것처럼 보일 때, 지각이 잦아지거나 농담 · 주지화가 늘고 주제 몰입이 떨어지는 양상은, 집단이 끝나감을 받아들이기 어려운 종결 저항으로 해석될 수 있다(Corey, 2015; Jacobs et al., 2016).

2) 집단 종결 시 과업

집단의 종결 단계에서는 집단원 각자가 집단 활동을 통해 어떤 점에서 변화하고 성장했는지를 성찰하는 과정이 중요하다. 이를 통해 개인은 자신의 성장과 발전을 자각하고, 집단 참여를 통해 얻은 배움과 가치를 인식할 수 있다. 또한 초기 단계에서 설정한 목표와 실제 달성된 결과를 비교함으로써 진척 정도를 확인하고, 개인과 집단의 강점 및 보완점을 점검하여 향후 발전 방향을 구체화할 수 있다. 이러한 성찰 과정을 통해 집단원들은 자신의 역량을 인식하고, 앞으로의 삶에서 보다 긍정적 변화를 지속하기 위한 동기를 강화할 수 있다(Yalom & Leszcz, 2025; Corey, 2015). 따라서 집단 종결 시에는 다음과 같은 주요 과업을 수행해야 한다.

(1) 집단경험의 검토와 요약

집단 종결 단계의 핵심 과업 중 하나는 집단에서의 경험을 함께 검토하고 요약하는 것이다. 이는 집단상담자와 집단원들이 집단의 전 과정을 되돌아보며, 그동안의 상호작용과 변화를 통합하는 과정이다. 먼저, 집단상담자가 전체 집단의 과정을 간단히 요약할 수 있다. 이는 집단상담자가 집단의 중요한 사건들을 기억하고, 집단원들에게 전체적인 흐름을 상기시키는 역할을 한다. 그러나 회기의 수가 많은 경우에는 집단상담자가 모든 내용을 정리하기보다 각 집단원이 자신의 경험 중 가장 의미 있었던 부분을 직접 요약하도록 하는 방법을 활용할 수 있다. 이를 통해 집단원들은 개인적으로 중요했던 순간을 되새기고, 서로의 이야기를 들으며 공감과 통찰을 확장할 수 있다. 이러한 요약과 재고의 과정은 집단경험을 정서적으로 통합하고, 종결의 의미를 자연스럽게 받아들이는 데 도움을 준다(Corey, 2015; Jacobs et al., 2016; Yalom & Leszcz, 2025).

(2) 집단원의 성장과 변화 평가

집단원들의 성장과 변화를 평가하는 것은 개인의 성장과 발전이 주목적인 치료집단과 같은 집단에서 중요한 과업이다. 집단상담자는 "집단이 여러분에게 어떤 영향을 미쳤나요?", "집단에 참여하면서 자신에게서 일어난 변화가 있나요"와 같은 질문을 통해 집단 경험이 개인에게 미친 영향을 탐색할 수 있다. 이러한 과정은 집단 활동이 종결된 후에 나타날 수 있는 문제를 재조명하고, 긍정적인 방향으로 변화를 지속하기 위한 집단원들의 노력을 강화한다.

(3) 과제의 종결

집단 종결 단계에서는 미해결 과제를 가진 집단원이 자신의 생각과 감정을 표현할 수 있도록 기회를 제공하는 것이 중요하다. 이는 미해결 과제를 깊이 탐색하거나 새롭게 작업하는 것이 아니라, 집단 내에서 충분히 다루지 못했거나 표현되지 않은 감정과 경험을 공유하는 과정을 의미한다. 만약 집단원이 미해결된 문제를 더 깊이 탐색하거나 상담받기를 원한다면, 집단상담자는 다른 전문 상담자에게 연계하거나, 집단이 완전히 종결된 이후 개인상담으로 전환할 수 있도록 안내해야 한다.

(4) 일상생활에 변화 적용하기

집단 안에서 경험한 통찰과 정서적 변화, 새로운 행동 방식이 일상에서 실질적인 변화를 일으키고 지속하는 것은 중요한 과업이다(Corey, 2015). 집단 종결 시점에서 집단원들은 그동안의 상담 과정을 통해 얻은 자기 이해, 대인관계 기술, 감정조절 능력 등을 현실의 다양한 장면에 적용할 수 있는 구체적 전략을 수립할 필요가 있다. 집단상담자는 집단원들이 자신의 일상생활에서 직면할 수 있는 도전이나 유사한 상황을 정해서 집단 안에서 배운 것을 어떻게 적용할 수 있을지를 구체적으로 탐색하도록 도와야 한다.

(5) 피드백 전달

집단의 종결 단계에서는 집단원들 간에 서로에 대한 피드백을 통해 집단에서 이룬 성과와 개인적인 성장을 인정하고 공유하는 것이 필요하다(Jacobs et al., 2016). 집단원들은 집단에서 자신이 어떻게 보였고, 다른 사람들에게 어떤 영향을 주었는지에 대해 직접적인 피드백을 받음으로써 자기 이해가 깊어진다. 이는 집단원이 자신이 변화했다는 사실을 타인의 시선과 반응을 통해 확인받는 경험이다(Corey, 2015). 집단상담자는 피드백이 구체적이고 진정성 있게 전달되도록 분위기를 조율해야 하며, 개인의 성장을 바라볼 수 있게 안내해야 한다.

(6) 작별 인사

작별 인사는 집단상담의 종결을 마무리하는 중요한 과정이다. 이는 상실과 애도의 감정을 경험하고 표현할 수 있는 기회로, 집단상담자는 집단원들이 이러한 감정을 회피하지 않고 충분히 다룰 수 있도록 지원해야 한다(Corey, 2015). 작별 인사 과정에서는 슬픔, 아쉬움, 고마움 등 다양한 감정이 나타날 수 있으며, 이러한 감정들을 표현하고 나누는 것은 집단이 이룬 변화를 정서적으로 통합하는 데 도움이 된다(Yalom & Leszcz, 2025). 집단상담자는 이 과정에서 집단의 전체적인 성과와 각 개인의 성장 및 기여를 진심으로 인정하고 칭찬하며, 집단원 각자가 자신이 이 집단에서 의미 있는 존재였다는 느낌을 가지고 떠날 수 있도록 도와야 한다. 이는 종결 이후에도 긍정적으로 자기개념을 유지하고, 지속적으로 성장하는 데 긍정적인 영향을 미친다(Corey et al., 2015; Jacobs et al., 2016).

(7) 추후 문제해결 계획

집단 활동이 종료된 후에도 발생할 수 있는 문제를 예상하고, 이에 대한 해결 방안을 마련한다. 상담 과정에서 배운 기술이나 태도가 실제 생활에서는 예상과 달리 잘 적용되지 않을 수 있다. 예를 들어, 대인관계에서 자신감 있게 말하겠다는 목표를 세웠지만, 실제 상황에서는 다시 불안감이나 위축감을 느낄 수 있다. 또는 집단에서의 정서적 지지가 사라짐에 따라, 외로움, 불안을 경험할 수 있다. 집단 외부의 사람들은 참여자의 변화를 긍정적이지 않게 받아들이는 경우도 있다. 예를 들어, 자기 의견을 주장하지 못하던 사람이 주도적으로 변했을 때 주변에서 반감을 갖거나 저항이 생길 수 있다. 또한 초기에는 의욕적으로 실천하더라도, 시간이 지남에 따라 동기가 약화되고 실천이 중단되기도 한다. 집단상담사는 종결 단계에서 자기 점검을 할 수 있는 도구를 제공하고, 활용할 수 있는 자원을 안내할 필요가 있다. 또한 추수상담을 계획하고 어려움을 경험하는 경우 상담을 신청할 수 있음을 안내하는 것과 같은 해결 방안을 마련할 수 있다.

(8) 추수상담 계획

집단상담 종결 이후 집단원들의 변화가 실제 생활 속에서 어떻게 유지가 되고 있는지 확인하고 돕는 개입이 필요한데(Corey et al., 2015), 이때 집단상담자는 추수상담을 고려해 볼 수 있다. 추수상담은 집단상담이 종결된 이후 보통 약 2~6개월 후에 만나 집단상담의 경험에 대한 생각과 감정을 나누고, 집단상담이 끝난 후 집단원들이 실제 생활 속에서 집단상담에서 다룬 내용을 어떻게 적용하고 있는지를 나누는 기회이다(Jacobs et al., 2016). 추수상담을 통해 집단상담에서 이루어진 변화가 잘 유지되고 있는지를 점검하고, 새로운 어려움이나 과제를 다룰 수 있도록 지원할 수 있다. 추수상담에서 집단원들은 자신들이 어떤 어려움을 직면했는지, 집단상담 이후 긍정적인 경험을 잊지 않기 위해 무엇을 했는지, 자신이 깨달은 바를 어떻게 적용했는지를 이야기할 수 있다. 이러한 추수상담은 집단원들의 이별에 대한 두려움을 줄이는 데 도움을 주며, 집단 종결 이후 격려가 필요한 시점에 이를 제공할 수 있다.

구체적으로 추수상담의 목적은 다음과 같다. 첫째, 상담 중 일어난 긍정적 변화를 지속적으로 강화하며, 변화가 일상에 잘 정착되도록 돕는다(Yalom & Leszcz, 2025). 둘째, 참여자들이 실제 생활에서 상담에서 배운 전략이나 태도를 적용하는 데 어려움을 겪을 수 있는데, 추수상담은 이러한 시행착오를 다루고 지원하는 기회를 제공한다(Corey et al., 2015). 셋째, 상담 이후 삶의 변화 속에서 발생한 새로운 문제를 점검하고, 추가적인 상담이 필요한지 판단할 수 있다(Jacobs et al., 2016). 넷째, 집단상담의 종결은 아쉬움이나 불안 등 감정적 반응을 동반할 수 있다. 추수상담은 이러한 감정을 자연스럽게 해소하고, 상담 경험을 긍정적으로 통합할 수 있도록 돕는다(Corey et al., 2015).

추수상담은 다양한 방법으로 실시될 수 있다(Jacobs et al., 2016). 첫째, 집단면담으로 만날 수 있다. 이때 집단상담자는 집단원들이 목표 수행 정도와 집단에서의 의미 있었던 경험에 대한 감정과 생각을 표현하고, 이러한 경험을 위해 기울인 노력, 종결 이후에 변화를 위한 시도와 겪었던 어려움, 집단상담에서 배운 것을 기억하기 위한 방법 등을 나눈다. 또한 집단상담자와 집단원이 일대일로 만나 상담 이후의 경험과 감정, 적용 과정에서의 어려움 등을 깊이 있게 나눌 수 있다. 이외에도, 집단경험에 대한 집단원들의 생각과 집단상담이 삶에 미친 영향력을 평가하는 설문지나 집단에서의 경험에 관한 편지쓰기를 통해 상담 효과를 파악하고 집단상담자로 하여금 다음에 운영하게 될 집단을 개선할 수 있는 정보로 활용할 수 있다.

추수상담을 운영할 때 집단상담자는 다음을 고려해야 한다(Jacobs et al., 2016). 첫째, 추수상담은 집단상담 종료 후에 다시 이루어지기 때문에, 기존 상담에서 형성된 신뢰관계를 유지하고, 집단원을 존중하는 태도를 보여야 한다. 특히, 이전 상담 중에 다루어진 내용이나 감정 등을 집단상담자가 기억하고 전달함으로써 집단원에게 자신이 진정으로 기억되고 있다는 경험을 주는 것이 좋다. 둘째, 상담에서 얻은 통찰이나 기술을 실제 생활 속에서 어떻게 적용하고 있는지를 점검하고 지원하는 기회로 활용해야 한다. 단지 상담 내용만 되짚는 것이 아니라, 현실 상황에의 적응과 변화의 정착을 중심으로 다루어야 한다. 셋째, 추수상담이 집단원의 성장을 돌아볼 기회라는 인식을 갖도록 안내해야 한다. 종결 시점에 추수상담의 목적과 기대 효과를 설명해 두면, 집단원은 심리적으로 준비된 상태로 다시 참여할 수 있다.

3) 집단 전체 종결 시 고려할 부분

집단상담의 종결은 단순한 마무리를 넘어, 하나의 전환점이자 새로운 시작을 의미한다(Yalom & Leszcz, 2025). 집단 활동을 통해 서로의 경험을 공유하고, 정서적 지지를 주고받으며 함께 성장해 온 집단원들에게 종결은 때로는 아쉬움, 불안, 섭섭함 등 다양하고 강한 감정을 불러일으킬 수 있다. 이때 집단상담자는 이러한 정서를 자연스러운 감정의 흐름으로 인정하고 수용하면서, 종결이 단절이 아닌 삶의 또 다른 출발점이며, 집단경험에 대한 긍정적 느낌과 미래에 대한 기대를 집단원들이 가질 수 있도록 도와야 한다.

집단 종결 시에는 종결 인터뷰를 활용하여 집단원들의 성장을 강화할 수 있다(Corey et al., 2015). 집단에서 배운 점을 앞으로의 삶에 어떻게 적용하고 싶은지, 가장 변화되었다고 느끼는 부분이 무엇인지와 같은 질문을 통해 집단원들은 지속적인 자기성찰과 행동 변화로 연결될 수 있다. 집단상담자는 집단원들이 이야기하는 내용을 적극적으로 반영하고 강화하는 피드백을 제공함으로써, 그들의 성장을 더욱 공고히 한다.

종결 시 반드시 강조되어야 할 또 하나의 핵심 요소는 바로 비밀보장에 대한 중요성이다(Toseland & Rivas, 2017). 집단 내에서 공유된 정보와 경험은 종결 이후에도 비밀로 유지되어야 하며, 이러한 신뢰 기반의 분위기 속에서 집단원들은 자신의 내면을 안전하게 표현할 수 있었다는 점을 상기시킬 필요가 있다. 따라서 집단에서 나눈 개인적 이야기나 경험이 외부로 유출되지 않도록 하는 것이 매우 중요하다.

이를 통해 집단원들은 집단이 안전하고 신뢰할 수 있는 공간이었음을 확인하며, 상담 경험을 긍정적으로 통합할 수 있다.

3. 개방 집단에서의 집단원의 참여 중단

개방 집단에서는 집단원이 개인적인 사정이나 필요에 따라 참여를 중단하거나 집단을 떠나는 일이 발생할 수 있다. 이는 개방 집단의 특성상 자연스러운 과정으로 이해할 수 있다. 집단원이 집단을 떠나기로 결정하기 전에, 집단 내에서 자신의 느낌에 대해 말하는 것은 매우 중요하다. 이는 집단원들이 자신의 감정과 생각을 표현함으로써, 다른 집단원들과 집단상담자가 그들의 입장을 이해할 수 있게 돕는다. 특히, 집단상담자는 집단원이 무엇이 만족스럽지 않아 집단을 떠나려고 하는지를 이해하는 데 큰 도움을 받을 수 있다. 이를 통해 집단상담자는 집단 내에서 발생하는 문제를 파악하고, 필요한 조치를 취하여 집단원들이 보다 만족스러운 경험을 할 수 있도록 지원할 수 있다.

1) 집단원이 참여 중단을 고려하는 이유

집단원들이 집단에 대한 불만족으로 참여 중단을 고려할 수 있다. 이런 경우 집단원들이 집단에 불만족을 느끼는 이유를 탐색하는 것은 중요하다. 이 과정에서 집단상담자는 집단원들이 무엇 때문에 불만스러운지 구체적으로 파악해야 한다. 집단원들이 불만을 느끼는 요인을 이해하고, 그 요인에 대한 통찰을 제공하며, 접근 방법을 조정하고 새로운 실험을 통해 집단에서 더 깊은 작업이 이루어지도록 도울 수 있다.

또한 집단원이 초기에 설정한 목표를 이미 달성했을 경우, 새로운 목표를 재설정하도록 격려하는 것이 필요하다.

집단상담자는 집단원들이 자기성장과 대인관계 확장을 위한 새로운 과제를 설정하도록 지원함으로써, 집단 참여의 의미를 지속적으로 확장시킬 수 있다. 이러한 목표의 재평가는 참여 동기를 유지하고, 집단원들이 지속적인 성장을 경험하며 집단 활동에 적극적으로 참여할 수 있도록 돕는 중요한 과정이다.

2) 적절한 종결의 시기

집단원이 집단을 떠나려는 이유가 어떤 문제를 회피하려는 것인지 탐색할 필요가 있다. 만약 집단원이 어떤 문제를 회피하려고 집단을 떠나려 한다면, 이는 깊이 탐색해야 할 질문이다. 그런 경우가 아니라면 집단원이 완전히 치료가 되었는지에 관계없이 떠날 권리는 있다.

3) 참여 중단을 치료적으로 다루기

집단원이 현실적인 이유를 대면서도 종결을 원한다면, 그 결정의 이면에 보다 깊은 심리적 이유가 있을 수 있다. 집단상담자는 이러한 내면적 동기를 탐색하여, 회피나 두려움 등 부적절한 이유라면 스스로 인식할 수 있도록 도와야 한다.

또한 집단상담자는 집단원들이 떠나는 구성원에 대해 느끼는 감정과 생각을 솔직하게 표현하도록 격려해야 한다. 남은 집단원들이 경험하는 상실감과 불안을 다루는 것은 중요하다. 집단상담자는 집단원들이 이러한 감정을 인식하고 표현할 수 있도록 돕고, 이를 치료적으로 다룰 수 있는 기회를 제공해야 한다.

집단원들이 자발적으로 의사결정을 하도록 돕는 것이 중요하다. 집단상담자는 집단원들이 자신의 결정을 신중하게 내릴 수 있도록 지원해야 한다. 자발적으로 결정한 종결은 집단원들에게 더 큰 의미를 가지며, 이후의 삶에도 긍정적인 영향을 미칠 수 있다. 집단상담자는 집단원들이 떠나는 것을 치료적으로 지지해야 한다. 이는 집단원이 집단에서의 경험을 긍정적으로 마무리하고, 이후의 삶에서 더 나은 방향으로 나아갈 수 있도록 돕는 과정이다. 또한 집단상담자는 집단원들이 집단에서 경험한 변화와 성장을 성찰하고, 그 의미를 자신의 삶 속에서 통합할 수 있도록 지원해야 한다.

4. 집단 평가하기

1) 집단과정 평가하기

집단 내에서 발생하는 변화의 메커니즘을 평가하는 것은 매우 중요하다. 집단상담 과정은 주로 치료적 요인을 중심으로 연구되어 왔으며, 집단의 성과와 치료적 요인(과정)은 직접적인 상관성이 있음이 증명되었다. 이를 통해 집단원들이 경험하는 변화를 보다 명확하게 이해할 수 있으며, 이러한 이해를 바탕으로 집단의 효과성을 높일 수 있다. 집단 내 변화의 메커니즘을 평가함으로써, 집단상담의 질을 향상시키고, 집단원들이 더 나은 치료적 결과를 얻을 수 있도록 도울 수 있다. 예를 들어, Yalom(1995)의 Q-sort, Bloch 등(1979)이 개발한 CIQ(Critical Incidents Questionnaire), Kivlighan 등(1996)이 개발한 GCHIS(Group Counseling Helpful Impacts Scale), 그리고 CALPAS-G(California Psychotherapy Alliance Scale-Group) 등이 집단 과정을 평가하는 대표적인 척도들이다.

2) 집단성과 평가하기

집단의 성과를 평가함으로써 집단 활동이 집단원들에게 어떤 긍정적인 변화를 가져왔는지, 그리고 어떤 면에서 개선이 필요한지를 명확히 알 수 있다. 성과 평가를 통해 집단원들의 목표 달성 여부를 확인하고, 집단상담의 방향성을 재조정할 수 있다. 또한, 집단상담의 성과를 평가하는 과정에서 얻어진 데이터를 바탕으로, 보다 효과적인 집단상담 프로그램을 설계하고 실행할 수 있다. 성과를 평가하는 방식에는 만족도 평가와 같은 주관적 평가와 객관적 평가로 구분할 수 있다.

(1) 주관적 평가: 만족도 평가 등

♣ 다음 각 문항에 대하여 아래와 같이 표시해 주십시오.

	요소별 만족도	전혀 그렇지 않다	그렇지 않다	보통 이다	그런 편이다	매우 그렇다
1	프로그램은 전반적으로 만족스러웠습니까?	1	2	3	4	5
2	프로그램을 통해 ○○ 행동의 일반적인 특성에 대해 이해할 수 있었습니까?	1	2	3	4	5
3	프로그램을 통해 ○○ 행동과 관련된 나의 동기를 이해할 수 있게 되었습니까?	1	2	3	4	5
4	프로그램을 통해 ○○ 행동 개선 계획을 세울 수 있었습니까?	1	2	3	4	5
5	프로그램은 ○○ 행동을 하는 나에 대한 자기비판을 줄이는 데 도움이 되었습니까?	1	2	3	4	5

♣ 다음 문항에 대하여 기재해 주십시오.

1. 본 프로그램에서 도움이 된 점은 무엇입니까?

2. 본 프로그램에 참여하면서 운영과 내용에 대해 건의하고 싶은 점은 무엇입니까?

참고 자료: 만족도 평가지 예.

(2) 객관적 평가

집단이 목표로 하는 성과를 이루었는지 확인하기 위해 여러 설문지나 심리검사를 활용하여 집단원들의 심리적 상태나 행동 변화를 측정할 수 있다. 다음의 표는 집단 프로그램에 따라 활용할 수 있는 측정용 도구의 예이다.

프로그램명	목적	측정 도구
자기통제 집단상담 (현문정, 한영선, 2015)	비행청소년의 자기통제력 및 공격성 감소	▷ 한국판 자기통제력 척도 −Grasmick 등(1993)이 개발, 하창순과 김병석(2005)이 번안 ▷ 한국판 공격성 검사 −Buss와 Perry(1992)가 개발, 서수균과 권석만(2002)이 번안
정서중심 집단상담 (이현진, 김명찬, 2016)	청소년의 감정표현불능증, 우울, 신체화 증상 감소 및 대인관계 개선을 목적	▷ 감정표현불능증 척도 −Bagby, Parker 및 Taylor(1994)가 개발, 신현균, 원호택(1997)이 수정 번안 ▷ 아동용 우울 척도 −Kovacs(1981)가 개발, 조수철, 이영식(1990)이 번안 ▷ 신체화 증상 척도 −신현균(2002)이 간이 정신 진단 검사(SCL-90-R)(김광일, 김재환, 1984) 중 12문항의 신체화 척도를 추출하여 청소년을 대상으로 적용한 신체화 증상 도구를 사용 ▷ 대인관계 척도 −Schlein과 Guerney(1991) 개발, 문선모(1980)가 번안한 척도를 기초로 하여 김홍기(2006)가 5점 척도로 재구성
자기성장 및 대인관계 유능성 향상 집단상담 (정은이, 2011)	대학생의 자기성장 및 대인관계 유능성 향상	▷ 대인관계 유능성 척도 −Buhrmester, Furman, Wittenberg와 Reis(1988)이 개발, 한나리와 이동귀(2010)이 번안 ▷ 주관적 안녕 척도 −박병기와 홍승표(2004)가 개발

(3) 집단상담 과정-성과 준거

과정-성과 준거는 집단상담의 효과를 평가하기 위해 사용되는 기준으로, 집단상담 과정에서 나타나는 요소들과 그 결과로 나타나는 성과를 모두 포함한다. 서미나와 권경인(2014)은 기존에 집단상담 성과 준거와 치료적 요인을 분석하고, 전문가 델파이 연구를 통해 다음과 같은 준거를 제시하였다.

과정	성과	성과 문항
피드백	다각적 자기 이해	• 리더나 집단원의 피드백을 통해 이전에는 알지 못했거나 받아들일 수 없었던 자신의 부분을 발견하고 수용하게 되었다. • 자신과 다른 생각을 가진 집단원의 피드백을 통해 문제를 새롭게 정의하게 되었다. • 리더나 집단원의 피드백을 통해 여러 측면에서 자신을 이해하게 되었다. • 리더나 집단원의 피드백을 통해 자신의 문제에 대한 몇 가지 원인과 근원을 알게 되었다. • 리더나 집단원의 피드백을 통해 부모나 친척들과 맺었던 과거의 관계 속의 자신을 이해하게 되었다. • 리더나 집단원의 피드백을 통해 자신이 어떤 사람이나 어떤 상황에 대해 비현실적으로 대처한다는 것을 알게 되었다.
	문제해결 능력 증진	• 자신과 비슷한 문제를 가졌던 집단원의 피드백을 통해 문제를 해결하게 되었다.
관찰	집단원들에 의한 가족 및 타인 이해	• 집단원을 관찰하고 알아가는 과정을 통해 타인을 이해하는 수준이 깊어졌다. • 다양한 집단원들의 모습을 보면서 타인을 바라보는 관점이 다양해졌다. • 집단원을 관찰하면서 타인을 다른 관점으로 보게 되었다. • 집단원이 하는 가족 이야기를 들으며 그 속에서 자신의 가족들을 만나고 이해하게 되었다. • 과거에 지녔던 나의 부모, 형제, 자매 또는 그 밖의 소중한 사람들과의 오래된 갈등관계를 이해하는 데 도움이 되었다.
	다각적 자기 이해	• 상이한 행동을 하는 다른 집단원을 보고 자각하지 못했던 자신의 모습을 깨닫게 되었다.

실험	문제해결 능력 증진	• 리더나 집단원들에게 감정 표현을 해 볼 수 있는 기회를 가짐으로써 자신의 감정을 잘 표현하는 방법을 배우게 되었다. • 실험을 통해 현실에서 부딪쳐서 풀어 나가야 하는 것들을 훈련하였다. • 실험을 통해 일상생활의 상황에서 새로운 행동을 하거나 다른 사람이 되려고 노력하게 되었다. • 실험을 통해 갈등해결 능력을 높이게 되었다.
다수의 공감	정서적 안정감	• 여러 사람으로부터 지지받고 격려 받는 느낌을 경험하게 되었다. • 집단원들이 공감해 줌으로써 마음속에 묻어 두었던 감정을 털어놓게 되고 마음이 편안해지고 위안을 얻게 되었다. • 집단원들의 공감을 통해 깊은 감정정화가 되었다.
	다각적 자기이해	• 여러 집단원들이 해 주는 공감을 통해 '자신이 스스로 괜찮은 사람'이라고 타당화하게 되었다.
상호작용	대인관계 능력 증진	• 집단원들과의 직접적인 상호작용을 통해 대인관계에 자신감이 생겼다. • 집단원들과의 직접적인 상호작용을 통해 주위에 있는 사람들과의 관계가 전반적으로 더 원만해졌다. • 집단원들과의 직접적인 상호작용을 통해 사람들과 잘 지내는 기술을 개선하였다.

실습 1

종결 단계에서 나타나는 윤리적 문제

다음의 윤리적 문제에 대해 조별로 논의해 봅시다.

1) 집단 종결 이후, 집단원들이 서로 계속 만남을 유지하는 것에 대해 어떻게 생각합니까?

2) 집단에 참여 중인 집단원이, 동일한 집단상담자에게 개인상담을 받고 싶어 하는 경우에 대해 어떻게 생각합니까?

실습 2

집단 종결 시 집단원의 성과 평가

1) 집단원의 변화와 관련된 동기 및 행동을 언제, 얼마나 자주, 그리고 어떤 방식으로 평가하였습니까?

2) 집단이 효과적이었는지 성과를 평가하기 위해 어떤 방법을 사용하였습니까?

3) 앞으로 집단원의 변화를 평가할 때, 이전과는 어떤 점을 다르게 하고 싶습니까?

실습 3

종결 단계에서 나타나는 집단상담자의 역전이

지금까지 경험했던 집단상담 중 하나를 떠올려 보십시오.

그중에서도 가장 괜찮게 종결된 집단과, 가장 어려움이 컸던(혹은 어떻게 대처해야 할지 몰랐던) 종결 경험을 각각 선택해 보십시오.

A4 1~2장 분량으로, 가능한 한 구체적으로 다음의 내용을 중심으로 작성해 봅시다.

- 집단 내에서 실제로 일어났던 주요 사건
- 집단원들의 행동 및 반응
- 집단의 분위기와 정서적 흐름
- 집단상담자로서 당신이 보였던 반응과 느꼈던 감정

이후, 위의 경험을 바탕으로 이론적 관점을 적용하여 자기성찰 해 보고, 당신의 개입과 정서 반응이 집단의 종결 과정과 집단 역동에 어떠한 영향을 미쳤는지에 대해 작성해 봅시다.

길라잡이 질문

(길라잡이 질문은 참고로 하시고, 자유롭게 작성하시면 됩니다.)

- (괜찮았다고/어려웠다고 생각한) 집단의 종결 과정에서 어떤 일이 있었습니까?
  집단 내 주요 사건, 집단원들의 행동, 그리고 집단의 분위기를 중심으로 기술해 보십시오.
- 그 종결을 괜찮았다고/어렵다고 판단한 근거는 무엇입니까?
- 그 시점에서 집단상담자로서 어떻게 개입하였습니까?
- 당시의 개입 중에서 스스로 잘했다고 생각하는 점과 아쉬웠던 점은 무엇입니까?
- 집단 종결 시점에서 정서적 · 인지적 · 신체적으로 어떤 반응이 나타났습니까?
- 집단 종결 과정에서 자신이 회피적이거나 양가적인 태도를 보인 부분이 있었습니까?
- 종결 · 작별 · 분리와 관련하여 자신에게 강렬한 정서(예: 불안, 상실감 등)를 일으키는 개인적 이슈가 있습니까?

• 이러한 종결 관련 개인적 이슈가 집단의 과정이나 집단원들에게 어떤 영향을 미쳤다고 생각합니까?

참고문헌

강진령(2019a). 집단상담과 치료. 서울: 학지사.

강진령(2019b). 집단상담의 실제(3판). 서울: 학지사.

권경인, 김미진, 이민주(2025). 중급 상담실무자를 위한 집단상담의 실제. 서울: 학지사.

권경인, 김지영, 김민향(2024). 초심 상담실무자를 위한 집단상담의 실제. 서울: 학지사.

권경인, 김창대(2008). 대가에게 배우는 집단상담. 서울: 시그마프레스.

권경인, 현은정, 성윤희(2020). 숙련 집단상담자의 집단상담 교육요구 분석. 상담학연구, 21(4), 133-168.

김지은, 조성호(2006). 역전이 행동 척도의 타당화 연구. 한국심리학회지: 상담 및 심리치료, 18(1), 117-136.

서미나, 권경인(2014). 집단상담 과정-성과 준거에 관한 델파이 연구. 상담학연구, 15(1), 217-239.

이미선, 권경인(2009). 집단상담자 경력에 따른 집단상담 슈퍼비전 교육내용 요구분석. 상담학연구, 10(1), 911-931.

이현진, 김명찬(2016). 정서중심 집단상담 프로그램이 청소년의 감정표현불능증, 우울, 신체화 증상 및 대인관계에 미치는 영향. 상담학연구, 17(6), 223-239.

장영아, 권경인(2024). 집단상담에서 자발적 · 비자발적인 참여자의 탈출법 경험 과정 연구. 교육문화연구, 30(5), 979-1005.

장은정(2012). 무용/동작치료를 통한 빈곤층 중년여성의 우울감과 움직임 질적 변화에 대한 연구. 순천향대학교 건강과학대학원 석사학위논문.

장채원, 정인숙, 유성경(2022). 상담자 회복탄력성 척도의 타당화: K-SPPRSI 개발 연구. 한국상담학회지, 23(2), 121-145.

정은이(2011). 자기성장 및 대인관계 유능성 향상 집단상담의 효과 분석. 교육방법연구, 23(4), 687-712.

현문정, 한영선(2015). 자기통제 집단상담 프로그램이 비행청소년의 자기통제력 및 공격성에 미치는 효과. **청소년학연구**, 22(5), 391-420.

Beck, A. P. (1981a). A study of group phase development and emergent leadership. *Group, 5*(4), 48-54.

Beck, A. P. (1981b). Developmental characteristics of the system- forming process. In J. E. Durkin (Ed.), *Living groups: Group psychotherapy and general system theory*. New York: Brunner/Mazel.

Bernard, J. M. (1979). Supervisory training: A discrimination model. *Counselor Education and Supervisory, 19*, 60-68.

Bernard, J. M. (1997). The discrimination model. In C. E. Watkins Jr. (Ed.), *Handbook of psychotherapy supervision* (pp. 310-327). New York: Wiley.

Bion, W. R. (1961). *Experiences in groups, and other papers.* London: Tavistock Publications.

Black, A. E. (2017). On Attacking and Being Attacked in Group Psychotherapy. *International Journal of Group Psychotherapy, 67*(3), 291-313.

Black, D. (2017). On attacking and being attacked in group psychotherapy: A relational psychoanalytic perspective. *International Journal of Group Psychotherapy, 67*(4), 521-541.

Bloch, S., Reibstein, J., Crouch, E., Holroyd, P., & Themen, J. (1979). A method for the therapeutic factors in group psychotherapy. *British journal of psychiatry, 134*, 257-263.

Brabender, V. M. (1987). Vicissitudes of countertransference in inpatient group psychotherapy. *International Journal of Group Psychotherapy, 37*(4), 549-567.

Brown, R. A., Spenser, A., & Dlin, R. (1990). Formulation in groups, or understanding what is going on. *Group, 14*(2), 69-79.

Chen, M., & Rybak, C. (2018). *Group leadership skills: Interpersonal process in group counseling and therapy* (2nd ed.). Thousand Oaks, CA: Sage.

Corey, M. S., & Corey, G. (2015). **집단상담의 이론과 실제(8판)**. (김명권, 김창대, 방기연, 이동훈, 이영순, 전종국, 천성문 공역). 서울: 학지사. (원저 2012년 출판)

Debiak, D. (2007). Attending to diversity in group psychotherapy: An ethical imperative. *The International journal of group psychotherapy, 57*(1), 1-12.

DeLucia-Waack, J. L., Kalodner, C. R., & Riva, M. T. (2014). *Handbook of group counseling and psychotherapy* (2nd ed.). Thousand Oaks, CA: Sage.

Dies, K. R. (1992). Leadership in adolescent psychotherapy groups: Strategies for effectiveness. *Journal of Child and Adolescent Group Therapy, 2*(3), 149-159.

Donigian, J., & Hulse-Killacky, D. (1999). *Critical Incidents in Group Therapy* (2nd ed.). Pacific Grove, CA: Brooks/Cole Publishing Company.

Donigian, J., & Malnati, R. (1997). *Systemic group therapy: A triadic model*. Pacific Grove, CA: Brooks.Cole.

Earley, J. (2004). **상호작용중심의 집단상담**. (김창대, 신희천, 권경인, 민경화, 강지현, 김수임, 황애경, 김태선 공역). 서울: 시그마프레스. (원저 2000년 출판)

Eells, T. D. (2007). *Handbook of psychotherapy case formulation* (2nd ed.). New York, NY: Guilford Press.

Figley, C. R. (1995). *Compassion fatigue: Coping with secondary traumatic stress disorder in those who treat the traumatized*. Brunner/Mazel.

Frank, J. D. (1993). *Persuasion and healing: A comparative study of psychotherapy* (2nd ed.). The Johns Hopkins University Press.

Gabbard, G. D. (1995). Countertransterence: The emerging common ground. *International Journal of Psychoanalysis, 76*, 475-485.

Gans, J. S., & Alonso, A. (1998). Difficult patients: Their construction in group therapy. *International Journal of Group Psychotherapy, 48*(3), 311-326; discussion 327.

Gans, J. S. (1989). Hostility in group psychotherapy. *International Journal of Group Psychotherapy, 39*(1), 499-516.

Gelso, C. J., & Hayes, J. A. (1998). *The psychotherapy relationship: Theory, research, and practice*. New York: John Wiley & Sons.

Gladding, S. T. (2016). *Group work: A counseling specialty* (7th ed.). Boston, MA: Pearson Education, Inc.

Grinberg, L. (1979). Countertransference and projective counteridentification. In L. Epstein & A. H. Feiner (Eds.), *Countertransference*. New York: Jason Aronson, Inc.

Greenberg, L. S. (2023). **정서중심치료(2판)**. (한기백 역). 서울: 학지사. (원저 2017년 출판)

Hernández, P., Engstrom, D., & Gangsei, D. (2010). Exploring the impact of trauma on therapists: Vicarious resilience and related concepts in training. *Journal of Systemic Therapies, 29*(1), 67-83.

Holloway, E. L. (1987). Developmental models of supervision: Is it development? *Professional Psychology: Research and Practice, 18*(3), 209-216.

Holloway, E. L., & Wolleat, P. L. (1980). Relationship of counselor conceptual level to clinical hypothesis formation. *Journal of Counseling Psychology, 27*, 539-545.

Jacobs, E., Schimmel, C. J., Masson, R. L., & Harvill, R. L. (Ed.). (2016). **집단상담 전략과 기술.** (김춘경 역). 서울: 센게이지러닝코리아. (원전 2016년 출판)

Kernberg, O. F. (1975). *Borderline conditions and pathological narcissism*. New York: Jason Aronson.

Kivlighan, D. M., Jr., Multon, K. D., & Brossart, D. F. (1996). Helpful impacts in group counseling: Development of a multidimensional rating system. *Journal of Counseling Psychology, 43*(3), 347-355

Klein, M. (1946). Notes on some schizoid mechanisms. *International Journal of Psychoanalysis, 27*, 99-110.

Klein, M. (1959). Our adult world and its roots in infancy. In M. Klein (Ed.), *Envy and gratitude and other works 1946-1963* (pp. 247-263). Hogarth Press.

Kline, W. B. (2003). *Interactive Group Counseling and Therapy*. Upper Saddle River, NJ: Merrill/Prentice Hall.

Liebenberg, B. (2002). Faded photographs and pressed flowers: Reflections on the institute. *International Journal of Group Psychotherapy, 52*, 131-138.

Lieberman, M. A., Yalom, I. D., & Miles, M. B. (1973). *Encounter groups: First facts*. New York: Basic Books.

MacNab, R. T. (1995). Public exposure of shame in the group leader. In M. B. Sussman (Ed.), *A perilous calling: The hazards of psychotherapy practice* (pp. 110-125). New York: Wiley.

Masterson, J. F. (1976). *Psychotherapy of the borderline adult: A developmental approach*. New York: Brunner/Mazel.

McWilliams, N. (2011). *Psychoanalytic diagnosis: Understanding personality structure in the clinical process* (2nd ed.). New York: Guilford Press.

Motherwell, L., & Shay, J. J. (2005). *Complex dilemmas in group therapy: Pathways to resolution*. New York: Brunner-Routledge.

Oketch, J. E., & Rubel, D. (2006). Diversity competent group work supervision: An application of the supervision of group work model(SGW). *Journal for Specialists in Group Work, 32*, 245-266.

Pearson, Q. M. (2006). Case formulation and treatment planning: How to take care of your clinical work. *Journal of Mental Health Counseling, 28*(4), 348-357.

Rachman, A. W. (1990). Judicious self-disclosure in group analysis. *Group, 14*, 132-144.

Racker, H. (1968). *Transference and countertransference*. New York: International Universities Press.

Rako S., & Mazer, H. (1983). *Semrad: The heart of a therapist*. Northvale, NJ: Jason Aronson.

Rice, L. N. (1969). Exploration of the therapist's and the client's experiences of a significant therapeutic event. *Journal of Consulting and Clinical Psychology, 33*(4), 445-452.

Rønnestad, M. H., & Skovholt, T. M. (2013). *The developing practitioner: Growth and stagnation of therapists and counselors*. New York: Routledge.

Roth, B. E., Stone, W. N., & Kibel, H. D. (Eds.). (1990). *The difficult patient in group: Group psychotherapy with borderline and narcissistic disorders*. Madison: International Universities Press.

Rubel, D., & Atieno Okech, J. E. (2006). The supervision of group work model: Adapting the discrimination model for supervision of group workers. *The Journal for Specialists in Group Work, 31*(2), 113-134.

Rutan, J. S., & Stone, W. N. (2001). *Psychodynamic group psychotherapy* (3rd ed.). New York: Guilford Press.

Rutan, J. S., Stone, W. N., & Shay, J. J. (2014). *Psychodynamic group psychotherapy* (5th ed.). New York: The Guilford Press.

Rutan, S. (2005). Treating the difficult patient in groups. In L. Mother-Well & J. Shays (Eds.), *Complex dilemmas in group therapy: Pathways to resolution* (pp. 41-49). New York: Brunner-Routledge.

Sim, W., Bernard, J. M., & Johnston, J. A. (2005). Development of a group case conceptualization model. *The Journal for Specialists in Group Work, 30*(1), 93-114.

Skovholt, T. M., & Trotter-Mathison, M. (2016). *The resilient practitioner: Burnout and compassion fatigue prevention and self-care strategies for the helping professions.* Routledge.

Skovholt, T. M. (2004). The cycle of caring: A model of expertise in the helping professions. *Journal of Mental Health Counseling, 26*(1), 56–70.

Skovholt, T. M., & Rivers, D. (2004). *Skills and strategies for the helping professions.* Denver, CO:Love Publishing Co.

Spotnitz, H. (1985). Narcissistic transference. In *Modern analysis of the schizophrenic patient: Theory of the technique* (2nd ed., pp. 186–217). New York, NY: Human Sciences Press.

Stacey, R. D. (2003). *Complexity and group processes: A radically social understanding of individuals*. Routledge.

Stolorow, R. D., Brandchaft, B., & Atwood, G. E. (1987). Psychoanalytic treatment: An intersubjective approach. Hillsdale, NJ: The Analytic Press.

Stoltenberg, C. D., McNeill, B. W., & Delworth, U. (1998). *IDM Supervision: An integrated developmental model for supervising counselors and therapists.* San Francisco: Jossey-Bass.

Stone, M. H. (1980). *The borderline syndromes: Constitution, personality, and adaptation*. New York: McGraw-Hill.

Stone, M. H. (1986). *Essential papers on borderline disorders.* New York: New York University Press.

Sung, Y. (2013). *A qualitative investigation of master group therapists' case conceptualization of group counseling* [Doctoral dissertation, University of Minnesota].

Sung, Y., & Skovholt, T. M. (2019). Master group counselors' case conceptualizations: A qualitative study. *The Journal for Specialists in Group Work*, *44*(3), 208–230. https://doi.org/10.1080/01933922.2019.1610662

Toseland, R. W., & Rivas, R. F. (2017). *An introduction to group work practice* (8th ed.). Boston, MA: Pearson.

Vannicelli, M. (1989). *Group psychotherapy with adult children of alcoholics: Treatment techniques and countertransference considerations.* New York: Guilford Press.

Wampold, B. E., & Weinberger, J. (2010). The art of psychotherapy: The common factors model. *Psychotherapy, 47*(4), 423-429.

Winnicott, D. W. (1949). Hate in the counter-transference. *International Journal of Psychoanalysis, 30*, 69-74.

Yalom, I. D. (1995). *The Theory and Practice of Group Psychotherapy* (4th ed.). New York: Basic Books.

Yalom, I. D., & Leszcz, M. (2025). **최신 집단정신치료 이론과 실제(6판)**. (최해림, 장성숙 공역). 서울: 하나의학사. (원저 2020년 출판)

Yeomans, F. E., Gutfreund, J., Selzer, M. A., Clarkin, J. F., Hull, J. W., & Smith, T. E. (1994). Factors related to drop-outs by borderline patients:Treatment contract and therapeutic alliance. *Journal of Psychotherapy Practice and Research, 3*, 16-24.

찾아보기

인명

내용

ㅊ

ㅌ

저자 소개

권경인(Kwon, Kyoung In)

서울대학교 교육학과 교육상담 박사(교육상담 전공)

현) 광운대학교 상담복지정책대학원 원장, 산업심리학과 교수

〈주요 저서 및 논문〉

대가에게 배우는 집단상담(학지사, 2008)

관계의 힘을 키우는 부모 심리수업(라이프앤페이지, 2023)

초심 상담실무자를 위한 집단상담의 실제(학지사, 2024)

중급 상담실무자를 위한 집단상담의 실제(학지사, 2025)

Expertise in counseling & psychotherapy(Oxford University Press, 2016)

성윤희(Sung, Yoonhee)

미네소타대학교 교육심리학과 박사(상담심리 전공)

전) 강서대학교 상담심리학과 조교수

현) 테라심리상담센터 대표, You&Me 심리상담연구소 부소장

〈주요 논문〉

Master group counselors' case conceptualizations(The Journal for Specialists in Group Work, 2019)

가부장적 가정환경이 남성의 우울에 미치는 영향: 성차별적 인식과 남성 성역할 갈등의 매개 효과(아시아교육연구, 2019)

현은정(Hyeon Eun Jeong)

서울대학교 교육학과 교육상담 박사(교육상담 전공)

현) 호시담심리상담센터(선릉점) 센터장

〈주요 논문〉

숙련 집단상담자의 집단상담 교육요구 분석(상담학연구, 2020)

숙련 상담실무자를 위한

집단상담의 실제

Practical Approaches to Group Counseling for Experienced Counselors

2026년 1월 20일 1판 1쇄 인쇄
2026년 1월 30일 1판 1쇄 발행

지은이 • 권경인 · 성윤희 · 현은정
펴낸이 • 김진환
펴낸곳 • (주)학지사
04031 서울특별시 마포구 양화로 15길 20 마인드월드빌딩
대표전화 • 02-330-5114 팩스 • 02-324-2345
등록번호 • 제313-2006-000265호

홈페이지 • http://www.hakjisa.co.kr
인스타그램 • https://www.instagram.com/hakjisabook

ISBN 978-89-997-3591-2 93180

정가 25,000원

저자와의 협약으로 인지는 생략합니다.
파본은 구입처에서 교환해 드립니다.